꿈의 스포츠 마케팅

제1판 1쇄 인쇄 | 2023년 11월 10일
제1판 1쇄 발행 | 2023년 11월 15일
지은이 | 김영진
펴낸이 | 이진영
펴낸곳 | 이지컴
주소 | 서울시 서초구 잠원동 44-1 우정빌딩 203호
전화 | 02-512-5038
팩스 | 02-512-5039
출판등록 | 2013년 03월 13일 제 2013-000078호
ISBN 979-11-977533-3-6 03320
정가 22,000원

＊잘못된 책은 바꾸어 드립니다

스포츠 마케팅을 꿈꾸는 젊은이들을 위한 책

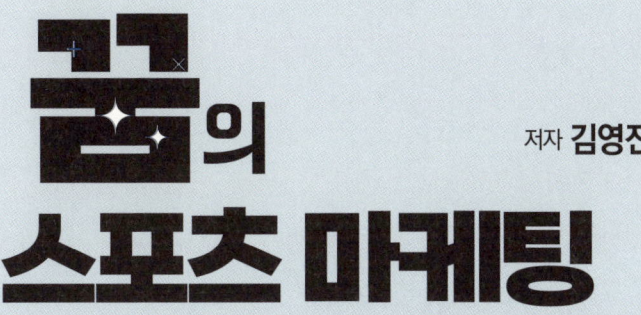

저자 김영진

스포츠 마케터의 일과 인생에 관한 이야기

DREAM SPORTS MARKETING

"We become what we think about."
사람은 생각하는 대로 된다.

— 얼 나이팅게일

추천의 글

* 그의 이야기를 다 듣고 나면 스포츠 마케팅이 무엇인지, 스포츠 마케터는 어떠해야 하는지 눈에 선하게 그려진다. 그가 PBA 초대 사무총장을 맡았다는 것은 PBA의 행운이다.

― 김영수 PBA 총재

* 스포츠 마케팅 현장의 생생한 이야기가 담긴 책이다. 스포츠산업에 관심이 있거나 종사하고 있는 사람이라면 꼭 한번 읽어보라고 권하고 싶다.

― 조현재 국민체육진흥공단 이사장

* 김영진 전무는 국내 스포츠 마케팅이 불모지였던 시기에 새로운 길을 개척했고, 지금도 PBA를 통해 끊임없이 두드리고 도전한 사람이다. 그와 함께 했던 KB의 생생한 스포츠 마케팅 역사가 이 책 곳곳에서 느껴져 한 순간도 눈을 뗄 수 없었다.

― 김진영 KB금융그룹 브랜드전략그룹 전무

* PBA투어는 스포츠를 취재하는 기자들 사이에도 단연 이슈다. 혁신적인 경기제도 도입과 창의적인 마케팅, 그리고 과감하게 업무를 추진하는 그의 용기에 찬사를 보내고 싶다. 한국의 다른 경기단체나 연맹, 협회는 PBA의 '혁신DNA'를 벤치마킹할 필요가 있다.

- 김창금 한겨레신문 기자

* 우공이산. 스포츠 마케터의 길을 한마디로 표현하는 사자성어입니다. 스포츠 스타가 옳은 길을 가도록 힘들지만 묵묵히 음지에서 헌신하며 금빛 영광으로 인도하는 스포츠 마케터의 역할을 잘 그려낸 책입니다.

- 이영호 연합뉴스 기자

* 김영진 전무는 한국 스포츠 마케팅의 선구자나 다름없다. 특히 야구, 축구 등 인기 스포츠가 아닌 비인기 종목의 선수들을 발굴해 스타로 키워낸 탁월한 안목을 발휘해왔다. 그가 매니지먼트를 맡았던 김연아, 손연재, 차준환, 황대헌, 이승훈, 김보름, 팀 킴, 우상혁, 신유빈 등은 현장에서 직접 취재했던 선수들이다. 이들을 보면 김 전무가 얼마나 대단한 일을 해왔는지 알 수 있다. 그가 산파 역할을 했던 프로당구(PBA)도 얼마나 성장할지 자못 궁금하다.

- 임종률 CBS 노컷뉴스 기자

* 스포츠계에서 일하면서 성공하고 싶다는 꿈에 젖은 사람들이 많다. 그러나 숱한 고난과 실패 속에 오뚝이처럼 다시 일어나 꿈을 현실로 구현하는 최후 승자는 극소수다. 저자보다 더 열심히, 더 용감하게, 더 창의적으로 뛸 수 있을까. 책을 읽으면 결심할 것이다. 계속 도전할지, 바로 포기할지.
- 김세훈 스포츠경향 기자

* 우리는 종종 '1세대', '원조'와 같은 표현을 통해서 그 대상의 실력, 맛, 또는 내공을 가늠하곤 하지만, 김영진 전무의 경우, 이력서 한장이 여러 수식어를 대신한다. 그가 더 존경스러운 점은 오래 전부터 후학양성에 깊은 관심과 희생을 실천했다는 점이다.
- 최준서 한양대 스포츠산업과학부 교수

* 스포츠 마케터를 꿈꾸는 학생들에게 이 책을 추천하고 싶습니다. 학생들이 이 책을 읽고 큰 꿈을 꾸고 이룰 수 있기를 기대합니다.
- 김수잔 한국체육대학교 스포츠산업과 교수

* 스포츠 현장에서 적용할 수 없는 이론은 죽은 학문이다. 스포츠마케팅의 실제 현장경험을 기술한 저자는 곡학아세하는 학자가 아니다. 지식뿐만 아니라 저자의 스포츠를 디자인하는 능력과 용기에 찬사를 보내고 싶다.
- 한남희 고려대 국제스포츠학부 교수

* 비인기 종목인 리듬체조 꿈나무였던 중학교 2학년인 나를 믿고 목표를 향해 함께 달려가 주신 그때의 기억이 아직도 생생합니다. 이 책을 읽고 많은 분들이 큰 목표를 세우고 뜨겁게 꿈꿀 수 있기를!

- 손연재 전 리듬체조 국가대표

* 김영진 전무님은 진정으로 선수를 생각하는 스포츠 마케터이다. 팀킴이 가장 힘들었던 시기에 자신의 이익을 생각하기 보다는 우리를 위해 도움의 손을 내밀어 주셨다. 그때의 감사함은 팀킴의 인생에서 결코 잊을 수 없을 것이다.

- 김은정 컬링 팀킴 주장

* 김영진 전무님은 나에게 올림픽에 대한 꿈을 심어주신 분이다. 2021년에 열린 도쿄 올림픽에 출전할 수 있었던 것도 김 전무님이 나에게 꿈과 희망을 불어넣어주셨기 때문에 가능했다. 아무리 힘든 목표라고 하더라도 생생하게 꿈꾼다면 실현될 수 있다는 것을 알려주신 것에 대해 깊이 감사드린다.

- 신유빈 탁구 국가대표

프롤로그

나는 이 책을 청소년들과 대학생 그리고 스포츠 마케팅과 관련된 직업을 얻고자 하는 사람들을 위해 썼다. 대략 30년 가까이 스포츠 마케팅 관련 업무를 해오면서 참 많은 질문을 받아왔다.

"스포츠 마케터는 무슨 일을 하나요?"
"스포츠 마케팅 분야에 직업을 갖기 위해서는 어떻게 해야 하나요?"

이 질문에 대한 답은 쉽다고 생각하면 쉽고 어렵다고 생각하면 어렵다. 스포츠 마케터로서 내가 하고 있는 중요한 일 서너 가지를 이야기해주는 것으로 답변에 갈음하면 쉽다. 하지만 성의가 없이 느껴진다. 스포츠 마케팅에 대해 상세하게 설명하려고 하면 먼저 마케팅에 대한 개념부터 설명해야 하고 그렇게 되면 좀 복잡하고 딱딱해진다.

그래서 나는 스포츠 현장에서 일하고 살아온 지난 30년 가까운 시간동안에 내가 경험해온 것에 대해 '이야기 형식'으로 들려주는 것이 좋겠다고 생각했다. 그것이 스포츠 마케팅에 관한 이론서보다 훨씬 더 쉽게 독자들의 궁금증에 대한 답이 될 것으로 생각했다. 한마디로 이 책은 '나의 스포츠 마케팅 이야기'다.

책 제목에 대해서 많은 고민을 했다. '꿈의 스포츠 마케팅'이라는 제목이 자칫 스포츠 마케팅에 대한 과도한 환상(幻想)과 거품을 조장할 수도 있겠다 싶어서였다. 하지만 이 책은 오히려 스포츠 마케팅의 열악한 현실과 지난(至難)함에 대한 현실인식에 가깝다.

'꿈의 스포츠마케팅'에서 꿈의 의미는 환상이나 장밋빛과는 거리가 멀다. 열악한 현실이기에 꿈과 상상력이 없다면 성과를 만들어낼 수도 없고 생존조차 담보하기 어렵다는 의미다. 그래서 나는 훌륭한 스포츠 마케터가 되기 위해서는 뜨겁게 꿈꾸고 생생하게 미래를 그릴 수 있는 상상력(想像力)과 실천하는 용기(勇氣)가 절대적으로 필요하다고 생각한다.

* * * *

이 책의 시작은 2007년 4월에 내가 '피겨여왕' 김연아를 만나는 사건으로부터 시작한다. 하지만 나는 김연아 매니지먼트 업무를 맡기 전에 이미 13년 동안 스포츠 마케팅 업무를 해오고 있었다. 나는 1988년 서울 올림픽이 개최되었던 해에 대학에 입학했다. 우연의 일치일수도 있지만 서울 올림픽은 내가 스포츠 분야에 직업을 갖는데 많은 영향을 미쳤다. 나는 대학 입학 이전 초,중,고 시절에 이미 스포츠에 빠져 살았다. 경남 의령의 첩첩 산골에서 태어난 나는 체육시간이 가장 즐거웠고, 주말이나 방학 때는 하루 종일 운동장에서 축구, 야구를 하면서 뛰어놀았다. 해가 떨어지고 어두워져 더 이상 공이 보이지 않으면 그때가 집으로 돌아가는 시간이었다. 과외를 받고 학원 공부에 열중해야 하는 지금의 아이들이 상상하기 어려운 유년 시절을 보낸 것이다.

대학에 진학하고 군복무를 마치고 4학년 졸업반이 되었을 때 나는 국내 굴지의 대기업 3개 회사로부터 입사 합격 통보를 받았다. 하지만 나는 대기업 대신에 스포츠 분야로 진로를 정했고, 2007년에 김연아를 만나기전에 KBL(한국프로농구연맹), 경남FC(K리그의 프로축구단) 등에서 일했고, 중간에 창업을 하여 스포츠 마케팅 회사를 경영하기도 했다. 나는 내가 이런 '스포츠적 인생'을 살게 된 배경에는 내 마음속에 스포츠에 대한 사랑과 열망이 있었기 때문이라고 생각한다. 하지만 좋아하는 것에 대한 열정이 인생의 모든 것을 해결해주지는 못한다.

나는 오랫동안 스포츠 마케팅 일을 해오면서 많은 실패를 맛보았다. 직장에서는 조직생활에 잘 적응하지 못해 좌충우돌하기 일쑤였고, 창업한 스포츠 마케팅 회사는 성공하지 못하고 문을 닫았다. 스포츠 라이센싱 사업에도 성공하지 못했고, 스포츠 이벤트 사업을 하면서 회사에 적지 않은 손실을 입히기도 했다. 연속된 실패의 좌절감에서 나는 스포츠 업계를 떠나야겠다는 생각을 할 때도 있었다. 그때 나를 일으켜 세우고 삶의 방향성을 제시해준 것이 책이었다. 책을 읽음으로써 나는 보다 현명한 의사결정을 할 수 있게 되었고 정신력은 강해졌다.

어떻게 보면 이 책은 꿈과 상상력 그리고 독서에 관한 이야기다. 꿈이 있어서 좌절을 극복할 수 있었고, 상상력을 발휘하여 꿈을 하나씩 현실화할 수 있었다. 그리고 독서는 상상력의 연료와 같아서 지속적인 책읽기를 통해 상상력에 불을 지필 수 있었다.

* * * *

2007년에 피겨여왕 김연아를 만난 행운에 이어 2008년에는 리듬체조의 손연재를 만났다. 그리고 차준환(피겨), 심석희, 황대헌(쇼트트랙), 이승훈, 김보름(스피드스케이팅) 등 세계적인 빙상 선수들의 매니지먼트 업무를 맡았다. 나는 정말 운이 좋은 사람이라고 생각했다. 계속해서 양학선(체조), 팀킴(컬링)의 매니지먼트 업무를 수행할 수 있었고, PBA(프로당구협회) 사무총장으로서 새로운 커리어를 시작하기 직전까지 매니지먼트 했던 선수가 우상혁(높이뛰기)과 신유빈(탁구) 선수였다. 이밖에도 추신수(야구), 박인비, 유소연(골프), 기성용(축구)과 같은 세계적인 선수들이 모두 내가 다녔던 이전 매니지먼트 회사 소속이어서 이들의 스타 마케팅에 대한 고민을 담당 매니저들과 함께 한 적도 있다. 어떻게 해서 나는 이렇게 대단한 선수들을 많이 만날 수 있는 행운을 잡게 되었을까?

세계적인 스포츠 멘탈 코치 중에 한명인 스탠 비첨(Stan Beecham)은 그의 책《엘리트 마인드》에서 아래와 같이 썼다.

"우리가 말하는 '운'은 실제로 우리가 자신과 세상에 대해 믿는 신념이다. 그렇기에 자신과 세상에 대해 낙관적으로 바라보는 사람들에게 '행운'이 찾아온다."

나는 훌륭한 스포츠 마케터가 되기 위해 가장 중요한 자질은 '창의적인 상상력'이라고 생각한다. 그리고 창의적인 상상력이 빛을 발하기 위해서는 행동하는 '작은 용기'가 필요하다. 하지만 많은 사람들은 용기를 내는 것을 두려워한다. 실패에 대한 두려움 때문이다.

실패에 대한 두려움을 떨쳐내고, 용기를 내서 세상을 낙관적으로 바로보기 위해 꼭 필요한 것이 책읽기다. 즉 책읽기는 우리의 상상력에 연료를 공급하고, 용기와 자신감을 주며, 세상을 낙관적으로 바라보게 하는 원동력이 된다.

나는《꿈의 스포츠 마케팅》을 나의 두 아들이 읽을 것이라는 것을 염두에 두고 썼다. 20대 초반의 두 아들이 이 책을 읽고 인생에 큰 목표를 세우고, 꿈과 상상력을 키웠으면 하는 바람이다. 그리고 이 책을 읽는 사람 중에 단 한명이라도 책읽기를 '일생의 습관'으로 만드는 사람이 나온다면《꿈의 스포츠 마케팅》은 성공한 것이나 다름없다.

목차

추천의 글 • 6

프롤로그 • 10

제1장 우연히 시작한 스포츠 마케터의 길

김연아의 후원사가 되어주세요 • 25
매니지먼트 계약의 발표와 IMG의 협박/ 김연아팀 구성/ 처음부터 위대할 수는 없다/ KB국민은행과 특별한 인연의 시작

함께 위기를 돌파하다 • 40
김연아의 승승장구, 그리고 예기치 않은 부상/ 세계 최고의 여성 스포츠 스타와 어깨를 나란히 하다/ 부상투혼, 대한민국을 울리다/ 쏟아지는 광고계의 러브콜/ 스타파워를 아이스쇼로 확장하다

위기속에 싹트는 희망 • 55
두 번째 시즌에 위기를 맞이하다/ 피겨여왕 CF 여왕이 되다/ 라이센스 사업, 새로운 수익원의 개발

다시 승리할 수 있는 용기 • 66
한국 최초 월드 챔피언이 되다/ 김연아에 열광하는 이유 3가지/ 김연아와의 마지막 시즌/ 매니지먼트와 에이전트의 차이점/ 올림픽 시즌의 시작/ 2009 ISU 그랑프리 파이널 우승

피겨 여왕의 탄생 • 84
김연아와 마오의 상반된 올림픽 준비/ 월스트리저널이 예상한 금메달 선수는/ 아사다 마오가 트리플 악셀에 집착했던 이유/ 예술과 기술의 대결/ 길몽(吉夢)이 예견했던 길조(吉兆)/ 김연아는 전생에 나라를 구했을까?

제2장 스포츠 마케터가 직면하는 어려움들

선수와 부모는 생각이 다르다 • 103
선수와 부모의 생각 차이/ 올림픽 한달전, 흔들렸던 김연아팀/ 에이전트와 회사 간의 불일치/ 선수 후원 계약시 주의할 사항/ 선수와 회사 간의 '불일치'가 발생하는 시점

헤어짐을 대비하라 • 118
김연아와의 결별(訣別)/ 매니지먼트 계약 작성 시 명확하게 해야 할 점/ 회자정리(會者定離)

리스크를 관리하라 • 127
유능한 에이전트를 파격적으로 대우해줘야 하는 이유/ 올림픽 금 양학선의 꼬여버린 광고 계약/ 패밀리 비즈니스의 한계

제3장 구름이 걷히면 또 다른 별이 보인다

성실함과 노력의 아이콘 손연재 • 143
깜짝 동메달로 기회를 잡다/ 나는 정말 운이 좋은 사람/ '손연재 전담팀'의 구성/ 손연재와 김연아를 둘러싼 오해와 진실/ 손연재의 눈물과 도전/ 리듬체조 갈라쇼, 전 세계 체조계를 놀라게하다/ 올림픽 메달을 목표로 하다!/ 불가능과 가능의 차이

선수는 꿈꾸는 만큼 성장한다 • 175
하늘은 스스로 돕는 자를 돕는다/ 김도균 코치와의 운명적인 만남/ 우상혁이 김도균 코치로부터 배운 것은?/ 훌륭한 선수와의 인연은 스포츠 마케터의 보람/ 두드리라, 그러면 열릴 것이다!

제4장 스포츠 마케팅의 꽃 '스포츠 이벤트'

스포츠 이벤트는 상상력의 결과물이다 • 193
김연아의 첫 번째 아이스쇼, Festa on Ice/ 지상 최대의 아이스쇼, ICE ALL STARS/ 아이스쇼의 수입 구조의 아쉬움/ 차준환 아이스쇼는 상상력의 산물/ 차준환 아이스쇼의 의미

스포츠 이벤트의 핵심은 포맷 • 209
'챔피언스 트로피' 골프 대회의 탄생/ 미국 스포츠 시장이 부러운 이유/ 발상의 전환이 필요한 한국 프로 스포츠와 아마 스포츠

좋은 이벤트 타이틀은 브랜드가 된다 • 224
스포츠 이벤트 타이틀의 중요성

똘똘한 스포츠 이벤트는 도시를 먹여 살린다 • 231
꿈의 이벤트 '마스터즈 토너먼트'

제5장 PBA투어를 만들다

PBA 탄생이야기 • 241
'게임의 법칙'을 바꾼 PBA/ 프라퍼티 주인을 꿈꾸다/ 당구 종목의 매력/ 당구계의 마이클 조던, 이상천/ '당구 프로화'에 승부를 걸었던 이유/ 프로당구 출범을 향한 첫 걸음/ 빌리어즈TV 인수로 당구인들의 마음을 얻다/ 프로당구 투어 명칭 결정

모든 시작은 어렵다 • 259
프로당구와 아마추어 당구 단체 간의 갈등/ PBA TOUR 설명회 개최/ 역사적인 프로당구 PBA 출범/ 글로벌 기업이 PBA 개막투어의 스폰서를 맡다

신의 한수 PBA 팀리그 • 269

우연하게 탄생한 PBA 팀리그/ 팀리그의 묘미 남녀 혼합복식/ 승부치기, 관중을 열광시키다/ 팀리그의 지속적인 혁신/ 4년만에 PBA가 '스포츠산업대상'을 받다/ 5년만에 PBA 전용경기장을 건립하다

PBA의 성공 전략 • 292

① 대기업 후원사 유치로 당구의 이미지를 바꾸다/ ② 경기 규정을 흥미롭게 바꾸다/ ③ 눈에 보이는 것을 새롭게 바꾸다/ ④ 용기를 내서 새로운 것을 시도하다/ ⑤ 다(多) 채널 미디어 전략/

PBA의 미래 비전 • 312

① 당구저변 확대를 위한 PBA 아카데미 설립/ ② 스포츠토토 종목 편입을 통한 재정 확대/ ③ 스타선수 발굴 육성/ ④ LPBA는 PBA의 미래/ ⑤ 당구 산업의 육성과 당구장 영업 활성화/ ⑥ PBA의 글로벌 확산과 브랜드 차별화/ ⑦ 협업과 '공통의 신화'에 대한 믿음

제6장 꿈의 스포츠 마케팅

상상력은 지식보다 더 중요하다 • 335

전쟁에서의 상상력/ '흐릿한' 잡생각과 '선명한' 상상의 차이/ '겨자씨 한 알' 만큼의 믿음/ 네빌 고다드의 '상상의 힘'/ 부(富)에 대한 상상/ 스포츠 마케터의 상상력

상상력의 연료, 책읽기 • 352

언제 읽을 것인가?/ 어떤 책을 읽을 것인가?

내가 마케팅 책에서 배운 것 • 357

'마케팅'을 배우면 결혼도 취업도 쉬워진다/ 탁월한 마케팅은 때로 나라를 구한다/ 스포츠 스타의 '티핑 포인트'/ 좁은 문으로 가라/ 작은 시작, 작은 변화의 중요성/ 다름의 가치/ 스포츠 마케터에게 필요한 용기(勇氣)

제7장 스포츠 마케터에게 필요한 10가지 자질

스포츠 얼마나 좋아하세요? • 381

중요한 건 SPORTS보다 MARKETING • 383

스포츠 마케터에게 필요한 10가지 자질 • 385

① 상상력과 창의력/ ② 고객의 니즈를 알아채는 능력/ ③ 세일즈 능력/ ④ 친화력 있는 성격/ ⑤ 인내심/ ⑥ 강한 체력/ ⑦ 외국어 능력/ ⑧ 기획서(문서) 작성 능력/ ⑨ 인문학적 소양/ ⑩ 도전(挑戰)하는 용기(勇氣)

이 책을 나의 아내 정진경에게 바친다.

제1장

우연히 시작한
스포츠 마케터의 길

"똑똑한 사람이 다 성공하는 것은 아니다. 천재라고 다 성공하는 것도 아니다.
똑똑하고 천재적이고, 재능이 많고, 돈이 많고, 교육을 많이 받은 사람 중에도
낙오자들이 수두룩하다. 모두 끈기를 갖추지 못했기 때문이다.
능력의 다른 이름은 끈기다."

- 김승호, 《알면서도 알지 못하는 것들》 中

김연아의 후원사가 되어주세요

2007년 3월 도쿄에서 열린 ISU 피겨스케이팅 세계 선수권 대회는 김연아의 이름을 세계 스포츠계와 대한민국 국민들에게 본격적으로 알리는 중요한 계기가 되었다. 좀 더 극단적으로 말하면 이 대회 이전의 김연아와 이후의 김연아는 완전히 다른 가치를 가지는 존재로 구별된다. 이 대회에서 김연아는 일본의 안도 미키, 아사다 마오에 이어 3위를 차지하며 동메달을 목에 걸었다.

김연아는 2007 도쿄 피겨 세계 선수권 대회 이전 주니어 시절이었던 2006년도 ISU 주니어 피겨스케이팅 세계선수권 여자 싱글에서 우승한 경력이 있었지만(이 우승도 한국 피겨사상 최초의 일이었다), 2007년 도쿄 세계 선수권 대회 쇼트 프로그램인 '녹산느의 탱고'에서 보여준 농염하고 완벽한 연기는 피겨를 잘 모르는 일반 스포츠 팬들의 시선을 사로잡기에 충분했다.

당시 김연아는 세계적인 스포츠 매니지먼트 기업인 IMG와 매니지먼트 계약이 되어 있는 상황이었는데, 일본의 아사다 마오가 연간 200억원 이상의 후원, 광고 수입을 창출하고 있는 반면 김연아는 고작 연간 수입이 7천만 원에 불과하다는 국내 일간지의 보도는 김연아 팬들로 하여금 IMG의 매니지먼트 능력에 대해 의심스러운 시선을 불러일으키기에 충분했다. 팬들은 "김연아의 후원사가 되어주세요"라는 호소의 글을 한 포털사이트 청원 코너에 올리기도 했다.

나는 2007년 3월 무렵에, 코스피 상장회사였던 IB스포츠 팀장으로 근무하고 있었다. IB스포츠는 메이저리그(MLB), 아시아축구연맹(AFC), 한국프로농구연맹(KBL), 월드레슬링엔터테인먼트(WWE) 등 여러 경기 단체의 독점 중계권을 확보하고 이 권리를 지상파 3사를 포함한 여러 TV 채널에 재판매하면서 큰 수익을 창출하고 있었다.

IB스포츠가 김연아와 매니지먼트 계약을 추진하겠다고 결심하게 된 것은 일본의 광고, 마케팅 회사였던 덴츠(DENTSU)의 강력한 권유를 당시 이희진 대표이사가 받아들였기 때문이었다. 덴츠는 일본빙상경기연맹(JSU)의 마케팅 대행사로서 IB스포츠와 파트너십 관계에 있었는데, 당시 2007 도쿄 피겨스케이팅 세계 선수권대회에서 기록한 폭발적인 일본 현지의 TV시청률과 일본 내에서의 아사다 마오에 대한 높은 상품가치를 고려할 때, IB스포츠가 김연아와 대한빙상경기연맹의 마케팅 권리를 확보하면 큰 수익이 창출될 것으로 예측했다. 그리고 일본 내에서만 연간 100만 불 이상의 김연아 후원사 및 광고주가 확보될 것이라고 긍정적으로 보았다. 당시 국제빙상경기연맹(ISU)의 주요 스폰서 기업은 롯데, 코세(KOSE), 마루한(MARUHAN), 캐논(Cannon) 등 일본 기업들이 큰 영향력을 행사하고 있었는데, 덴츠는 이들 기업을 포함해서 한국의 많은 기업들이 김연아를 후원할 것으로 보았던 것이다.

하지만 덴츠의 예측은 완전히 빗나갔다. 일본의 기업들이 김연아를 후원하지도 않았을 뿐더러 국내 기업조차 처음엔 김연아에 대해 큰 관심을 보이지 않았다. 김연아가 한동안 아이스쇼 참가를 위해 일본을 방문했지만 일본에서 창출된 김연아의 마케팅 수입은 아이스쇼 출연료 2,000만 원 정도가 전부였던 것으로 기억한다.

2007년 도쿄 피겨 세계 선수권 대회에서 동메달을 획득한 김연아. ⓒ연합뉴스

IB스포츠가 김연아와 매니지먼트 계약을 추진하는 과정은 순탄하지 않았다. 기존 매니지먼트 회사였던 IMG의 반발이 거세었기 때문이었다. 김연아가 IMG와 매니지먼트 계약을 해지하고 IB스포츠와 새로운 매니지먼트 계약을 체결하는 과정을 지켜보면서 나는 선수(Client)와 대리인(Agent) 간의 냉혹한 법적 관계에 대해서 명확하게 인식하게 되었다.

선수와 에이전트의 계약은 법적으로는 위임(委任) 계약에 해당하고, 민법 689조[위임의 상호해지의 자유]는 아래와 같이 규정하고 있다.

① 위임계약은 각 당사자가 언제든지 해지할 수 있다.
② 당사자 일방이 부득이한 사유없이 상대방의 불리한 시기에 계약을 해지한 때에는 그 손해를 배상하여야 한다.

그리고 위임은 신뢰(信賴)를 기반으로 하는 것이고, 이 신뢰가 깨어지면 위임계약은 언제든지 해지될 위험에 놓일 수 있다는 점도 알게 되었다. 또한 민법 제681조에 선관주의의무(善管注意義務)가 있다는 것도 알게 되었는데, 이를 풀어쓰면 위임을 받은 사람(대리인)은 의뢰인(선수)에 대해 '선량한 관리자로서 주의를 기울여야 하는 의무'를 다해야 한다는 내용이다.

김연아 이후 회사는 매년 여러 명의 선수와 매니지먼트 계약, 에이전트 계약을 했고 나는 이들 선수를 관리하고 매니지먼트 하는 업무를 맡게 되었다. 그때마다 나는 선수의 신뢰를 잃지 않으려고 노력했다. 매니지먼트 회사가 선수로부터 신뢰를 상실한다는 것은 더 이상 매니지먼트 계약 관계를 원만하게 유지해나갈 수 없음을 의미하는 것이기 때문이다.

2007년 봄 나는 회사와 김연아와의 매니지먼트 계약 체결을 위해 김연아 어머니를 두 번 정도 만난 것이 기억난다. 한번은 김연아의 훈련장이었던 과천빙상장에서 만났고, 또 한번은 태릉빙상장 입구 카페에서였다. 당시 김연아 어머니는 지친 모습이었다. 엄마로서 그리고 매니저로서 김연아를 데리고 전세계를 돌며 피겨스케이팅 대회에 동행했던 김연아 어머니는 때로는 그의 매니저였고, 때로는 운전 기사였고, 때로는 친구였고, 때로는 코치였다.

다행히 2007년 세계 선수권 대회에서 김연아가 좋은 성적을 거두어 희망은 생겼으나 그 삶은 힘겨워 보였고 김연아 역시 지쳐보였다. 더군다나 거액의 해외 전지훈련비가 필요했음에도 재정적으로 넉넉하지 않았기에 엄마로서 얼마나 힘들었을까 하는 생각이 들었다.

김연아 어머니는 처음에는 IB스포츠와 매니지먼트 계약을 탐탁하게 생각하지 않은 듯 했다. 왜냐하면 대한빙상경기연맹이 당시 회장사(會長社)였던 삼성을 포함해서 여러 기업에 김연아에 대한 후원을 요청하였지만 기업들의 반응은 냉담했다.

김연아 어머니의 입장에서는 "삼성과 같은 대기업도 김연아를 후원하지 않는데 IB스포츠가 가능할까?"하는 의구심을 당연히 가졌을 것이다. 게다가 이름도 생소한 IB스포츠가 김연아를 파격적으로 지원하겠다고 하니 한편으로는 불안하고 한편으로는 선뜻 믿음이 가지 않았을 것이다.

매니지먼트 계약의 발표와 IMG의 협박

2007년 4월 25일 IB스포츠는 보도자료를 배포하고 김연아와의 매니지먼트 계약 사실을 공식적으로 발표했다. 하지만 국내 대부분의 언론사는 "김연아가 새로운 매니지먼트사에 둥지를 틀었다"고 보도하기보다는 "김연아가 새 매니지먼트 계약으로 과거 에이전트사와 법정다툼에 휘말리게 되었다"고 보도했다.

나는 이때 언론은 배포한 보도자료 내용 그대로 기사를 내보내지 않는다는 것을 깨달았다. 보도자료를 배포한 우리는 "김연아가 새로운 매니지먼트 계약을 통해 희망적으로 선수 생활을 할 수 있게 되었다"는 내용의 기사를 기대했지만, 언론은 김연아가 법정다툼에 휘말리게 되었다는 내용에 포커스를 맞춘 것이다. 곧 알게 된 사실이지만, 이전 매니지먼트 회사였던 IMG가 별도의 반박 보도자료를 냈는데 많은 언론사들이 IMG의 보도자료를 중심으로 기사를 썼던 것이다. 그리고 그 보도자료의 내용이 사실상 김연아를 협박하는 내용이어서 김연아 팬들로부터 거센 반발을 샀다.

IMG는 반박 보도자료를 통해, "김연아의 일방적인 계약 해지는 효력이 없다"고 주장했다. 그리고 이에 대해 법적 조치를 할 것이며, 그렇게 되면 "김연아는 국제빙상 무대에 나서지 못할 것"이라고 위협했다. IMG는 당시 국제빙상경기연맹(ISU)의 마케팅 대행사였기 때문에 방송중계나 글로벌 아이스쇼 비즈니스 영역에서 김연아를 고립시킬 수 있다고 판단한 것이었다.

하지만 우리는 흔들리지 않았다. 매니지먼트 계약 해지와 새로운 계약 체결에 대한 법적 검토를 마쳤기 때문이었다. 앞서 얘기했지만 김연아와 IMG와의 매니지먼트 계약의 실제적인 내용은 민법상에서 규정하는 '위임'에 관한 계약이다. 위임은 위임한 측에서 언제든지 철회할 수 있다. 단 이 과정에서 어느 일방이 상대방에게 피해를 입혔을 경우 손해를 배상해야 하는 책임은 별도의 문제이다. 이 경우 위임한 측은 선수이고, IMG는 위임을 받은 측이다. 선수 측에서 IMG를 더 이상 신뢰하지 않게 되었고, 또한 위임받은 측이 선량한 관리자로서의 의무를 다하지 못했다는 증거가 충분하다면 계약해지 통보에는 아무런 문제가 없었다.

그렇다고 매니지먼트 계약을 함부로 해지할 수 있는 것은 아니다. 상호 신의성실의 원칙이 있는 것이고, 또 계약 해지로 인해 기존 매니지먼트 회사가 손해를 입었을 경우, 그 손해를 배상해야 할 수도 있기 때문이다. 그래서 보통 연예인들의 매니지먼트 계약 해지는 처음에 심각한 소송으로 시작해서 나중에는 결국 수입배분 금액이나 손해배상 금액을 합의하는 선에서 마무리 되곤 한다.

IMG 역시 "김연아는 더 이상 국제 아이스쇼 무대에 나서지 못할 것"이라고 위협했지만, 김연아가 세계적인 스포츠 스타로 성장해 감에 따라 일본을 비롯한 여러 나라의 아이스쇼 기획 회사는 김연아를 초청하기 위해 많은 공을 들였다. 그리고 다행인 것은 IMG가 한국에서 김연아 매니지먼트와 마케팅 업무를 성과 있게 수행하지 못한 덕분에, 수입배분을 해야 할 금액이 거의 없었고, IMG가 주장할만한 손해배상 건도 거의 존재하지 않았다.

김연아팀 구성

2007년 4월 25일자로 김연아는 이전 매니지먼트사와 계약을 해지하고 IB스포츠와 3년간 새로운 매니지먼트 계약을 맺었다. 회사는 김연아와 매니지먼트 계약을 체결한 직후 이 업무를 추진할 전담팀을 만들었는데, IB스포츠 내 스포츠 마케팅 1팀과 4팀 두 팀을 통합하여 '김연아팀'을 만들었다. 당시 나는 4팀의 팀장이었는데 1팀과 통합되면서 김연아팀의 팀원이 되었다. 1팀장은 현 올댓

스포츠 구동회 대표였는데 두 팀이 합쳐서 '김연아팀'이 되면서 나는 구동회 팀장의 팀원이 되었다.

김연아팀에서 김연아와의 매니지먼트 계약을 체결한 후 가장 먼저 추진한 업무는 외부 '브랜드 마케팅' 전문가들과 함께 김연아의 브랜드 전략을 짜는 것이었다. 김연아를 하나의 개인 브랜드라고 보고 이 브랜드의 컨셉과 전략을 짜는 것이 핵심적인 내용이었다. 당시 내 기억으로 대한민국에서 스포츠 스타 개인에 대한 브랜드 전략을 수립하기 위해 외부 전문가에 컨설팅을 의뢰한 사례는 김연아 사례가 처음이었지 않았나 싶다.

이때부터 나는 필립 코틀러(Philip Kotler)의 마케팅 관련 서적과 브랜드 마케팅, 광고, 포지셔닝, 브랜드 전략, 퍼스널 마케팅 등과 관련된 책을 집중적으로 읽음으로서 나의 부족한 마케팅 지식을 보충했다.

우리가 김연아의 매니지먼트 업무에 앞서 '김연아 브랜드 전략' 수립을 먼저 추진했다고 하는 것은 회사가 김연아의 매니지먼트 사업을 추진함에 있어 대충 주먹구구식으로 진행하지 않고 나름 체계와 플랜을 가지고 진행했음을 의미한다.

'김연아 브랜드 전략'이 수립되는 동안 내가 처음으로 김연아와 동행할 행사가 잡혔는데, 그것은 하얏트 호텔에서 진행된 앙드레김 패션쇼였다. 지금은 고인이 되었지만 당시 세계적인 패션디자이너였던 앙드레김 패션쇼에 출연한다는 것은 운동선수 입장에서는 셀레브리티로 성장했음을 의미하는 매우 영광스러운 것이었다. 그것도 패션모델이나 유명 탤런트가 아닌 운동선수인 김연아가 출연한다는 것은 매우 이례적이고 신선한 충격이었다. 나는 지금도 그렇지만 운동선수가 일반인들이 갖는 고정관념에서 탈피해서 변신할 수 있는 능력에 대해 매우 높이 평가한다. 운동 선수가 운동에 뛰어난 재능이 있다는 것은 가장 중요하지만 어떻게 보면 너무도 당연한 것이었고, 여기에 추가해서 또 다른 재능이 있다면 마케팅에 날개를 달 수 있다고 생각했다. 그래서 가끔 새로운 선수들과 계약을 할 때면 "노래 잘 해요?", "춤은요?", 혹시 "성대모사 잘하는 거 있어요?" 등 운동과 상관없는 질문을 하곤 했다.

내가 김연아를 처음 대면한 날은 앙드레김 패션쇼를 하루 앞둔 2007년 4월 29일이었다. 한남동 하얏트 그랜드 호텔에서 실제 김연아의 얼굴을 처음 보았는데 나는 그때의 충격을 아직도 생생히 기억한다.

가장 잊을 수 없는 것은 그의 밝고 강렬한 눈빛이었다. 고등학교 2학년 학생의 눈에서 레이저 광선이 뿜어져 나오는듯한 그 강렬한 눈빛만큼은 지금도 잊을 수가 없다. 그 눈빛에는 김연아를 처음 만나는 사람으로 하여금 김연아의 열광적인 팬이 되게 하는 마력이 있었다.

김연아 이후에 나는 매니지먼트 계약을 하려고 검토하고 있는 선수들을 만날 때면 그들의 눈빛을 관찰하는 것이 습관이 되었다. 나중에 김연아의 피겨스케이팅 연습장에서 그 강렬한 눈빛에 대해 다시 한 번 생각할 기회가 있었는데, 차가운 얼음판에서 수도 없이 점프를 시도하고 넘어지고 다시 일어나고 하는 것을 수 백 번, 수 천 번 반복하다 보면 그 의지가 다져지고 다져져서 눈빛으로 나타나는 것이라 상상하기도 했다.

앙드레김 패션쇼에 출연한 패션 모델과 셀러브리티들은 모두 김연아와는 비교할 수 없는 유명인들이고 스타들이었다. 패션 모델로서는 김연아가 가장 일천한 경력의 소유자였고, 모델로서의 퍼포먼스 역시 제일 어설펐을 것이다. 하지만 단연 화제가 된 인물은 김연아였다. 지금 생각해봐도 2007년 도쿄 피겨 세계선수권 직후에 김연아가 출연한 앙드레김 패션쇼는 김연아가 이후에 스포츠계를 넘어 전 국민적이고 세계적인 스타 반열로 발돋움하는 하나의 중대한 이벤트였다.

운동 선수에게는 하나의 중요한 계기가 되는 결정적인 티핑 포인트(Tipping Point)가 있기 마련이다. 그것은 중요 대회에서 극적으로 우승하는 것일 수도 있고, 사소한 인터뷰나 우연한 방송 출연일 수도 있다. 하나의 티핑 포인트가 그 선수의 운명을 바꾸게 되는 것이다.

예를들면, 격투기 선수 추성훈의 경우 그의 '무릎팍 도사' 출연이 중요한 티핑 포인트가 되었다. 추성훈은 2008년 2월 MBC 예능 프로그램 〈황금어장〉의 간판 코너인 강호동의 '무릎팍도사'에 출연하여 재일교포 운동선수로서 겪어야 했던 애환과 곡절을 얘기하면서 노래 한 곡을 불렀는데, 이것이 추성훈의 운명을 완전히 바꾸어 놓을지는 본인도 몰랐을 것이다.

당시 추성훈은 박상민의 〈하나의 사랑〉을 즉석에서 불렀는데, 발음은 어눌했지만 그 감성의 표현은 많은 여심을 자극하며 큰 화제가 되었다. 이 방송 출연을 계기로 추성훈은 운동선수를 넘어 셀레브리티가 되었고, 우유, 자동차, 김치냉장고, 맥주, 제과 등 CF 러브콜이 봇물처럼 터졌다. 그리고 그의 아내, 그

추성훈의 MBC 예능 황금어장 '무릎팍 도사' 출연. 우연한 방송출연이 추성훈의 운명을 바꾸었다.

의 딸 사랑이는 함께 방송에 출연하며 큰 인기를 얻었다.

그리고 배드민턴 선수 이용대는 2008년 베이징 올림픽에서 이효정 선수와 함께 혼합복식에서 금메달을 획득하고 즉석에서 윙크 세러머니를 했는데, 이용대의 0.5초짜리 윙크는 그의 금메달보다 더 유명해졌고, 이후 그의 별명은 '윙크 보이'가 되었다.

처음부터 위대할 수는 없다

2007년 봄, IB스포츠는 김연아의 후원사와 광고주를 찾기 위해 동분서주했다. 그러나 처음부터 좋은 성과가 있었던 것은 아니었다. 후원사 유치 1순위 기업이었던 삼성, 현대차, LG 등의 대기업은 모두 냉담한 반응을 보였다. 대기업들은 한결같이 김연아의 성장성에 한계가 있을 것이라는 의견이었다.

당시만 해도 피겨스케이팅은 미국이나 러시아, 유럽 국가 등 동계스포츠 강국의 선수들에게 적합한 그들의 전유물 정도로 생각되었다. 피겨스케이팅 변방에 해당하는 대한민국에서 올림픽 메달을 딸 수 있을 정도의 세계적인 선수가 나올 것이라고 기대하지 않았

던 것이다.

  그리고 대기업들은 으레 그렇듯이 리스크(위험부담)를 지려고 하지는 않았다. 실제로 김연아 이전에 LG전자는 남나리라는 피겨스케이팅 선수와 후원 계약을 체결했지만 남나리는 부상을 당해 계약기간 내내 특별한 성과를 내지 못했다. MLB 스타 박찬호의 경우도 KB와 광고모델 계약을 체결 한 후 부상으로 성적이 부진해지자 광고계에서는 스포츠 스타와 계약을 하는 것은 리스크가 매우 큰 것으로 인식하는 계기가 되었다.

  좋은 소식은 작은 업체로부터 왔다. 교복업체인 아이비클럽(Ivy Club)이 김연아와 광고모델 계약체결을 원했다. 당시 교복업체들은 아이돌 스타를 광고모델로 채택하는게 트렌드였고, 아이비클럽 역시 당시 최고 인기 그룹이었던 슈퍼주니어를 광고모델로 두고 있었다.

  2007년 5월에 나는 김연아와 함께 그의 모교인 군포 수리고를 잠깐 방문한 적이 있었다. 그때 김연아의 교복입은 모습을 처음으로 보았는데 너무나 해맑고 귀엽다는 생각이 들었다. 그때 나는 김연아가 교복업체의 광고모델을 하면 좋겠다고 생각했고 몇 몇 업체와 접촉을 했는데 아이비클럽에서 먼저 연락이 온 것이었다.

  스포츠 이외의 다른 분야의 스타들도 이런 과정이 있었을 것이다. 지금 최정상에 있는 K-POP 가수라고 해도 이전엔 연습생 시절이 있었을 것이고, 데뷔를 하고 인지도를 조금씩 쌓아가는 신인 가수가 처음부터 글로벌 브랜드의 광고모델이 되기는 어려울 것이라 생각했다.

KB국민은행과 특별한 인연의 시작

김연아가 앙드레김 패션쇼에 출연한 이후 김연아팀에 많은 기업의 후원과 광고 문의가 쏟아지기 시작했다. 그 많은 기업과 브랜드를 일일이 다 기억하지 못하지만, 김연아팀이 가장 잘 한 결정 중에 하나는 그의 브랜드 전략과 이미지에 맞지 않는 상품군과 브랜드들의 광고모델 제안을 거절한 것이었다. 당시 우리는 동계 올림픽 종목 선수인 김연아에게 가장 이상적으로 어울리는 브랜드는 올림픽 파트너인 삼성전자라고 생각했고, 삼성전자가 아니라면 LG전자, 현대자동차, KT, SKT 등 통신사 브랜드 등이 김연아를 광고모델로 채택하거나 후원해주기를 간절히 기대했다.

하지만 삼성, LG, 현대차와 같은 글로벌 기업들은 처음엔 김연아에게 관심이 없었다. 글로벌 기업의 브랜드 및 광고 담당자들은 김연아의 브랜드 파워가 그들 회사의 브랜드 파워에 미치지 못한다고 생각했고, 김연아가 아니 한국 여자 선수가 피겨스케이팅이라는 종목에서 올림픽 금메달을 딸 수 있을 거라고 상상하지 못했다.

실제로 많은 브랜드 담당자들은 "피겨 스케이팅은 러시아나 미국 등 서양 선수들이 하는 거지 한국 선수가 잘 할 수 있는 종목이 아니다"는 선입견을 강하게 가지고 있었다.

결과적으로 2007년에 삼성이나 현대차와 광고모델 계약이 체결되지 않은 것은 김연아로서는 큰 행운이었다. IB스포츠와 매니지먼트 계약을 체결한 후 김연아는 세계무대에서 승승장구 했고, 이들 글로벌 브랜드는 불과 1년 후 2008년에 김연아팀을 찾아와서 2007

년에는 상상할수조차 없었던 큰 금액으로 후원과 광고모델 계약을 하자는 제안을 해왔기 때문이다. 만약 2007년에 삼성이나 현대차가 김연아팀의 광고모델 제안을 받아들였다면, 김연아의 광고모델료 단가는 그 절반에도 미치지 못했을 것이다.

김연아가 국내의 글로벌 대기업들과 본격적인 광고모델 계약을 체결하기에 앞서 또 한 건의 좋은 뉴스 역시 작은 브랜드로부터 왔다. 샤프란이라는 섬유유연제 브랜드였다. LG생활건강의 브랜드 중에 하나였지만 섬유유연제의 시장규모는 크지 않았다. LG생활건강의 샤프란 CF는 김연아의 청순하고 생기발랄한 이미지와 잘 어울렸다. 샤프란 CF를 보면서 나는 김연아가 연기에 뛰어난 재능이 있다는 것을 알았다.

CF는 짧은 시간 방영되지만 그 브랜드의 메시지를 잘 전달하기 위해서는 광고 스토리보드가 요구하는 역할 연기를 잘 해야만 한다. 김연아는 노련한 연기자처럼 CF 촬영을 거침없이 완벽하게 해냈다. TV CF를 통해 바라보는 김연아의 모습은 조금 낯간지러운 것이긴 해도 정말 신선하고 매력적이라고 생각했다.

LG생활건강에 이어 2007년 7월에는 KB국민은행과 후원 계약을 체결했는데, 이 계약은 향후 김연아의 선수생활과 광고모델 활동에 결정적으로 중요한 계기가 되었다. KB국민은행은 김연아팀이 구성되기 전인 2006년 12월에 김연아가 ISU 그랑프리 파이널에서 우승한 직후에 6개월 단발 광고모델 계약을 체결해준 고마운 광고주였다. 김연아의 입장에서는 선수로서 가장 힘든 시기에 제일 먼저 손을 내밀어 준 기업이었기에 평생 잊지 못 할 특별한 인연일 수밖에 없었다.

나는 개인적으로 KB국민은행이 김연아와 후원 계약을 체결한 것은 한국 스포츠 마케팅사에 있어서 탁월한 선택이면서 동시에 하나의 중대한 사건으로 평가하고 싶다. 이후 KB국민은행은 2023년 현재까지 김연아와 17년째 후원과 광고모델 계약을 이어오고 있다. KB국민은행의 스포츠 마케팅의 중심엔 언제나 김연아가 자리하고 있었다. 그리고 KB의 이러한 성공 DNA는 박태환, 손연재, 팀킴, 차준환에 이어 수영의 황선우 선수로까지 이어지고 있다.

KB국민은행의 성공적인 스포츠 마케팅의 이면에는 유망주의 재능과 성장가능성을 알아봐 준 브랜드전략그룹의 김진영 전무가 있었다. 나는 그를 2007년 7월 KB와 김연아 간의 후원 계약을 추진할 때 처음 만났는데, 당시엔 과장으로 근무하고 있었고 지금은 임원으로서 KB 금융그룹의 브랜드 광고와 스포츠 마케팅 업무를 총괄하고 있다. 운동선수가 특정 기업과 후원 및 광고모델 계약을 17년째 계속하고 있다는 것은 기네스북에 오를만한 일이 아닌가 싶다. 이것이 가능한 것은 김연아의 입장에서는 가장 힘든 시기에 가장 먼저 손을 내밀어 준 고마운 파트너라 생각하기 때문일 것이다.

함께 위기를 돌파하다

김연아의 승승장구, 그리고 예기치 않은 부상

김연아는 IB스포츠와 매니지먼트 계약을 체결한 이후 그야말로 승승장구했다. 김연아가 절정의 기량을 유지하는 만큼 그의 후원사와 광고주도 급속하게 늘어났고, 김연아팀은 IB스포츠 내에서 가장 잘 나가는 팀이 되었다.

2007년 4월에 회사와 매니지먼트 계약을 체결한 후 김연아는 곧바로 5월에 캐나다 토론토로 가서 2007~2008 시즌 준비에 돌입했다. 새 시즌에 필요한 쇼트 및 프리 스케이팅 곡의 선정과 안무 작업이 시급한 과제였다. IB스포츠와 매니지먼트 계약을 한 시점부터 김연아에겐 더 이상 운동을 하는데 있어서 경제적인 부담이나 장애물이 없었다.

세계적인 피겨 코치인 브라이언 오서와 코치 계약을 했고, 데이비드 윌슨이 안무를, 그리고 트레이시 윌슨이 김연아의 곁에서 연기를 도왔다. 가장 든든한 것은 송재형 트레이너가 토론토에서 숙식을 함께 하며 주야로 컨디션을 점검해 준다는 사실이었다. 김연아는 피겨스케이팅에만 전념하면 되었고, 김연아팀은 김연아의 마케팅에만 전념하면 되었다.

IB스포츠와 함께 시작한 2007~2008 첫 시즌에 김연아는 중요한 모든 대회에서 금메달을 획득했다. 시즌 첫 번째 ISU 그랑프리 대회인 '컵 오브 차이나'에서 금메달 획득을 시작으로, 두 번째 대회 '컵 오브 러시아'에서도 연속 금메달을 따냈다.

그리고 2007년 12월 이탈리아 토리노에서 열린 ISU 그랑프리 파이널에서 숙적 아사다 마오를 제치고 금메달을 획득했다. 김연아는 전년도인 2006년에 러시아에서 열린 그랑프리 파이널에서 이미 우승을 했기 때문에 그랑프리 파이널 대회 2연패를 달성한 것이었다. 명실공히 한국을 넘어 전 세계 여자 피겨의 최고봉에 오른 것이다.

김연아가 가는 길은 모두 한국 피겨사의 새로운 역사가 되었고 절정의 기량으로 여자 피겨계의 여왕으로 성장해갔다.

그러던 김연아에게 큰 위기가 찾아왔다. 부상이 발생한 것이다. 2007년을 거의 완벽한 자신의 해로 만들었던 김연아는 2008년 1월 토론토 전지훈련 중 왼쪽 고관절 부상을 입었다. 고관절 부상을 입었다는 것은 스케이팅과 점프 그리고 착지를 정상적으로 할 수 없다는 것을 의미하는 치명적인 것이었다. 더욱이 2008년 2월엔 한국에서 피겨 4대륙 선수권 대회가 예정되어 있었고, 3월엔 스웨덴 예테보리에서 가장 중요한 피겨 세계 선수권 대회를 앞둔 시점이라 김연아팀에게도 발등에 불이 떨어졌다.

결국 안방인 한국에서 열린 피겨4대륙 선수권 대회는 김연아 없이 진행되었고 우승은 아사다 마오가 차지했다. 문제는 3월 세계선수권 대회에 출전할 수 있느냐 하는 것이었는데 주치의였던 하늘병원 조성연 원장은 "다행히 파열이나 골절이 아니라서 인대와 근육 관리를 잘하면 큰 문제는 없을 것"으로 진단했다.

종목을 불문하고 모든 운동선수들은 선수생활 동안에 거의 필연적으로 부상에 직면하게 된다. 부상을 당해본 선수들은 안다. 그것이 얼마나 치명적인지.

부상으로 선수 생활을 포기한 아까운 천재들은 수도 없이 많다. 과거 한국 엘리트 선수들의 연습문화는 소위 '스파르타식'이었다. 아프면 쉬면서 치료를 해야 함에도 선생님이나 코치한테 혼날까봐 말도 못하고 아픈 몸으로 무리하게 연습도 하고 대회 출전을 강행했다. 그나마 지금은 코칭 문화가 많이 선진적으로 변화하고 발전했다.

선수 에이전트나 매니지먼트 회사는 유망 선수를 세계적인 스타 선수로 육성하기 위해서는 여러 가지 솔루션과 프로그램을 보유하고 있어야 한다. 그 중에서도 선수의 피지컬 트레이닝과 멘탈 트레이닝은 매우 중요한 양대 축이다. 피지컬 트레이닝은 부상을 방지하는 차원에서도 매우 중요하다. 평소에 스트레칭과 체력훈련을 잘 해두면 부상을 미연에 방지할 수 있다. 그리고 최근에는 멘탈 트레이닝의 중요성이 더해지고 있는데, 선수들 간의 기량 차이가 점점 촘촘해짐에 따라 경기에 임하는 마음자세에 따라 메달 색이 바뀌는 경우도 많아졌다.

김연아는 잠깐 고관절 부상을 당해 고전하였지만 부상에서 회복한 이후엔 체력적으로 강한 상태를 유지했다. 2010년 밴쿠버 동계 올림픽에서 그가 금메달을 획득할 수 있었던 원동력 중에 가장 중요한 것 중에 하나는 송재형 트레이너의 역할이었다고 생각한다. 송재형 트레이너는 김연아의 가장 지척에서 그의 체력적인 부담을 해소하고 체력을 강화시키면서 자신의 역할을 100% 수행했다. 송재형 트레이너가 김연아 곁에 있었다는 것은 매니지먼트 회사와 김연아 모두에게 큰 행운이었다.

선수와 그들의 부모들은 심리 상담이나 멘탈 트레이닝의 중요성에 대해서 간과하는 경우가 많은 것 같다. 하지만 나는 스포츠 심리 상담을 통해 선수들이 운동에 임하는 자세가 100% 바뀌고, 목표설정과 동기유발이 되어 완전히 새로운 선수로 태어나는 경우를 많이 보아왔다. 특히 운동선수들이 사춘기에 접어들면 감정이나 시합불안 조절에 어려움을 겪게 되는데, 자칫 이를 방치하면 비뚤어진 길로 가거나 시합을 망칠 수도 있다.

그래서 선수 에이전트나 매니지먼트 회사는 항상 훌륭한 멘탈 트레이너와 피지컬 트레이너를 가까이 두고 긴밀한 관계를 유지하는 것이 중요하다.

세계 최고의 여성 스포츠 스타와 어깨를 나란히 하다

미국의 경제전문지 포브스는 매년 가장 돈을 많이 버는 남녀 운동선수 TOP 10을 발표한다. 지금도 마찬가지지만 김연아가 세계적인 스포츠 스타로 활동할 무렵인 2010년경에도 전 세계 여자 운동 선수 중 가장 수입이 많은 이들은 테니스 선수들이었다. 그리고 한동안 그 중 한 명이 김연아였다. 물론 지금은 한국의 여자 프로 골프 선수들이 가끔 이 리스트에 오르기도 하지만 김연아의 전성기 시절에는 곧잘 TOP 10에 김연아의 이름이 포함되었다.

[2011년 전세계 여자 스포츠 스타 수입 순위]		(자료출저: 포브스) (단위: 달러)
1	마리아 샤라포바(러시아)	테니스	2500만
2	캐롤라인 워즈니아키(덴마크)	테니스	1250만
3	대니카 패트릭(덴마크)	자동차경주	1200만
4	비너스 윌리엄스(미국)	테니스	1150만
5	킴 클리스터스(벨기에)	테니스	1100만
6	서리나 윌리엄스(미국)	테니스	1050만
7	리나(중국)	테니스	1000만
8	김연아(한국)	피겨스케이팅	1000만
9	아나 이바노비치(세르비아)	테니스	600만
10	폴라 크리머(미국)	골프	550만

여자 테니스 선수들의 수입이 많은 것은 상금이 큰 테니스 대회가 많고, 또 테니스 스타가 되면 후원 수입이 크게 늘어나기 때문이다. 그래서 개인적으로 여자 테니스 종목에서 김연아와 같은 선수를 발굴, 육성해보려고 많은 노력을 했지만 아직 성공하지는 못했다.

테니스 선수의 매니지먼트 사업이 어려운 것은 김연아팀과 같은 전담팀이 필요하기 때문이다. 테니스는 개인종목임에도 불구하고 팀 단위로 움직여야 한다. 헤드 코치가 있어야 하고, 피지컬 트레이너도 있어야 하고, 훈련 파트너도 있어야 한다. 게다가 중요한 경기를 앞두고는 멘탈 관리를 해줄 멘탈 트레이너도 필요하다.

전담팀 4~5명이 전 세계 주요 도시를 비행기로 이동하면서 대회에 출전하려면 그 비용이 상상을 초월한다. 2018년에 남자테니스 호주 오픈에서 4강에 진출한 정현의 경우도 전담팀 운영이 쉽지 않았다. 하물며 정현보다 어린 유망주들의 경우는 전담팀은 커녕 국제대회에 출전하는 경비 마련도 쉽지가 않은 상황이다. 테니스는 세계적인 스타가 되기까지 그 어떤 종목보다 돈이 많이 드는 종목이다. 만약 한국 여자 테니스 선수 중에서 김연아와 같은 세계적인 선수가 탄생한다면, 그 선수의 경제적 부가가치는 어마어마하게 클 것이다.

중국의 여자 테니스 선수 리나가 2011년에 아시아 국적 선수로는 최초로 메이저 대회인 프랑스 오픈에서 우승을 한 적이 있고, 일본의 오사카 나오미는 최고 권위 대회인 2018 US 여자오픈 테니스 대회에서 우승을 차지했다. 이것은 한국의 테니스 유망주들도 좋은 시스템에서 체계적인 훈련을 받는다면 세계적인 테니스 스타로의 성장이 가능함을 의미한다.

개인적으로 나는 언젠가 기회가 되면 가능성 있는 테니스 유망주를 발굴하여 그가 세계적인 테니스 스타로 성장하는 과정을 꼭 한번 경험해보고 싶다.

부상투혼, 대한민국을 울리다

연습 중 고관절 부상을 당한 김연아는 강력한 진통제를 맞고 2008년 3월 세계 선수권 대회에 출전했다. 많은 피겨팬들은 부상이 김연아의 발목을 잡을 것으로 우려했고 김연아팀 역시 불안한 마음으로 대회를 맞이했다.

스웨덴 예테보리에서 열린 2008 피겨 세계 선수권 대회의 '기적같은' 경험은 김연아가 천주교에 귀의하는 결정적 계기가 되었다. 이 대회에서의 '기적같은' 경험은 두 가지였다. 첫 번째는 부상의 고통 속에서 김연아는 강철같은 의지와 인내심을 발휘하며 쇼트 프로그램 5위의 부진에도 불구하고, 결국 프리 스케이팅에서 선전하며 동메달을 획득했다는 점이고, 두 번째는 일본의 아사다 마오는 엉덩방아를 찧는 큰 실수에도 불구하고 결국 금메달을 획득했다는 사실이었다.

국내 피겨팬들은 크게 분노했다. 일본의 국력이 아사다 마오에게 금메달을 안겨준 반면, 피겨 변방인 대한민국의 미력한 국력이 김연아를 지켜주지 못 했다고 한탄했다. 실제로 피겨스케이팅을 관장한 국제빙상경기연맹 ISU는 일본 기업들의 후원으로 국제연맹을 이끌어간다고 해도 과언이 아니었다. 롯데, 캐논, 코세, 마루한 등의 일본 기업의 후원금이 ISU 재정의 원천이었다. ISU 역시 이런 상황에서 일본의 눈치를 보지 않을 수 없었을 것이다.

김연아와 그의 부모님은 이 대회에서 김연아가 아사다 마오에게 밀린 것에 대한 좌절감보다는 김연아가 2010년 밴쿠버 올림픽 때까지 겪어야 될 수도 있는 차별적 장벽에 대해 더 크게 우려했다.

나는 개인적으로 이 시기에 많은 기도를 했다. 그 기도의 내용은 많은 김연아 팬들의 바람과 궤를 같이 하는 것이었을 것이다. 나는 이기적인 심정에서 나의 선수가 잘되기를 기도한 것은 아니었다. '김연아가 대한민국 국민들에게 더 많은 기쁨과 행복을 더 오랫동안 줄 수 있도록 그의 건강을 지켜달라'고 기도했다. 나는 교회에 나가지도 않고 절에도 나가지 않지만 이때처럼 간절히 기도한 적은 없었다.

이 시기에 김연아는 천주교 세례를 받았다. 세례명이 스텔라(stellar)였는데 이는 '별'(star)이라는 뜻이었다. 김연아에게 꼭 맞는 세례명이라고 생각했다. 운동 선수들 중에 많은 이들이 종교를 가지고 있다. 나는 그 의미를 알고 충분히 이해한다.

세계적인 운동선수들이 매 경기에 직면하는 중압감은 상상을 초월한다. 그리고 그 경기가 세계 선수권 대회이거나 올림픽 메달이 걸린 경기라고 한다면 그 중압감은 더욱 가중된다. 그래서 경기를 앞두고 어떤 선수들은 음악을 듣고, 어떤 선수들은 가벼운 공놀이를 하고, 또 어떤 선수들은 멘탈 트레이너와 대화를 한다. 그리고 어떤 선수들은 그들을 지켜줄 절대자 신(神)에게 의지한다.

김연아 역시 인간이고, 인간으로서 어찌할 수 없는 불안감이 엄습할 때가 자주 있었을 것이다. 스타가 되기 이전엔 아무렇지도 않았던 멘탈이 스타가 되고 금메달을 더 많이 획득하면 획득할수록 그 다음 대회에도 금메달을 따야 하는 부담은 더욱 커지게 된다. 그래서 나는 김연아의 종교적 선택이 정말 탁월한 결정이라고 생각했다.

쏟아지는 광고계의 러브콜

2008년 ISU 피겨 세계 선수권 대회는 김연아에게 하나의 '티핑 포인트(Tipping Point)'가 되었다. 동메달을 목에 걸고 귀국했지만 김연아는 그랑프리 파이널에서 금메달을 획득했을때보다 더 큰 환호와 지지를 받았다. 끝날 때까지 혼신의 힘을 다한 김연아의 연기와 부상투혼이 팬들에게 큰 감동을 주었던 것이다. 더욱 더 놀라운 것은 광고계에서 김연아에 대한 러브콜이 폭발적으로 늘어났다는 점이다.

IB스포츠의 김연아팀은 김연아 매니지먼트 사업을 시작한지 딱 1년 만에 대박을 치기 시작했다. 불과 1년 전만 해도 팬들은 후원사가 부족한 김연아에게 후원을 해달라고 포탈사이트 청원 게시판에 청원 글을 올렸었다. 그런데 지금은 후원과 CF모델 계약을 하겠다는 기업이 줄을 서기 시작한 것이다.

김연아팀은 후원 계약과 CF에 대한 선택을 놓고 깊은 고민에 빠졌다. 어떤 기업과 후원 계약을 하는 것이 좋을지, 어떤 CF는 하지 말아야 할지에 대한 고민이 점점 커졌다. 이런 고민에 대처하는 가장 좋은 방법은 원칙과 기준을 만드는 것이다. 앞서 언급했지만 김연아팀에서 가장 잘 한 일 중에 하나는 매니지먼트 사업을 하기 전에 김연아 개인 브랜드에 대한 전략을 수립하고 이 전략 가이드라인을 따랐다는 점이다.

김연아팀은 '피겨여왕 김연아'의 브랜드 아이덴티티와 이미지에 맞지 않다고 생각되는 기업과 브랜드의 CF는 정중히 거절했다. 대략 이 시기에 후원 및 광고 제안이 들어온 기업을 합치면 100여 개 이상이 될 것이다. 전자, 자동차를 포함하여 치킨, 피자, 샴푸, 화장품, 음료, 침대, 제약, 건강식품 등 거의 모든 산업군의 브랜드들이 김연아를 광고모델로 계약하고 싶어했다. 만약 할 수만 있었다면 김연아는 수백억 원의 광고모델 계약을 할 수도 있었지만 김연아팀은 여러 기업의 제안을 정중히 거절하느라 진땀을 흘렸다.

후원기업과 광고 브랜드의 선택은 김연아팀 내부회의와 선수의 의견 수렴을 거쳐서 진행되었고 대부분 큰 의견차 없이 결론에 도달했다. DO와 DO NOT에 대한 가이드라인이 있었기 때문이다. 그런데 이 시기에 한 특정 브랜드와 광고모델 계약을 두고 전담팀 내에서 이견이 생겼다.

김연아의 CF 모델 계약 추진을 놓고 이견이 생긴 제품의 카테고리는 생리대였다. 나는 김연아가 생리대 광고모델로 출연하는 것에 반대했다. 생리대에 대한 부정적인 생각이 있어서도 아니고 제품 브랜드가 나빠서도 아니었다. 생리대는 생각하기에 따라 활동적이고 자유롭고 긍정적인 여성의 이미지와 연결될 수 있다. 그리고 당시 생리대 제품은 최고의 여성 스타들이 모델로 활약하고 있었다. 브랜드 역시 이름만 들어도 알 수 있는 글로벌 브랜드였다.

그럼에도 내가 반대한 이유는 딱 한 가지였다. 김연아 개인 브랜드 전략에 따라 김연아라는 브랜드가 가지고 있는 핵심적 가치 중에 하나인, '김연아의 카리스마'에 손상이 발생할 수도 있다는 우려 때문이었다. 이런 생각은 각자 개인이 김연아에 대해 어떻게 인식하고 있는가에 따라 달라질 수 있다. 나는 개인적으로 김연아가 '여성스럽다'거나 '섹시하다'고 생각해본 적이 한번도 없었다. 오히려 보이시하고 쿨하며, 솔직하고 당당한 김연아는 그냥 김연아일뿐이라고 생각했다. 그래서 '여자로서' 생리대 광고모델이 된다는 것을 쉽게 받아들이지 못했는지도 모르겠다. 결국 김연아는 생리대 광고모델 계약을 했다.

스타파워를 아이스쇼로 확장하다

국내 굴지의 광고회사 내에도 스포츠 마케팅팀이 있다. 제일기획, 이노션, 대홍기획 등 주요 광고회사 내에 스포츠 마케팅 전문 부서가 있는 것이다. 그리고 삼성전자, 현대차, 롯데, KB국민은행, 신한은행 등의 대기업 내부에도 스포츠 마케팅 부서가 있다. 광고회사의 스포츠 마케팅팀에서 하는 일은 주로 스포츠 마케팅 대행업무와 스폰서십 관련 업무이다.

이전에는 광고회사를 광고대행사로 불렀다. 광고주를 대신해서 광고업무를 대행한다는 의미다. 선수 에이전트는 선수대리인이다. 선수를 대신해서 선수의 상업적 업무를 대행한다는 의미이다.

나 역시 오랫동안 선수대리인 업무와 클라이언트 기업의 스폰서십 업무대행을 해왔다. 리스크 없이 안전하기는 하지만 항상 주인

(의뢰인)이 따로 있고, 그 주인의 뜻대로 일을 해야만 하는 한계가 있었다. 그리고 그 클라이언트 기업이 대행사를 바꿔버리면 대행사는 하루아침에 난감하고 비참한 상황에 빠지게 된다.

그래서 이런 일을 오래 하다보면 어느 순간에 대행사 업무를 그만하고 싶은 강력한 욕구가 일어나게 되어있다. 대리인 또는 대행사 업무를 하면서 동시에 프라퍼티(Property)의 주인이 되기를 꿈꾸는 것이다.

프라퍼티(Property)에는 여러 가지 종류가 있다. 토지나 부동산이 될 수도 있고, 지적재산권이 될 수도 있고, 창의적인 콘텐츠가 될 수도 있다. 그 중에서 나는 내가(우리 회사가) 이벤트의 오너십을 갖는, 즉 이벤트 오너가 되는 것에 관심이 많았다. 이벤트는 선수 매니지먼트와 함께 스포츠 마케팅의 꽃이다.

김연아팀은 매니지먼트 계약 1년 만에 김연아가 운동에 전념하는데 필요한 비용을 충당하고도 남을 만큼 많은 후원 수입과 광고 수입을 창출했다. 그리고 김연아가 세계 여자 피겨스케이팅의 중추적인 선수로 성장함에 따라 나는 이 타이밍이 김연아가 중심이 되는 아이스쇼 이벤트를 만들어야 할 때라고 생각했다.

그리고 아이스쇼 이벤트의 구상은 1년 전인 2007년 5월 김연아가 일본에서 개최된 '드림즈 온 아이스(Dreams on Ice)'에 출연했을 때부터 본격적으로 진행되었다. 당시 김연아는 3회 공연으로 대략 1,500만 원 정도의 출연료를 받았다. 드림즈 온 아이스는 일본 아이스쇼 전문 기획사인 CIC에서 운영하는 대표적인 아이스쇼인데, 대단한 것은 한화 10만원 정도의 입장권이 거의 매회 매진된다는 점이었다. CIC의 키쿠오 마카베(Kikuo Makabe) 사장은 매년 피겨스케이팅 시즌이 끝나는 4월부터 8월까지 약 5개월 동안 일본 전역을 돌며 아이스쇼 비즈니스를 활발하게 전개했는데 사업수완이나 인성적인 측면에서 배울 점이 많은 분이었다.

그리고 미국 아이스쇼 시장은 '스타즈 온 아이스(Stars on Ice)'를 주최하는 IMG와 '챔피언스 온 아이스(Champions on Ice)'를 주최하는 AEG 두 회사가 양분하고 있었고, 유럽에서는 스위스의 남자 피겨스케이팅 스타인 스테판 랑비엘(Stephane Lambiel)의 '아트 온 아이스(Art on Ice)'가 유명했다. 랑비엘 아이스쇼는 매우 인상적이었는데 아이스쇼의 메인 스폰서가 BMW였고, BMW는 아이스쇼를 고객 판촉 프로그램으로 잘 활용했다.

2007년 12월 이탈리아 토리노에서 열린 ISU 피겨 그랑프리 파이널에서 김연아가 우승을 했을 때 서울에서 아이스쇼를 개최하겠다는 계획은 좀 더 구체적으로 진행되었다. 이미 김연아 후원사 중에 1개 기업이 타이틀 스폰서로 참여하겠다는 긍정적인 의사를 표명했고, 우리는 목동 아이스링크의 대관일정을 조심스럽게 체크하기 시작했다.

2008년 3월 세계 선수권 대회에서 감동적인 부상투혼을 발휘하여 동메달을 획득하고 귀국할 무렵엔 타이틀 스폰서 예정기업과 아이스쇼 후원 계약서를 검토하는 단계에까지 일이 진척되었다. 그런데 갑자기 문제가 터졌다. 후원 계약 직전에 후원하기로 한 기업에서 갑자기 사무실로 찾아와 계약이 힘들게 되었다는 폭탄선언을 하게 된 것이다.

'KCC스위첸 페스타 온 아이스'는 김연아가 중심이 되는 첫번째 아이스쇼로 의미가 컸다.

　스포츠 마케팅을 하면서 제일 힘든 일 중에 하나는 구두상의 약속을 믿고 섭외와 업무추진을 상당부분 진행한 상태에서 일이 어그러지는 것이다. 이렇게 되면 회사 내부적으로 꼼꼼하게 일을 진행하지 못한 부분에 대해 책임을 져야 하고, 대외적으로는 신뢰상실이라는 큰 타격을 입게 된다.

　김연아 아이스쇼의 개막이 한 달도 남지 않은 상황에서 타이틀 스폰서 예정 기업이 후원을 못하게 되어 새로운 스폰서를 구해야 하는 비상사태가 발생한 것이었다.

　나는 김연아 매니지먼트 업무를 수행하면서 많은 놀라운 일(내가 개인적으로 '기적'이라고 부를 만큼 놀라운 일)을 경험해왔다. 이번에도 기적같은 일이 일어났다. 중도 포기직전에 아이스쇼 타이틀 스폰서를 극적으로 구한 것이었다.

우리는 아이스쇼의 이름을 '페스타 온 아이스(Festa on Ice)'로 정했다. 페스타 온 아이스는 그렇게 탄생했고 이후 3년간 개최되면서 전세계에서 가장 익사이팅하고 다이내믹한 아이스쇼로 평가를 받았다. 페스타 온 아이스가 그런 호평을 받은 이유는 아이스쇼의 관람석과 무대 사이즈가 대규모라는 측면도 있었지만 기존에 스케이팅 중심의 아이스쇼에서 K팝 아티스트와 라이브로 함께하는 공연, 오프닝과 피날레 공연에 맞춘 단체 의상, 그리고 화려한 조명과 음향에 콘서트장을 방불케하는 관객들의 박수와 환호가 함께 했기 때문이었다.

그러다보니 전 세계를 돌며 오프시즌 아이스쇼에 참가하는 해외 선수들에게도 소문이 퍼지기 시작하면서 선수들이 가장 출연하고 싶어하는 아이스쇼로 자리잡게 되었다.

마침내 오랫동안 염원했던 오너십이 있는 이벤트 프라퍼티를 만들어낸 것이다. 대행사가 아니라 아이스쇼 이벤트의 주인으로서 수익을 창출할 수 있다는 사실이 감개무량했다. 김연아가 일본의 아라카와 시즈카처럼 오랫동안 스케이팅 활동을 한다면 김연아 아이스쇼 역시 오랫동안 계속될 것이라 생각했다.

그리고 페스타 온 아이스는 국내 피겨 유망주들에게 큰 희망이 되었다. 김연아는 초등학생과 중학생 피겨 유망주들을 아이스쇼 무대에 초대했고, 초대받은 유망주들은 대형 아이스쇼 무대에 오를 기회를 소중하게 생각했으며, 아이스쇼에 출연하는 세계적인 피겨 스타들의 연기를 보면서 꿈을 키웠다.

위기속에 싹트는 희망

두 번째 시즌에 위기를 맞이하다

김연아가 'Festa on Ice 2008 아이스쇼'를 성공적으로 마치고 새로운 시즌을 준비하기 위해 토론토로 다시 돌아갔을 때, 그해 8월 수영 스타 박태환은 베이징 올림픽에서 남자 400미터 자유형에서 금메달을 획득했다. 한국 남자 수영선수로 사상 최초였다.

스포츠 마케팅에 있어서 최초와 최고의 기록은 그 무엇보다 가치가 크다. 김연아가 선수로서 상품가치가 높은 것도 그가 가는 길이 곧 최초의 기록이고 최고의 기록이기 때문이다.

종목을 불문하고 이후에 한국 최초이거나 최고의 기록이 나올 수 있는 종목이 있다면 그 종목은 그것만으로도 마케팅적 가치가 있다. 2002년 월드컵 축구에서 히딩크가 이끄는 한국 축구 국가대표팀은 한국 축구 사상 최초로 4강에 진출했고 그 기록은 지금까지 최고 기록으로 남아있다.

축구나 야구처럼 인기종목이 아닌 육상이나 테니스와 같은 종목에서 올림픽 메달리스트가 나온다면 그는 박태환이나 김연아처럼 엄청난 스타가 될 것이다. 불가능하다고 체념하고 있는 종목에서 스타가 나오면 미디어와 팬들은 더 열광하기 마련이다.

박태환의 2008년 베이징 올림픽 금메달 획득은 2010년 밴쿠버 동계올림픽에서 금메달을 목표로 하고 있는 김연아에겐 오히려 큰 부담이 되었다. 2008년 당시 한국 스포츠계는 수영의 박태환과 피겨의 김연아가 양대 종목의 슈퍼 스타로 존재하고 있었고 둘은 종목도 다르고 성별도 다르지만 항상 동일 선상에서 언급되고 비교되었다.

2007~2008 시즌을 더 할 나위 없이 성공적으로 보낸 김연아는 2008~2009 시즌엔 매우 힘겹게 시즌을 맞이했다. 김연아는 2008년 19살, 고3의 나이에 급격한 신체적 변화를 겪는듯했다. 운동에 집중하느라 신체발육과 신체변화가 다른 평범한 여학생보다 늦게 찾아온 것인데, 여성성이 뚜렷해진다는 것은 체중이 늘 수 있다는 의미이고, 이는 신체적인 밸런스가 무너질 수도 있다는 것을 의미한다. 신체적인 변화는 심리적인 변화를 유발할 수 있어 몸과 마음이 모두 불안정하게 되어 연습에 집중하기가 어려워진다.

점프 성공률이 현저히 떨어졌다. 체형 변화에 대응하기 위해 유명 피지컬 트레이너를 투입했지만 큰 성과는 없었다. 김연아가 흔들리니 김연아 어머니도 피로감에 빠지기 시작했다. 지난 시즌을 쉼 없이 숨 가쁘게 최고의 시즌으로 보낸 후유증인 듯했다.

김연아는 집중력을 잃은 상태에서 2008~2009 시즌을 시작했다. 정말 고비의 순간이었고 크게 흔들릴 수도 있는 상황이었는데 다행히 새로운 시즌에도 승전보를 이어갔다.

시즌 첫 그랑프리 대회였던 2008년 10월 스케이트 아메리카에서 일본의 안도 미키를 물리치고 190점을 넘기며 우승했고, 다음 달 11월 중국에서 열린 '컵 오브 차이나'에서도 역시 안도 미키를 20점차로 제치며 우승을 차지했다. 이로써 김연아는 ISU 시니어 그랑프리 5연속 우승이라는 금자탑을 쌓았다.

나는 개인적으로 김연아의 2008~2009 시즌의 쇼트 프로그램과 프리 스케이팅 프로그램이 가장 좋았다. 화려한 검은색 의상을 입고, 생상스의 〈죽음의 무도〉에 맞춰 연기하는 김연아의 쇼트 프로그램은 누구도 흉내낼 수 없는 걸작이었다.

그리고 빨간색 의상에 아라비아 공주로 변신한 〈세헤라자데〉역시 김연아에게 꼭 맞는 곡이라고 생각했다. 의상과 곡 그리고 김연아의 연기가 완벽하게 조화를 이루었고 완성도도 매우 높았다. 김연아는 시즌 초반 극심한 슬럼프를 겪었지만 〈죽음의 무도〉와 〈세헤라자데〉라는 기념비적인 두 프로그램을 앞세우고 은메달 선수와 20점 이상의 큰 격차를 벌이며 2008~2009 시즌을 압도해 나갔다.

2008년 11월 중국에서 열린 그랑프리 대회 '컵 오브 차이나'는 김연아에게 매우 큰 의미가 있는 대회였다. 공교롭게도 시즌 그랑프리 2개 대회 모두 김연아는 일본의 안도 미키와 경쟁을 하게 되었는데 김연아로서는 상당히 부담스러운 대진이었다.

이 대회 쇼트 프로그램에서 대회 심판들은 김연아에게 트리플 플립 점프에서 롱에지 판정을, 그리고 트리플 러츠 점프에서는 회전수 부족이라는 판정을 내렸다. 이에 대해 브라이언 오서도 강력히 이의 제기를 하였으나 판정을 바꿀 수는 없었다.

국내 피겨팬들은 김연아에 대한 편파 판정이라고 판단하고 온라인상에서 심판들을 성토했고 김연아 역시 자존심에 상처를 받았다. 트리플 점프의 정석으로 인정받았던 명품 점프에 대해 롱에지와 회전수 부족이라는 판정을 내렸기 때문이다. 하지만 프리 스케이팅에서 김연아는 이를 극복했고 결국 우승으로 두 대회를 마감했다.

김연아가 혼돈스러운 시즌을 보내고 있는 것과 상관없이 피겨팬들과 국내 기업들은 김연아의 연기에 열광했다. 더군다나 일본의 라이벌 안도 미키를 두 번이나 이기고 우승을 차지했고, 이번 시즌엔 슬럼프도 있고 해서 어려울 것이라는 예상이 많았으나 김연아의 압도적인 연기력과 기량에 피겨 팬들과 국내 후원 기업들은 2010년 밴쿠버 동계올림픽에서 김연아의 금메달 획득 가능성을 높게 점치기 시작했다.

피겨여왕 CF 여왕이 되다

2008년 11월 중국에서 열린 ISU 피겨그랑프리 '컵 오브 차이나'는 김연아의 2차 '티핑 포인트(Tipping Point)'가 되었다. 대회에서 우승한 직후 삼성전자 쪽에서 김연아를 후원하겠다는 의사를 전해왔다. 얼마나 기다렸던 소식인가! 김연아팀이 2007년 초에 김연아 매니지먼트 계약을 체결한 시점부터 삼성과 제일기획 측 관계자들을 여러 번 만나 제안을 하였으나 성사되지 못했었다. 올림픽 종목

선수가 올림픽 파트너 기업인 삼성으로부터 후원을 받는다는 것은 글로벌 스타로 성장했음을 증명하는 것이었다.

2008년 당시 대한민국에서 가장 핫한 브랜드는 삼성전자 모바일 애니콜이었다. 애니콜의 광고모델이 되었다는 것은 대한민국에서 CF모델로는 최절정에 도달했다는 것을 의미했다. 지금으로 치면 삼성 갤럭시 스마트폰 모델로 활동하고 있는 BTS 클래스라 할 수 있을 것이다.

삼성전자의 휴대폰 브랜드 애니콜과 에어컨 브랜드 하우젠 두 개 브랜드가 김연아와 광고모델 계약을 체결했고, 이 두 브랜드는 동시에 김연아 아이스쇼의 타이틀 스폰서를 맡아 주었다. 그래서 김연아팀은 'KCC 스위첸 페스타 온 아이스'에 이어 두 번째 아이스쇼 프라퍼티인 '삼성 애니콜-하우젠 아이스올스타'라는 이벤트를 개발하게 되었다.

당시 김연아 아이스쇼는 피겨팬들로부터 폭발적인 반응을 얻었는데 평균 10만 원 선인 아이스쇼 입장권 30,000장이 티켓 발매와 거의 동시에 매진될 정도였다. 김연아 아이스쇼 입장권 완판은 김연아 팬덤이 막강했기 때문에 가능했다.

김연아 팬덤의 구심점은 일명 '승냥이'로 알려진 팬클럽으로, 승냥이는 전세계 어느 경기장을 가더라도 항상 김연아의 호위무사처럼 관람석에 모습을 나타냈다. 정말 놀라운 일이었다. 가까운 일본의 대회장은 기본이고 중국, 러시아, 스웨덴, 캐나다, 미국 등 전 세계 어디든 김연아가 가는 곳에는 항상 승냥이가 모습을 나타냈다. 감사한 일이었다. 이들 승냥이들의 응원이 김연아에게 큰 힘이 되었다. BTS에게 '아미'가 있듯이 그 이전 김연아에겐 '승냥이'가 있었던 것이다.

　나쁜 일이 한꺼번에 일어나듯이 좋은 일도 계속 연이어 일어난다. 광고계에서의 '티핑 포인트'는 거대한 물결이 되어 김연아를 대한민국 최고의 스포츠 스타로 이끌었다. 삼성전자에 이어 현대자동차로부터 김연아를 후원하겠다는 연락이 왔다. 어떤 한 선수를 삼성전자가 후원하고 있는데 현대차가 동시에 후원하기는 쉽지 않다. 그런데 이런 일이 일어났고 김연아의 주가는 천정부지로 치솟기 시작했다.

　2008년 12월 경 삼성전자에 이어 현대자동차의 후원사 참여를 계기로 김연아팀은 더 이상 후원이나 광고모델 계약 체결을 하기 어려운 상황이 되었다. 운동선수인 김연아가 CF 촬영을 할 수 있는 날은 제한되어 있기 때문이다. 기본적으로 주 거주지가 토론토 전지훈련장인데다가 중간 중간에 피겨 대회가 있기 때문에 대회가 없는 기간에 CF 촬영과 후원사 일정을 몰아야 했다. 그러다보니 급기야 김연아팀은 "대회에 집중하기 위해 더 이상 후원사를 받지 않겠다"고 선언하기에 이르렀다. 광고 세일즈의 완판을 이룬 셈이다. 만약 욕심을 조금 더 부렸으면 더 많은 CF 모델 계약을 할 수도 있었을 테지만, 운동선수는 대회에 출전하여 좋은 성적이 나오지 않으면 팬들로부터 운동을 등한시 한다는 비난의 위험에 직면하기 십상이어서 적절한 선에서 조절이 필요했다. 이 시기 네티즌들은 CF 여왕이 된 '김연아의 하루'를 다음과 같이 묘사하기도 했다.

KB국민은행의 '대한민국 1등이 세계1등' 광고 캠페인.

"**KCC스위첸** 아파트에 살고 있는 김연아가 아침에 일어나, **하우 젠** 냉장고에서 **매일우유**를 꺼내 마시고, **나이키** 트레이닝복을 입고 조깅을 하고, **아이시스** 생수를 한 잔 마신 후, 샤워를 하고 **라끄베르** 화장품으로 화장을 하고, **제이에스티나** 귀고리를 귀에 걸고, **현대 자동차**를 타고 훈련장으로 가던 중, **삼성 애니콜** 휴대폰으로 친구에게 전화해서, **KB국민은행** 옆에 있는 **뚜레쥬르**에서 만나자고 약속을 잡는다."

기업이 특정 광고모델을 쓴다고 해서 그것이 바로 기업의 제품 구매와 직결되기는 쉽지 않다. 광고 회사의 핵심적인 고민거리이기도 하지만 특정 모델이 제품의 이미지와 인지도를 얼마만큼 높일 수 있는 지, 제품 구매에 얼마만큼 영향을 미칠 수 있는 지 숫자로

밝혀내는 것은 사실상 불가능하다. 그리고 요즘은 소비자들이 정보도 많고 똑똑해서 어떤 기업이 TOP 모델을 쓴다고 하면 고가의 모델료가 제품의 단가에 전가되어 소비자가 피해를 볼 것이라 인지한다.

그런데 김연아는 좀 달랐다. 김연아가 어떤 기업과 광고모델 계약을 체결했다는 소문이 나면 팬들은 회사로 문의했다. 김연아를 광고모델로 쓴 기업의 제품이 언제 출시되는지, 그리고 어디서 살 수 있는지 알고 싶어서였다. 그리고 실제로 그 제품이 출시되면 구매를 하고 구매 인증샷을 서로 공유하면서 즐거워했다. 여러 광고주들과 후원 기업이 "김연아를 후원하기 잘했다"고 이야기했고, 자사의 광고모델로서 매우 만족해 했다. 그래서 KB 국민은행이 지금까지 17년간 광고모델 계약을 계속해오고 있는 것인지도 모른다.

라이센스 사업, 새로운 수익원의 개발

김연아가 더 이상 CF 계약과 후원사를 늘릴 수 없는 상황이 되자 김연아팀은 새로운 수익창출 방법에 대해 고민했다. 김연아가 더 이상 후원사 행사나 CF 촬영을 위해 시간을 할애할 수 없을 정도로 일정이 꽉찼기 때문에, 김연아가 직접 움직이지 않아도 수익이 창출될 수 있는 방법을 찾아야 했다.

라이센스 사업은 '김연아'라는 개인 브랜드에 대한 사용권리를 라이센시한테 제공하고 사용료를 받는 방식의 사업을 말한다. 개인 브랜드를 활용한 라이센스 사업은 매우 큰 리스크가 있다. 자칫 라이센스 제품이 출시되어 판매되는 과정에서 선수 이미지의 손상이 발생할 수 있기 때문이다.

그래서 김연아팀은 매우 보수적으로 그리고 제한된 품목에 한해 사업을 진행해보기로 했다.

CJ푸드빌의 베어커리 프랜차이즈 브랜드인 뚜레쥬르가 '김연아 빵'을 기획하게 된 동기는 김연아가 빵을 좋아한다는 개인적인 취향이 기사화가 된 이후였다. 실제로 김연아는 빵을 좋아했다. 계약 조건은 프랜차이즈 매장에서 팔리는 금액에 대해 일정 비율(%)을 로열티로 지급받는 방식이었다.

라이센스 계약을 함에 있어 체크해야 할 가장 중요한 요소 2가지는 로열티 율을 몇퍼센트로 할 것이냐 하는 것과 업체의 신뢰성이다. 로열티율은 업체의 도매공급가를 기준으로 적용할 것인지, 아니면 최종 소비자 가격을 기준으로 할 것인지를 정해야 한다. 도매 공급가 기준으로 로열티를 적용할 경우 매출금액의 10%로 내외가 될 수도 있고, 최종 소비자 판매 매출을 기준으로하면 5% 내외로 낮아질 수 있다.

라이센스 권리를 업체에 넘겨주는 순간 업체를 통제한다는 것은 매우 어렵다. 성명권이나 초상권을 계약범위 내에서 잘 이용하고 있는지, 선수가 원하지 않는 이미지가 노출되지는 않는지, 그리고 판매 금액 누락없이 로열티를 잘 지급할 것인지 등의 문제는 전적으로 업체의 신뢰도에 달려있다. 그래서 김연아팀에서는 중소기업이 아니라 대기업 위주로 라이센스 사업을 진행했다.

2008년 11월에 계약이 되어 2009년 10월말까지 1년간 '김연아

빵'은 단품 3종, 케익 1종이 출시되었다. 반응은 의외로 폭발적이었다, 연간 기준으로 케익을 포함해서 총 6백만 개 정도의 제품이 판매된 것으로 기억한다. 베이커리 업체 담당 팀장도 의외의 좋은 판매 반응에 놀라는 눈치였다.

    결국 김연아팀은 CF촬영을 하지 않고도 지적재산권에 해당하는 무형의 라이센스 권리 판매를 통해, 추가로 후원사 계약을 하는 것과 다름없는 마케팅 수입을 창출할 수 있게 된 것이다.

    주얼리 브랜드 제이에스티나는 처음에 김연아가 자사의 제품을 착용하고 패션 매거진 화보에 출연하는 계약 조건을 협의하기 위해 만났지만, 화보 촬영 후 김연아의 매력에 빠져 후원사가 되었다. 이탈리아 왕가의 아름다운 공주 조반나 에스티나가 착용했던 티아라 주얼리에서 모티브를 따온 브랜드 스토리가 '피겨 여왕'과 매우 잘 맞아 떨어졌고, 후원 효과는 상상을 초월했다. 더군다나 김연아는 경기중이나 일상 생활 중에 자연스럽게 주얼리를 착용만 해주는 조건이었기에 김연아 입장에서도 큰 부담이 없었다. 어차피 의상 연출 차원에서 귀고리나 목걸이는 어울리는 아이템을 찾아서 착용을 해왔기 때문에 서로가 자연스러웠다.

    특히 2008~2009 시즌 김연아의 쇼트 곡 〈죽음의 무도〉와 프리 스케이팅 곡인 〈세헤라자데〉의 연기 중에 착용한 제이에스티나 주얼리는 선풍적인 인기를 끌었다. 제이에스티나의 브랜드 인지도와 이미지는 크게 높아졌고 매출도 급증했다.

    김연아와 계약을 하기 전인 2007년 이전 제이에스티나의 주가

제이에스티나의 '김연아 주얼리'는 제이에스티나 브랜드를 전세계에 알리는 결정적인 계기가 되었다.

는 2천원 내외였지만, 김연아가 출전한 2010년 밴쿠버 동계올림픽과 2014년 소치동계올림픽을 거치면서 주가는 10배 이상 상승했다. 물론 주가 상승의 요인이 모두 김연아 후원의 결과로 볼 수는 없다. 하지만 김연아 계약 이전에 일반인들에게 그렇게 많이 알려지지 않았던 제이에스티나가 '김연아 주얼리'로 이름이 알려지면서 브랜드 가치가 크게 상승했다는 것은 당시 제이에스티나 측에서도 인정한 부분이다.

다시 승리할 수 있는 용기

한국 최초 월드 챔피언이 되다

슬럼프로 시작한 2008~2009 시즌 김연아는 더할 나위없이 좋은 성적을 거두었다. 하지만 금메달 행진은 의외로 한국에서 열린 그랑프리 파이널에서 제동이 걸렸다. 2008년 12월 고양시에서 열린 피겨 그랑프리 파이널에서 우승을 놓친 김연아는 눈물을 흘렸다. 대한민국에서 열린 그랑프리 파이널에서 정말 잘하고 싶었을 것이다. 그만큼 부담이 컸고 부담은 실수로 이어졌다. 많은 김연아팬들이 함께 슬퍼하고 위로해주었다.

하지만 김연아는 아픔을 금방 이겨냈다. 나는 과거의 실수를 금방 잊고 새로운 목표에 쉽게 집중하는 김연아의 성격에 주목했다. 이러한 성격은 세계적인 스포츠 스타의 반열에 오른 선수들이 가지고 있는 공통적인 특성이다. 반면 과거의 실수에 집착하는 선수들은 미래로 나아가기 어렵다. 이런 선수에게 실수가 반복되면 패배가 징크스로 굳어질 위험성이 높다.

나는 쉼 없이 연승행진을 이어온 김연아가 한번 쉬어가야 할 타이밍이라고 생각했다. 차라리 잘 된 것이다. 이참에 우승행진의 부담을 덜고, 뒤돌아보는 것도 필요하고, 이제는 1년 앞으로 다가온 밴쿠버 동계 올림픽에 대한 준비를 서서히 해야 할 때였다.

한국에서 열린 그랑프리 파이널에서 준우승을 차지한 김연아는 2009년 2월 캐나다에서 열린 ISU 피겨 4대륙 선수권 대회에서 한국 선수로서 최초로 우승을 차지했다. 4대륙 선수권 대회는 유럽선수권대회를 별도로 개최하는 유럽 지역 선수들을 제외한 대부분의 강자들이 모두 출전하는 대회다. 더욱이 1년 후 밴쿠버 동계올림픽을 생각하면 사전 리허설 성격도 있었기 때문에 매우 의미있는 대회의 우승이었다.

이로써 김연아는 여자 피겨선수로서 목에 걸어야 할 메달 중 2개를 제외하고 모두 목에 걸었다. 그랑프리 투어 대회 우승, 그랑프리 파이널 우승, 4대륙 선수권 대회 우승. 이제 남은 것은 세계 선수권 대회 우승과 올림픽 금메달 이라는 두 개의 큰 산. 그 중에 하나인 세계 선수권 대회의 우승은 어쩌면 올림픽 금메달보다 더 어려운 산일 수도 있었다. 올림픽은 올림픽 출전권을 획득한 소수정예의 선수들이 출전하지만, 세계 선수권 대회는 출전국이나 출전선수 규모면에서 올림픽을 능가하고 경쟁의 강도가 더 세다.

미국 로스앤젤레스 스테이플 센터에서 열린 2009 피겨 세계 선수권 대회는 앞서 열린 4대륙 선수권 대회와는 비교할 수 없는 중요한 대회였다. 밴쿠버에서 열린 4대륙 선수권대회는 밴쿠버 동계

올림픽 리허설의 의미가 있었고, LA 세계 선수권 대회는 전세계 스포츠의 본고장인 미국에서 열린다는 점, 김연아가 세계 선수권 대회의 우승이 아직 없다는 점에서 큰 의미가 있었다.

김연아는 2007 도쿄 세계 선수권 대회에서 동메달을 차지했고, 2008년 예테보리 세계 선수권 대회에서도 동메달을 획득하는데 머물렀다. 그랬기에 2009년 세계 선수권 대회에서는 정말 금메달이 간절했다.

첫날 쇼트 프로그램 연기에서 김연아는 76.16점을 받았는데 이는 여자 쇼트 프로그램 세계 최고 점수였다. 프리 스케이팅 연기에서도 131.59점의 높은 점수를 받아 합계점수 207.71점으로 감격의 우승을 차지했는데, 세계여자 피겨 역사상 여자 싱글에서 200점을 돌파한 것은 김연아가 처음이었다.

시상대에 김연아가 섰고, 태극기가 올려지고 애국가가 울려퍼지는 순간 김연아는 북받혀 오르는 감정을 누르지 못하고 굵은 눈물을 뚝뚝 흘렸다. 이 모습이 장내에 클로즈업 되었고 관중들은 모두 일어나 피겨여왕의 모습에 함께 감동하며 기립박수를 보냈다. 평소답지 않게 김연아는 왜 눈물을 흘렸을까?

두 번 연속 부상으로 세계선수권에서 동메달에 머물렀던 이전의 아픈 기억과 그리고 마침내 월드 챔피언이 되었다는 감격이 교차했을 것이다. 심판들의 집요한 롱에지 판정을 불식시키고 세계신기록 점수로 우승을 차지했다는 것이 김연아 자신을 감정적으로 고무시키기에 충분했을 것이다.

2009 LA 세계 선수권 대회 우승은 이전의 그 어떤 대회의 우승보

다 큰 영광을 김연아에게 선사했다. 전세계 스포츠 시장을 이끌어가는 미국의 한복판에서 거둔 쾌거이기에 그 파급효과는 더욱 컸다. 주관방송사인 NBC와 유력 일간지 LA 타임즈에서도 피겨퀸의 눈부신 활약에 대해 대서특필했고, 국민체육진흥공단은 김연아의 우승이 2280억 원의 경제적 파급효과를 발생시킬 것이라고 발표했다.

김연아에 열광하는 이유 3가지

2009 피겨 세계 선수권에서 우승한 이후 김연아를 바라보는 모든 관점들이 변했다. 김연아는 '국민 여동생'의 이미지를 넘어 '월드 스타'로 성장했다. 그 어떤 아이돌 스타보다도 대단한 인기를 누렸다. 스타에서 슈퍼 스타로 발돋움한 것이다. 국내 굴지의 기업인 삼성전자, 현대차와 광고모델 계약이 성사되었고 김연아와 계약한 모든 후원사와 광고주들의 매출과 주가가 상승했다. 가장 가까이서 김연아를 지켜본 나는 김연아에겐 뭔가 말로 설명할 수 없는 '힘'이 있다는 것을 느꼈다. 그 힘 앞에서는 모든 장애물도 봄볕에 눈녹듯 사라지고, 그가 가는 길에는 모든 힘을 가진 세력들이 그를 지지하고 동조하는 듯한…

어떤 날에는 김연아가 인간계가 아닌 또 다른 세상의 존재처럼 느껴지기도 했다.

사람들은 왜 김연아에 열광하는 걸까?

나는 이 질문에 대해 자주 생각하게 되었고 대략 세 가지 정도의 이유를 찾아냈다.

첫째는 당연히 김연아가 갖고 있는 강력한 '카리스마(charisma)' 다. 국어사전에서 카리스마는 다음과 같이 정의하고 있다.

1. 예언이나 기적을 나타낼 수 있는 초능력이나 절대적인 권위. 신의 은총을 뜻하는 그리스어 'Khárisma'에서 유래하였다.

2. 대중을 심복시켜 따르게 하는 능력이나 자질. 독일의 사회학자 베버가 지배의 세 가지 유형으로 합리적 지배, 전통적 지배와 함께 카리스마적 지배를 든 이후로 일반화하였다.

나는 위의 '카리스마'의 정의에서 핵심적인 단어는 '능력'과 '지배'라고 생각한다. 김연아는 스케이팅과 관련해서는 탁월한 능력을 발휘했고, 이에 대해서 대부분의 사람들이 김연아의 능력에 대해 검증하고 인정했다. 그리고 나는 김연아의 카리스마에 빼놓을 수 없는 것이 바로 김연아의 강렬한 '눈빛'이라고 생각했다. 김연아의 강렬한 눈빛에는 상대방을 지배하고 복종시키는 힘이 있었다.

마케팅의 대가 필립 코틀러(Philip Kotler)는 그의 책《퍼스널 마케팅》에서 카리스마에 대해 아래와 같이 썼다.

"카리스마 있는 사람이 무대에 오르거나 앞에 나타나면 그 사람에게 눈을 떼지 못한다. 살짝만 봐도 그 사람의 기운이 느껴지기도 한다. 그 사람을 보면 활력, 열정, 생기가 생생히 전달된다. 이런 특성을 키워라. 척추는 힘과 추진력의 원천이요, 이른바 몸의 전반에 생명력을 불어넣는 개인의 '원자력 발전소'다. 몸을 똑바로 세우고 힘을 뿜어라. 카리스마를 과시하게 될 것이다."

사람들이 김연아에 열광하는 두 번째 이유는 그의 당당함과 쿨(cool)함일 것이다. 김연아는 솔직했고, 이 솔직함은 당당함과 자신감에서 나오는 것이었다. 쿨함은 현실을 긍정적으로 인식하고 수긍하는 것에서 비롯된다. 성적이 저조할 때 그 상황을 인정했고, 부상으로 고통스러울땐 최대한 인내하면서 어려움을 극복해냈다.

김연아의 다재다능함은 그에 열광할 수밖에 없는 세 번째 이유이다. 스케이팅이라는 전문분야에서의 탁월한 능력 이외에도 뛰어난 패션감각, 화장법 그리고 노래실력과 댄싱 능력! 이런 요소들이 한번 김연아의 팬이 되면 빠져나올 수 없게 만드는 매력 포인트라고 생각했다.

김연아와의 마지막 시즌

2009~2010 시즌엔 그토록 기다렸고 기대했던 2010 밴쿠버 동계올림픽이 기다리고 있었다. 마케팅적으로는 김연아의 가치가 극

대화 될 수 있는 타이밍이지만, 김연아 개인적으로는 올림픽의 중압감에 많은 스트레스를 받았을 시기이다.

김연아팀은 김연아와의 매니지먼트 계약 기간 3년중 2년이 지나가는 시점에 두 가지 큰 고민이 있었다. 김연아의 개인 브랜드 파워가 상상 그 이상으로 커져 2년 전에 수립한 브랜드 전략을 수정해야 할 필요성이었고, 또 하나는 1년 후 매니지먼트 계약이 종료되면 계약 연장을 어떻게 할 것인가 하는 문제였다.

2년 전만 해도 풋풋한 국민여동생의 이미지로 포지셔닝했던 김연아는 2년 만에 전세계 피겨여왕이 되었고, 대한민국 최고 브랜드가 되었다. 김연아팀의 김연아 관련 매출이 급증하면서 연간 100억 원을 넘어서기 시작했다. 만약 김연아와 회사가 매니지먼트 계약을 연장하지 못한다면 김연아팀은 어떻게 될까?

처음 김연아 매니지먼트 사업을 할 땐 모든 것이 불투명했고 어떻게 잘 할 것인가에만 모든 고민을 집중했지만, 기대 이상의 대박이 터지자 이제 새로운 고민이 시작된 것이다.

선수 매니지먼트 사업이건 연예인 매니지먼트 사업이건 간에 클라이언트(선수 또는 연예인)의 매출이 일정 금액을 초과하면 클라이언트와 매니지먼트(에이전트) 간에 '불일치'가 발생하는 타이밍이 온다. 운동 선수의 경우 그 불일치 시점은 대략 선수의 매출이 10억 원에 도달하는 시점이다.(이 '불일치' 현상에 대한 자세한 설명은 제2장 '스포츠 마케터가 직면하는 어려움들'을 참고하기 바람.)

선수 매니지먼트 사업을 함에 있어 '불일치' 시점이 지나고 선수가 더 성장하면 선수의 상품가치가 최정점에 도달하는 시기가 도래

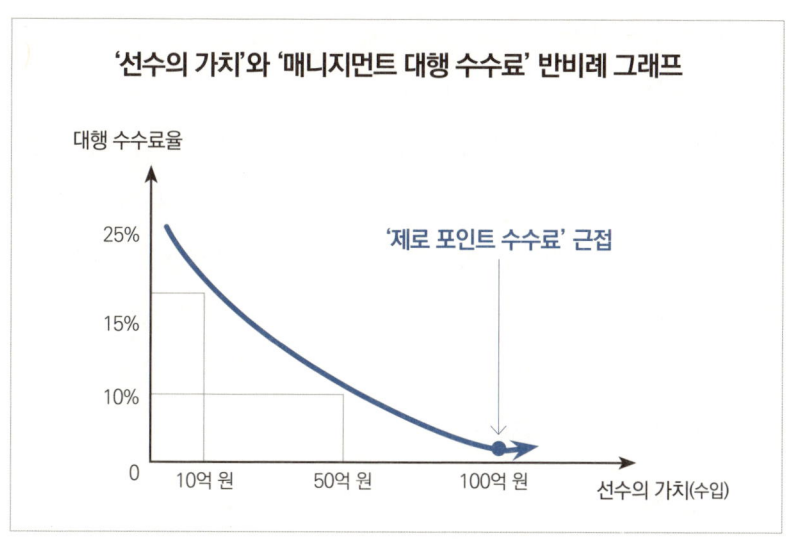

선수의 수입과 상품가치가 커질수록 매니지먼트 수수료율은 낮아진다.

한다. 선수의 브랜드 파워와 마케팅 수입이 최고점에 도달하는 지점이다. 그 지점에 도달하고 나면 이제는 '제로 포인트 수수료'에 대비해야 한다.

'제로 포인트 수수료'는 선수나 연예 스타가 그 분야의 최고 위치(소위 top of top), 즉 슈퍼 스타로 성장함에 따라 매니지먼트 회사가 선수나 연예 스타와 연장계약을 하기 위해 회사의 수입배분율 '0%(제로) 조건'을 감내해야 하는 것을 말한다. 즉 회사가 매니지먼트 사업을 통해 벌어들이는 수입의 100%를 클라이언트(선수)에게 모두 주더라도 계약을 연장해야만 하는 상황을 말하는 것이다.

선수가 성장하면 좋은 일이지만 '지존'의 위치에 등극하게 되면 소위 말하는 갑과 을의 위치가 뒤바뀌기 시작한다. 역설적으로 '너무 잘되어서 위험해지는' 것이다.

2년 만에 김연아가 스포츠와 연예계를 통틀어 대한민국 최고 스타로 성장하자, 다른 연예 매니지먼트 회사에서도 김연아와 IB스포츠 간의 계약 조건에 대해 궁금해 하는 사람들이 많았다. IB스포츠와 계약기간이 언제 끝나는지, 계약조건 상 수입배분을 몇 대 몇으로 하는지에 대한 정보를 캐는 질문들이 여러 경로들을 통해 들어왔다. 이는 IB스포츠와 계약이 끝나면 김연아를 영입하려는 매니지먼트 회사들이 많다는 것을 의미하는 것으로, 김연아팀 입장에서는 기분 좋은 일은 아니었다.

매니지먼트와 에이전트의 차이점

매니지먼트와 에이전트에 대한 정의는 사람에 따라 조금씩 다르게 할 수 있다. 큰 틀에서 매니지먼트와 에이전트의 정의와 역할을 같은 것으로 보는 사람들도 있다. 내 생각에 매니지먼트는 에이전트를 포괄하는 개념이다. 매니지먼트는 클라이언트와 관련된 업무를 포괄적으로 수행하는 개념이고, 에이전트는 연봉계약이나 CF 등 상업적인 계약 업무를 대리하는 개념이다.

매니지먼트의 업무 영역은 매우 넓다. 선수와 계약을 하고 나면 훈련장, 코치, 트레이너의 섭외에서부터 해외 전지훈련과 국제대회의 출전 신청, 항공과 호텔 예약, 현지에서의 식사 문제, 이동 수단의 확보 등의 업무는 필수다. 선수와 선수가족과도 많은 시간을 함께 한다. 좀 더 친분이 쌓이면 선수의 가족, 개인적인 업무도 처리한다. 대학진학, 학교학업, 성적관리, 그리고 집 구하기 등 거의 업무

영역에 한계가 없다. 선수가 운동에 전념하기 위해 필요한 모든 일이 포함된다.

하지만 매니지먼트 업무의 핵심은 선수의 상업적인 가치를 극대화하고, 수입을 창출하는 것이다. 언론 홍보를 통해 선수의 인지도를 높이고, 이미지를 개선하고, 선수가 성적을 내는만큼 더 많은 수입을 창출해야 한다.

일반적으로 에이전트는 선수의 연봉계약이나 이적, 그리고 선수의 상업적 계약을 체결하는 영역에서 중요한 역할을 한다. 그 이전의 과정은 모두 선수가 선수의 부담으로 처리한다. 그래서 매니지먼트 회사의 일은 광범위한 반면, 에이전트의 역할은 선수와 합의한 제한적인 영역에서 역할을 수행한다. 이에 따라 매니지먼트 회사가 받는 대행 수수료는 벌어들이는 수입의 15~25%로 높고, 에이전트의 수수료는 5~10%로 낮다.

미국 MLB의 슈퍼 에이전트인 스캇 보라스의 경우 연봉계약에 대한 에이전트 수수료는 3~5%로 알려져 있다. 대신 MLB 스타 선수의 연봉이 2천만 달러(달러환율 1200원 기준으로 약 240억원)가 넘는 경우도 많다. 5년간 1억 달러의 계약을 성사시킬 경우 1억 달러의 5%는 5백만 달러가 되고, 환율 1200원을 적용하면 에이전트 수수료가 한 건으로 60억 원이 된다.

업무의 폭은 에이전트가 간결하고 집중된 반면, 매니지먼트사는 선수와 관련한 A부터 Z까지의 업무를 포괄적으로 수행해야 하기 때문에 일도 많고 매우 어렵다. 그래서 매니지먼트 회사의 수수료는 상대적으로 높다.

최근에는 선수들이 매니지먼트 회사와 계약할 때 후원 및 상업광고의 계약대행 업무만 의뢰하고 이외의 매니지먼트 관련 업무는 선수 측에서 알아서 하는 경우도 있는데, 이는 매니지먼트 대행 수수료를 낮추고자 하는 선수의 의도가 반영된 것이다.

김연아와 IB스포츠가 처음 매니지먼트 계약을 할 때 회사가 선수에게 지급하는 개런티 조건은 매우 파격적인 것이었다. 회사로서는 투자한 개런티를 회수할 수 있다는 보장이 안되는 상황에서 리스크를 안고 거액을 투자한 것이다.

그런데 김연아와의 계약 기간이 2년이 지난 시점에 김연아의 브랜드 파워와 마케팅 가치가 최고점에 이르자 매니지먼트 대행 수수료가 너무 높다는 이야기와 IB스포츠가 김연아 업무를 제대로 수행하지 못하고 있다는 이야기들이 들리기 시작했다.

나는 누군가가 외부에서 김연아팀을 흔들기 위한 술수로 생각했다. 나로서는 속상한 일이었지만 이런 경험을 통해 매니지먼트 업무의 본질에 대한 이해도가 점점 높아지기 시작했다. 유망주에서 스타가 되고 다시 스타에서 슈퍼 스타가 되면, 이를 관리하는 일도 어려워지고 리스크가 커지기 마련인 것이다.

올림픽 시즌의 시작

올림픽 시즌이 시작되기 전 2009년 봄의 상황은 김연아와 김연아팀에게 있어서는 인생 최고의 봄을 만끽하던 시절이었다. 3월 세계 선수권 대회에서의 금메달은 김연아에게 선수로서의 최고 명성과 함께 엄청난 부(富)를 가져다 주었다.

후원사 및 광고모델 계약을 전담하고 있던 나로서는 하루 하루 대부분의 시간을 계약서를 작성하고, 계산서를 청구하고 입금을 확인하는 일로 채웠다. 당시 김연아의 후원사 및 광고주로는 삼성전자 애니콜과 하우젠 그리고 현대자동차를 비롯해서 KB국민은행, 나이키, IVY클럽, 위스퍼, 3M, LG생활건강, 매일유업, 라끄베르, 뚜레쥬르, 아이시스, 제이에스티나 등 많은 기업이 있었다. 뿐만 아니라 평창동계올림픽조직위 홍보대사, 국정홍보처, 한국관광공사 등의 명예홍보대사활동까지 포함하면 대한민국에서 가장 많은 후원사와 광고주를 보유한 선수가 되었다.

이 시기에 김연아팀은 올림픽 시즌에 대비해 더 이상 후원사와 광고주를 늘리지 않고 반대로 그 수를 조금씩 줄여 나가기로 했다. 현실적으로 운동선수인 김연아가 많은 광고주와 후원사 일정을 모두 소화하는 것은 무리였다.

김연아의 후원사와 광고주들도 이 의견에 공감해주었고 행사나 촬영 일정을 김연아의 대회 일정을 피해 잡아주었다. 그리고 여러 후원 기업들이 촬영과 행사 일정을 가능하면 올림픽이 끝난 후에 진행해달라는 요청에 적극적으로 협조해주었다. 지금 생각해도 그 때 김연아를 위해 일정을 조정해준 후원사 광고주들이 너무나 감사하다.

올림픽 시즌의 개막전 격인 ISU 피겨 그랑프리 1차 대회(에릭 봉파르)는 2009년 10월 프랑스 파리에서 열렸다. 이 대회에는 김연아의 숙적 아사다 마오와 또 한 명의 일본의 경쟁 선수인 나카노 유카리 선수가 함께 출전했다.

　김연아는 첫날 쇼트 프로그램 경기에서 76.08점을 받아 아사다 마오를 17점차로 따돌리고 크게 앞서 나갔다. 쇼트 경기에서 10점 이상 차이가 나면 프리 스케이팅 경기에서 20점 이상의 차이로 따라 붙어야 역전이 가능한 만큼 17점 차이는 매우 큰 격차였다.

　화려하게 본드걸로 변신한 김연아의 연기에 팬들은 열광했다. 007 본드걸로 변신한 파격적인 의상과 이에 걸맞게 파격적인 쇼트 프로그램 곡(제임스 본드 메들리)은 김연아를 단연 돋보이게 했다. 전 세계의 모든 피겨 선수들은 그들의 의상과 곡을 통해 경쟁 선수들과 차별화하기를 원한다. 그래서 매년 곡을 바꾸고 의상을 바꾸는 것이다. 그럼에도 불구하고 대부분의 선수들은 파격적인 변신을 두려워한다. 우아하고 서정적인 곡과 안무에 익숙해져있는 선수들은 강렬하고 빠른 음악을 선택하기가 어렵다. 왠지 모를 낯섬과 이질감이 느껴지기 때문이다. 김연아의 곡과 의상이 대박을 칠 수 있었던 것은 낯섬과 이질감에 대해 과감하게 도전했고 그 도전이 성공했기 때문에 가능했다.

　사람은 가끔씩 친숙함과 결별하고 자기 자신을 완전히 낯설고 이질적인 환경에 내세워 그런 환경에 적응하는 시도를 해볼 필요가 있다. 이런 용기가 없다면 평생 똑같은 환경에서 변화와 발전없이 현재에 안주하며 자신의 발전가능성을 차단하고 새로운 가치를 발견하기는 어려울 것이다. 김연아가 대단했던 것은 매년 다양한 곡과 의상을 선택하며 새로운 캐릭터에 맞는 과감한 변신을 시도했다는 점이다.

둘째날 프리 스케이팅 경기에서 김연아는 133.95점을 획득해 합계점수 210.03을 기록하며 자신이 3월에 세계 선수권 대회에서 기록한 종전 세계신기록 점수 207.71을 또 한 번 경신했다. 프리 스케이팅 곡은 쇼트 프로그램과는 매우 대조되는 분위기로, 김연아를 더욱 우아하고 세련되게 돋보이게 했다.

올림픽 시즌의 첫 그랑프리 대회에서 김연아는 자신의 라이벌 아사다 마오를 36점차로 크게 물리침으로써, 정신적으로 아사다에 대한 부담감을 극복하는 계기를 마련했고, 이 대회에 우승함으로써 여자 싱글 부문에서 세계랭킹 1위에 오르는 기염을 토했다. 올림픽 시즌 첫 대회를 상큼하게 시작한 것이었다.

김연아의 시즌 두 번째 그랑프리 대회는 11월에 미국 레이크 플래시드에서 열렸는데 이 대회에서 김연아는 심리적으로 그리고 체력적으로 흔들렸다. 심리적으로는 200점대 이상의 점수를 계속 이어가야 한다는 부담이 있었고, 지난 10월 프랑스 그랑프리 대회에 이어 그랑프리 시리즈 대회 연속 우승의 기록을 이어가야 한다는 부담이 있었다.

그리고 프리 스케이팅 경기에서는 체력적으로 지쳐보였고 점프가 크게 흔들렸다. 7개 점프 가운데 3개만 가산점을 받았고, 트리플 플립에서는 넘어졌고 트리플 러츠에서는 1회전으로 다운그레이드 되면서 좋은 점수를 받지 못했다. 그럼에도 김연아는 미국의 레이첼 플랫을 13점차 이상의 큰 점수차로 우승했다. 이로서 김연아는 그랑프리 시리즈 대회 7연속 우승이라는 금자탑을 세웠다.

김연아를 매니지먼트하면서 놀랍고 대단하다고 생각한 것은, 반드시 우승해야 할 대회에는 우승을 했고, 쉬어가면 좋을 타이밍엔 쉬어갔다는 점이다. 많은 선수들이 그 반대로 하는 경우도 종종 있다. 꼭 우승을 해야 하는 대회에 우승을 못하고, 반면에 쉬어가도 되는 타이밍에 더 달리는 경우다.

운동선수는 타이밍을 잘 맞추어야 한다. 아무리 훌륭한 선수라도 함께 경쟁하는 선수가 더 훌륭하면 그 선수는 팬들의 관심을 받기가 어렵다. 그리고 라이벌의 존재는 경쟁에서 이겨야 한다는 점은 위험 부담으로 작용하지만, 라이벌을 이기는 순간 더 큰 영광을 맞이하는 기회가 된다.

아사다 마오는 김연아에게 있어서 운동 선수로 활동하는 동안 내내 부담스럽고 힘든 상대였다. 그가 일본 국적이어서 더 그랬던 부분도 있고 트리플 악셀을 내세워 김연아를 기술적으로 압박했던 부분도 있다. 하지만 아사다 마오가 있었기에 김연아가 더 환하게 빛났다. 라이벌이 있어 게으름을 피울 수 없었고 라이벌을 넘어서기 위한 필사의 노력은 그를 더 완벽한 스케이터로 성장시키는 밑거름이 되었다.

돌이켜보면 원망스러웠던 적도 있었겠지만, 나는 김연아가 은퇴 후 마오의 존재에 대해 고맙다는 생각을 했을 것이라 확신한다. 마오가 있어서 더 발전했고 더 강한 김연아가 되었기 때문이다.

2009 ISU 그랑프리 파이널 우승

2009년 12월 5일 일본 도쿄 요요기 제1체육관에서 열린 ISU 시니어 그랑프리 파이널에서 김연아는 일본의 라이벌 안도 미키를 2.92점 간발의 차이로 제치고 우승을 차지했다. 이 대회 첫날 쇼트 경기에서 김연아는 65.64점을 받았는데, 라이벌 안도 미키는 66.20을 받아 출발이 불안했다. 역사적인 라이벌 국가 일본에서 개최되는 대회라는 점이 김연아에게 큰 부담으로 작용했다. ISU 심판들은 김연아의 연기 판정에 엄격했다. 지난 해에는 '롱에지' 판정으로 김연아를 힘들게 했고, 적지에서 열린 이번 그랑프리 파이널에서는 '회전수 부족'을 물고 늘어졌다.

점프의 교과서로 평가받아왔던 김연아의 점프에 대해 심판들의 롱에지 판정과 회전수 부족 판정은 김연아의 연기를 크게 위축시켰다. 김연아 팬들이 들고 일어났다. 일본 선수들의 실수에 대해 심판들이 상대적으로 관대한 판정을 내리는 것에 반해 유독 김연아의 연기에 엄격한 잣대를 대는 것에 대해 분통을 터뜨린 것이다.

하지만 불공정한 판정에 대한 팬들의 불만은 심판판정을 돌이키지는 못한다. 대부분의 경기단체가 경기종료 후 이의신청에 대해 이를 검토하고 받아들이는 시스템이 없기 때문이다. 경기가 끝나면 모든 결과는 확정되고 번복되지 않는다.

모든 올림픽 종목에는 심판이 있다. 심판도 인간인지라 판정에 실수가 있기 마련이다. 수영이나 육상, 스피드스케이팅과 같은 기록 경기에는 심판판정의 변수가 크지 않다. 스피드를 타이머가 측정하기 때문이다. 하지만 체조나 피겨 같이 사람이 채점하는 종목은 항상 논란의 여지가 있다. 오랫동안 올림픽 종목 선수들을 매니지먼트 하면서 뼈저리게 느낀 점은 절대기록이 아닌 주관적인 평가가 반영되는 종목일수록 선수도 힘들고 매니지먼트도 힘들다는 것이다. 상대방 선수와의 대결에서도 이겨야하지만 '심판들과의 대결'에서도 승리해야 하기 때문이다.

뛰어난 선수나 현명한 지도자는 이런 어려운 점들을 어떻게 극복해야 하는지 잘 이해하고 있다. 애매하거나 부당하다고 판단되는 판정에 대해서 강력한 어필을 하는 이유는 판정을 번복하기 위함이 아니라 다음 날 다른 경기에서는 더 이상 판정의 손해를 보지 않겠다는 의지의 표출이다.

이런 면에서 나는 2002년 월드컵 축구대회에서 명장 거스 히딩크의 불만족스런 심판 판정에 대한 '오버 액션'을 높게 평가한다. 축구경기에서 애매한 오프 사이드 판정과 일명 '헐리우드 액션'을 심판이 정확히 잡아내지 못하면 당하는 선수들의 멘탈이 흔들리기 십상이다. 이런 상황에서 히딩크 감독은 심판을 향해 소위 '웃통을 깠다'(화가나서 상의를 벗어던진다는 의미). 심지어 물병을 내동댕이 치기도 하고 발로차기도 한다. 강력한 불만의 표출이다. '심판 똑바로 보라'는 경고의 메시지다.

심판도 사람인지라 이런 액션에 영향을 받을 수밖에 없고, 다음 심판 판정에 더욱 신중을 기하기 마련이다. 피겨 스케이팅 역시 심판이 어떻게 판정하느냐는 선수의 순위와 직결되고, 이에 대해 선수는 큰 영향을 받는다. 이런 채점 종목에서 연기나 기량을 완벽하게 객관적으로 평가하여 채점하는 것은 불가능하다. 심판 개인의 취향이 반영될 수밖에 없다. 그래서 선수와 코치 그리고 매니지먼트 회사는 이런 경기력 외적인 부분에 대해서도 함께 고민하고 대책을 마련하는 것이 매우 중요하다.

둘째날 프리 스케이팅 경기에서 김연아는 123.22점을 받아 합계 점수 188.86점으로 안도 미키에 2.92점 차로 역전 우승했다. 일본의 심장 도쿄에서 거둔 의미있는 우승이었고, 이로써 시니어 데뷔 후 4번의 그랑프리 파이널에서 3번을 우승함으로써 여자 피겨의 진정한 여왕임을 증명했다. 다음 해 2월에 열리는 2010년 밴쿠버 동계올림픽 금메달 사냥에 청신호가 켜진 것이다.

피겨 여왕의 탄생

김연아와 마오의 상반된 올림픽 준비

올림픽 개막일은 2010년 2월 12일이었으나 나는 회사의 또 다른 올림픽 프로젝트 중에 하나인 '코리아 하우스' 운영팀과 함께 2월 초에 밴쿠버에 먼저 도착했다. 김연아는 2월 19일 훈련지인 토론토에서 밴쿠버로 도착할 예정이었으나 먼저 도착해있던 나와 부사장은 김연아 도착 하루 전인 18일 대회장인 퍼시픽 콜리세움과 연습장인 트라웃 레이크 빙상장, 그리고 숙소인 라마다 호텔에 대한 동선파악과 사전 점검을 마쳤다.

그런데 문제는 호텔이었다. 호텔이 너무 낡았고 시설이 불편했다. 딱 잠만 잘 수 있을 정도의 시설이었다. 미디어의 눈을 피해 조용한 곳에서 훈련에 집중하기 위한 전략은 좋았으나 나는 과연 이 3성급 호텔에서 김연아가 묵을 수 있을지 걱정이 되었다. 그런데 문제는 엉뚱한 곳에서 터졌다.

언론과 대중의 시선을 피해 한적하고 소박한 호텔로 숙소를 잡

밴쿠버 라마다호텔. 대중의 시선을 피해 한적한 호텔을 숙소로 잡았으나 올림픽을 치르기엔 시설이 너무 열악했다.

앉는데 김연아가 체류하는 호텔의 이름과 위치가 이틀만에 노출되고 만 것이다. 불가피하게 다른 호텔로 옮겨야 했다. 이때 밴쿠버 시내의 주요 호텔은 이미 몇 개월 전부터 예약이 완료된 상태였다. 이때 삼성이 도움을 주었다. 올림픽 호스피털리티 프로그램(hospitality program) 수행을 위해 밴쿠버 시내 주요 특급호텔에 많은 객실을 확보하고 있던 삼성이 김연아에게 특급 호텔의 룸을 내어준 것이다.

평소 1박에 20~30만원 하던 호텔 숙박비는 올림픽 특수로 1박에 100만원이 넘었고, 돈이 있어도 경기장 인근의 특급 호텔을 구하는 것은 쉬운 일이 아니었다. 삼성전자는 올림픽 파트너로서 올림픽 전부터 전세계를 돌며 성화봉송 이벤트를 진행해왔다. 그리고 전세계 주요 고객과 딜러들을 초청하여 올림픽 경기를 관전하는 호스피털리티 프로그램을 오랫동안 진행해왔기에, 올림픽을 치르는데 필요한 노하우와 시스템을 잘 갖추고 있었다.

올림픽을 준비해오는 과정에서 김연아는 ISU 심판들의 롱에지 판정과 점프의 회전수 부족 판정에 대해 많은 스트레스를 받아왔다. 그리고 많은 김연아 팬들은 일본의 김연아 경쟁 선수들에 대해 심판들의 판정은 불공평할 정도로 너무 관대하다고 생각했다. 그리고 그 배경에는 ISU의 재정을 책임지고 있는 일본의 거대 스폰서 기업들이 있고, ISU가 일본의 스폰서 기업의 눈치를 보는 것이라고 의심했다.

한마디로 김연아는 피겨 약소국의 설움을 뼈저리게 느끼며 밴쿠버 올림픽까지 고군분투해온 것이다. 이런 상황에서 올림픽 TOP 스폰서 기업에 삼성전자가 있다는 것은 심리적으로 든든했다. 삼성전자는 모바일 카테고리에서 올림픽 파트너(The Olympic Partner) 기업으로 IOC의 중요한 스폰서이다.

그리고 삼성전자 애니콜과 하우젠은 김연아를 광고모델로 채택했고, 김연아 CF는 TV와 인터넷을 통해 대부분의 동계 종목 선수들과 올림픽 관계자들에게 김연아의 인지도를 높이는데 큰 도움이 되었다.

아사다 마오 역시 비슷한 시기에 밴쿠버에 도착했지만 올림픽을 맞이하는 방식은 서로 달랐다. 마오는 밴쿠버 공항에서부터 밝은 모습으로 자유롭게 언론 인터뷰를 진행했다. 그리고 김연아와는 달리 일본빙상경기연맹(JSF)의 주도로 올림픽 선수촌에 입촌하여 연습을 수행했다. 가까이서 지켜본 바로는 일본빙상경기연맹의 선수 지원 시스템은 대단했다. 그들은 연맹을 중심으로 팀리더, 코치, 트레이너, 물리치료사, 영양사, 수송 담당 등이 체계적으로 업무를 분담하고 지원했다. 그리고 그 지원업무의 중심엔 선수가 있었고 그들은 선수에게 필요한 것이 무엇인지를 우선적으로 생각하는 것 같았다. 이에 비해 한국의 빙상 선수들은 국제대회에 출전하여 많은 문제를 선수 스스로 해결해야 했던 것이 기억에 남는다.

월스트리저널이 예상한 금메달 선수는

미국의 유력 일간지 월스트리트저널(WSJ)은 올림픽 특집 기사에서 "화요일(23일)은 김연아의 밤"이 될 것이라고 보도했다. WSJ은 "한번도 올림픽 피겨스케이팅에서 성공한 역사를 갖고 있지 않은 한국 출신의 김연아는 위대한 스케이터의 출신지 지도를 바꾸기 위한 연기가 필요하다. 김연아는 누구도 꺾을 수 없는 선수"로 평가했다.

그리고 또 미국의 유력 스포츠 전문지 스포츠 일러스트레이티드(SI)는 "기량적으로 모든 것을 갖춘 김연아는 역대 최고의 스케이터이며, 그의 유일한 걸림돌은 올림픽에 대한 압박감"이라고 보도하면서 김연아가 금메달, 아사다 마오가 은메달 그리고 미국의 미라이 나가수 선수가 동메달을 획득할 것으로 예상했다.

IB스포츠의 전담팀과 함께 거의 3년을 함께 올림픽을 준비해온 김연아. 중간에 시련도 있었으나 무난하게 잘 극복했고 지난 3년간 절정의 컨디션을 유지하며 항상 최정상의 위치에 존재했던 김연아. 이제 모든 준비는 끝났다. 남아있는 그의 유일한 경쟁자는 김연아 자신밖에 존재하지 않았다. 그리고 스포츠 일러스트레이티드지의 보도와 같이 올림픽에 대한 압박감과 긴장감만 떨쳐버린다면 김연아의 올림픽 금메달은 확정적이었다.

사실 올림픽 경기를 TV로 시청하다보면 예상을 뒤엎는 결과가 많이 발생한다. 확실한 금메달 후보가 의외로 경기를 망치는 경우도 많고 다크 호스가 깜짝 메달을 획득하는 경우도 많다. 올림픽 경기를 앞두고 많은 팬들과 언론이 김연아의 금메달을 예측했다. 이러한 상황이 오히려 김연아에게는 큰 부담이 되었을 것이다.

피겨 스케이팅 선수에게 있어서 가장 중요한 점프 1개를 꼽으라고 하면 단연 첫 날 쇼트 프로그램 경기에서 보여주는 첫 번째 점프일 것이다. 나는 이 첫 번째 점프의 중요성이 50% 이상이라고 생각했다. 피겨 선수를 둔 부모나, 그의 코치, 그의 다른 모든 스탭이 지켜보기에 가장 긴장되고 가슴두근거리는 과제 역시 첫 번째 경기의 첫 번째 점프일 것이다.

첫날 쇼트 프로그램 경기의 순서는 30명 중 아사다 마오가 스물두 번째, 그리고 김연아가 바로 뒤인 스물세 번째로 정해졌다. 아사다 마오의 경기를 지켜보고 그의 점수를 확인한 후에 김연아가 경기를 하는 것이었다. 먼저 경기를 하는 선수와 나중에 하는 선수 중 누가 더 유리할까? 먼저 한 선수가 실수를 연발하고 점수가 저조하면 나중에 경기하는 선수가 유리할 것이고, 먼저 경기를 마친 선수가 완벽하게 연기를 끝마친다면 부담은 더 커질 수밖에 없는 상황이 될 것이다.

아사다 마오가 트리플 악셀에 집착했던 이유

1만 5천여 명의 대규모 관중이 지켜보는 가운데 우레와 같은 박수를 받으며 드디어 아사다 마오가 아이스 링크에 모습을 나타냈다. 마오의 얼굴은 심하게 굳어있었다. 그만큼 긴장을 하고 있다는 의미이다. 그도 그럴 것이 지난 1년간 마오는 그의 필살기이며 첫 점프 과제인 트리플 악셀을 거의 성공시키지 못했다. 그리고 각종 국제대회에서 부진한 성적을 거두었다. 트리플 악셀은 3회전 반을 도는 점프다. 여자 선수로서 매우 성공하기 힘든 점프이고 부상의 위험도 높다. 그럼에도 불구하고 마오는 왜 트리플 악셀에 목숨을 걸었던 것일까?

가장 큰 이유는 김연아와의 스케이팅 기술과 예술성에 있어서 큰 격차를 스스로 인정하고 있었고, 이 격차를 줄이기 위해서는 자신만의 독보적인 무기가 필요했을 것이다. 그리고 김연아가 하지 못하는 고난도 기술의 성공을 통해 김연아를 압박하고자 했을 것이다. 하지만 김연아는 이 작전에 말려들지 않았다. 무리하게 트리플 악셀을 시도하는 것보다는 완성도 높은 스케이팅과 예술성으로 승부를 걸었다.

나는 마오가 트리플 악셀에 집착하는 또 다른 이유 중에 하나는 일본의 독특한 스포츠 문화에 기인하는 것이 아닌가 하는 생각을 했다. 일본의 스포츠 언론은 숫자로 표현되는 속도와 횟수에 지나치게 집착하는 경향이 있다(물론 스포츠에 있어서 기록과 수치는 매우 중요하다). 전 세계 현역 여자 피겨 스케이팅 선수 중 유일하게 트리플 악셀을 구사하는 선수라는 희소성에 대회 너무 큰 비중과 평가를 두는 것이 아닌가 싶었다. 실제로 12년 후 일본의 남자 피겨스케이팅 선수 하뉴 유즈르는 2022 베이징 동계올림픽에서 남자 피겨 역사상 최초로 올림픽에서 쿼드러플 악셀(4회전 반) 점프를 시도했고 참혹하게 실패했다.

피겨 스케이팅은 점프가 다는 아니다. 점프의 회전수뿐만 아니라 예술성과 완성도도 매우 중요하다. 너무 고난도 기술에 집착하다보면 예술성과 완성도를 간과하기 쉽다.

아사다 마오가 어두운 표정으로 아이스링크에서 몸을 풀었다. 마오는 지난 1년 내내 부진한 성적으로 올림픽 출전조차 불투명했었다. 마오의 쇼트 프로그램 곡은 아람 하차투리안의 가면무도회. 웅장한 음악과 함께 가장 고난도 기술인 트리플 악셀을 뛰기 위해 빙판을 질주했다. 마오는 순식간에 트리플 악셀을 성공시키고 이어서 더블 토루프 점프를 연결하여 성공시켰다. 아이스링크의 모든 관중들이 함성과 박수를 쏟아냈다. 이때 김연아는 경기장 라커룸이나 복도에서 몸을 풀고 있었고 분명히 이 쏟아지는 박수와 함성을 들었을 것이다. 그리고 그 박수와 함성의 의미는 마오가 트리플 악셀을 성공시켰다는 것임을 충분히 알아챘을 것이다.

마오의 트리플 악셀이 성공했고 이로 인해 경기장이 떠날듯한 박수와 함성이 터져나온 후, 마오의 쇼트 프로그램 연기 중반에 드디어 김연아가 링크장 안으로 모습을 나타냈다. 얼마나 긴장이 되는 순간이었을까?

얼음같이 꽁꽁 얼어붙은 얼굴로 스케이팅을 시작했던 마오가 완벽한 쇼트 프로그램을 마치고 활짝 웃었다. 지난 1년 내내 거의 성공하지 못했던 트리플 악셀을 올림픽 무대 첫 실전 점프에서 성공한 것이다. 마오의 쇼트 프로그램 점수는 73.78점. 그의 커리어 베스트 스코어인 75.84에 근접하는 최고의 결과가 나왔다.

공은 김연아에게로 넘어왔고 그 공의 무게와 부담감은 이루 말할 수 없이 무거운 것이었다. 아무리 김연아라고 해도 긴장하지 않을 수 없는 상황이다. 하지만 속으로 긴장했었겠지만 김연아는 대범하게 움직였다. 김연아의 가장 큰 강점 중에 하나인 그 대인배적인 성격과 단순한 행동들. 복잡하게 생각하지 않고 그냥 할 수 있는 일에 집중해서 최선을 다하는 그의 시크함이 돋보였다.

나는 김연아와 마오의 올림픽 대결의 관건은 첫날 쇼트 프로그램 경기의 첫 번째 점프라고 생각했다. 아사다 마오의 첫 번째 연결 점프인 〈트리플 악셀-더블 토루프 점프〉 대 김연아의 〈트리플 러츠-트리플 토루프〉의 대결! 이 첫 번째 점프의 성공 여부가 두 라이벌의 올림픽 경기 전체를 좌지우지할 것으로 판단했다.

연결 점프의 회전 횟수는 김연아가 6회전, 마오가 5.5회전. 기본 점수는 김연아의 〈트리플 러츠-트리플 토루프〉 점수가 10점, 마오의 〈트리플 악셀-더블 토루프〉는 9.5점이다. 점프의 완성도에 따라 추가적인 수행점수(GOE)를 받을 수 있다. 나는 개인적으로 아사다 마오의 트리플 악셀은 고난도 기술이 요구되는 쇼(show)라고 생각했고, 김연아의 트리플 러츠-트리플 토루프는 예술(art)이라고 생각했다. 김연아의 트리플-트리플 연결점프는 정말 환상적이었고, 높은 점프와 긴 비거리에서 나오는 그 시원함이 너무 좋았다.

하지만 만약 김연아가 첫 점프에서 실패한다면? 점수 획득에서 큰 타격을 받을 뿐만 아니라 이후의 연기 수행과 다음날 프리 스케이팅 경기에도 큰 악영향을 초래할 터였다.

김연아가 검정색 007 본드걸의 의상으로 아이스 링크에 모습을 나타냈을 때 내 가슴은 쿵쾅쿵쾅 뛰기 시작했다. 김연아는 또 얼마나 떨렸을까? 그동안 이 순간을 위해 얼마나 많은 인고(忍苦)의 시간을 보냈던가? 수없이 많은 점프의 실패와 엉덩방아, 고관절 부상, 발에 맞는 스케이트가 없어서 발을 동동 구르며 보냈던 괴로운 시간들. 물론 영광의 순간과 기쁨의 순간도 많았다. 이 모든 우여곡절의 시간을 끝내고 마침내 올림픽 무대에 오른 것이다.

김연아가 아이스링크에서 몸을 풀면서 연습 스케이팅으로 선회하자, 태극기를 든 현지의 교포와 해외의 김연아팬들이 우레와 같은 박수와 함성을 보냈다. 그 함성과 박수에 내 몸은 관중석에서 점점 굳어져갔고 마음은 점점 초조해졌다. 갑자기 모든 소음이 사라지고 시간이 정지한듯한 고요함속에서 김연아가 첫날 쇼트 프로그램의 시작을 알리는 포즈를 취했고 동시에 음악이 흘러나왔다.

김연아가 첫 번째 점프를 뛰기 위해 아이스링크를 선회할 때 나는 긴장감과 함께 숨을 멈추었고, 몽롱함 속에 빠져들었다. 김연아가 첫 번째 과제인 트리플 러츠-트리플 토루프 점프를 완벽히 성공시킨 후 경기장이 무너지는 듯한 함성과 박소 소리에 나는 몽롱함에서 깨어나 현실로 돌아왔다. 이후엔 모든 긴장이 풀어졌고, 김연아 역시 모든 연기가 순조롭고 자연스러웠다. 그야말로 완벽한 연기였다. 앞서 경쟁자인 아사다 마오가 최고의 연기를 마친것처

2010년 밴쿠버 동계올림픽 프리 스케이팅 경기가 끝나고 김연아의 올림픽 금메달이 확정되는 순간.

럼 김연아 역시 인생 연기를 펼쳤고, 결과는 마오보다 약 4.72점이 높은 78.50점을 받았다. 연기를 마친 김연아도, 그를 지도한 브라이언 오서도 환호했다. 대회장의 모든 관중들도 박수와 환호를 쏟아냈다.

예술과 기술의 대결

첫날 쇼트 프로그램 경기 순서는 아사다 마오가 먼저, 김연아가 그 뒤를 이었지만, 프리 스케이팅 경기에서는 추첨결과 김연아가 먼저 아사다 마오가 뒤를 이었다. 이번엔 먼저 연기하는 김연아가 완벽하게 경기를 마칠 경우, 아사다 마오가 큰 부담을 안고 경기에 임해야 한다. 더구나 전날 쇼트 경기에서 김연아에게 4.72점 뒤져 있는 마오로서는 승부수를 둬야 하는 상황이 되었다.

김연아의 프리 스케이팅 곡은 조지 거슈윈의 피아노 협조곡 F장조. 마오의 곡은 라흐마니노프의 피아노 협조곡 '종'이었는데, 이 두 곡은 김연아와 마오의 대조적인 연기 스타일을 잘 반영해주는 명곡이었다.

김연아가 선택한 곡은 서정적이고 부드러우면서도 기승전결이 있어 김연아의 연기를 물흐르듯 자연스럽게 이어 가기에 최상의 곡이었고, 마오의 곡은 그의 장기인 트리플 악셀과 파워풀한 연기를 드러나게 하는데 적합한 곡이었다.

쇼트 프로그램 경기에서 인생연기를 하면서 세계신기록 점수를 받은 김연아는 하루 휴식하는 동안에 프리 스케이팅 경기를 차분히 준비했지만, 연습 세션에서 실수를 연발했고 이로 인해 매우 민감해져 있었다. 쇼트 프로그램에서 완벽한 연기를 한만큼 올림픽 금메달이라는 목표가 눈앞에 바짝 가까이 다가온 상태여서, 프리 스케이팅 경기에서도 완벽하게 해야 한다는 강박과 압박감을 느끼지 않을 수 없었던 것이다. 강심장인 김연아도 마지막 승부를 앞두고 쉽게 잠들기 어려웠을 것이다.

하지만 언제나 그랬듯이 김연아의 프리 스케이팅 연기도 첫 번째 콤비네이션 점프인 트리플 러츠-트리플 토루프 점프를 완벽하게 뛰고 난 이후엔 모든 것이 순조롭고 자연스럽게 흘러갔다. 김연아의 올림픽 프리 스케이팅 연기는 음악과 연기가 완벽하게 조화를 이루는 하나의 예술작품에 가까웠다. 모든 기술과 연기가 하나도 어색함이 없이 어우려져서 인위적으로 연기를 하고 있다는 것을 느낄 수 없을 정도였다. 4분 간의 연기를 완벽하게 마친 김연아는 감동의 눈물을 쏟아냈다. 그동안의 압박감을 마침내 털어내고 올림픽이라는 큰 무대에서 그가 할 수 있는 모든 것을 해냈다는 안도감과 기쁨에서 흘러나온 눈물이었다.

이제는 다시 김연아가 공을 아사다 마오에게 넘겼다. 김연아가 조금의 실수도 없이 프리 스케이팅 경기를 끝낸 만큼, 마오가 김연아를 앞서기 위해서는 두 번의 트리플 악셀 점프를 모두 성공시키고, 나머지 점프와 스케이팅 기술도 완벽하게 수행해야만 가능했다.

마오의 열정과 의지도 대단했다. 첫 점프인 트리플 악셀을 성공했고, 이어서 두 번째 트리플 악셀도 역시 성공했고, 어두우면서도 웅장한 음악에 맞춰 강력한 의지력을 보이면서 최선을 다했다. 프리 스케이팅 연기 중반에 자잘한 실수를 함으로써 심판이나 관중들 그리고 모든 언론은 마오의 연기가 끝나기도 전에 김연아가 금메달의 주인공임을 인식하기에 충분했다. 앞서 말한대로 마오가 김연아를 앞서기 위해서는 자잘한 실수도 없이 완벽하게 연기를 소화해야만 했기 때문이다.

마오의 연기는 완벽하지도 않았지만 기본적으로 김연아의 벽을 넘기에는 한계가 있었다. 마오의 연기는 열정적이고 힘이 넘치지만 김연아의 연기에서 볼 수 있는 아름다움과 감동은 덜했다.

프리 스케이팅 경기에서 김연아는 150.06점을 받았고, 마오는 131.72점을 받았다. 합계점수 228.56점을 받은 김연아는 205.5점을 받은 아사다 마오를 크게 따돌리고 한국인 최초로 올림픽 피겨 스케이팅 종목에서 금메달의 영광을 목에 걸었다.

길몽(吉夢)이 예견했던 길조(吉兆)

나중에 올림픽이 끝나고 김연아 아버지로부터 들은 이야기다. 김연아 아버지는 김연아의 올림픽 직전에 꿈을 꾸었는데 그 꿈의 내용이 좀 황당했다. 꿈 속에서 변을 봤는데, 그렇게 많은 양의 황금색 변을 쏟아냈다고 했다. 일반적으로 '변을 보는 꿈'은 재물과 돈을 상징하는 길몽으로 좋은 일이 생길 것을 예고하는 것이라고 한다.

그리고 김연아 아버지는 자신의 이름 석 자에 모두 쇠 금(金)자가 들어가고, 본인이 도금(鍍金) 사업을 하고 있는 것도 김연아의 금(金)메달 획득 운명과 무관하지 않을 것이라고 해석을 했다. 듣고 보니 과연 그럴 듯했다.

나도 김연아의 금메달 경기가 열리는 전날 밤에 꿈을 꾸었는데 그 내용은 산속에서 딸기를 따는 꿈이었다. 이 역시 나중에 알아보니 행운을 상징하는 길몽이라고 했다. 결과가 좋으면 다 좋다고 했던가? 김연아가 금메달을 획득하고 나니 그동안 있었던 사소한 모든 것들이 그런 좋은 결과를 얻기위한 전조로 해석되었고, 그동안의 과정에 있었던 모든 어려움들이 눈녹듯 녹아 내렸다.

김연아팀의 3년간에 걸친 '김연아 매니지먼트 프로젝트'는 대성공으로 마무리되고 있었고, 마침내 김연아가 올림픽에서 꿈에 그리던 금메달을 획득하자 그동안 김연아와 함께 지내온 시간들에 대해 뒤돌아 보게 되었다. 나는 내 인생에서 김연아를 만난 연유(緣由)와 그 인연(因緣)이 의미하는 것이 무엇일까 하는 질문을 나 자신에게 자주 하곤 했다.

김연아는 전생에 나라를 구했을까?

3년간 김연아를 매니지먼트 하는 동안 주변으로부터 "김연아는 전생에서 나라를 구했을 것이다"는 얘기를 많이 들었다. 나 역시 천우신조(天佑神助)라는 말에 대해 여러 번 깊이 생각해봤고, 운칠기삼(運七技三)이 우리 삶을 지배하는 논리인가에 대해서도 많이 자문해보았다. 물론 김연아의 능력을 의심하거나, 김연아가 단지 운이 좋았다는 말로 그의 위대함을 평가절하 하고 싶은 마음은 추호도 없다. 다만 인간의 힘으로 어쩔 도리가 없는 '보이지 않는 손'의 작용이 있다는 것을 강하게 자주 느꼈다.

운동선수도 마찬가지고 우리 일반인도 마찬가지다. 세상사 모두가 열심히 하는 순서대로 그 결과나 지위가 매겨지는 것은 아닌 듯하다. 올림픽에 출전하는 그 어떤 선수가 대충대충 훈련하고 좋은 성과를 기대하겠는가? 모두가 피땀 흘리는 훈련과정을 소화하면서 최고의 컨디션을 유지하기 위해 뼈를 깎는 노력을 다한다. 그럼에도 어떤 선수는 메달을 따고 어떤 선수는 메달을 따지 못한다.

2010년 밴쿠버 동계올림픽에서 내가 매니지먼트를 담당했던 또 한 명의 선수는 이강석 선수로 스피드스케이팅 500미터 종목에서 에이스였고 금메달이 유력했다. 올림픽 전 시즌에 스피드스케이팅 500미터 세계신기록을 수립하기도 했고, 시즌 내내 세계 최정상 기록과 순위를 유지했다.

그러나 이강석 선수는 금메달을 놓쳤다. 그리고 더 안타까웠던 것은 동메달 획득에도 실패한 것이다. 나는 말이 안 된다고 생각했다. 그리고 운명의 장난이라고 생각했다. 이강석 선수가 동메달 획득에도 실패한다는 것은 상상할 수 없었기 때문이다. 대신 신예 모태범 선수가 깜짝 금메달을 획득했다. 모태범의 500미터 우승은 정말 예상 밖의 일이었다. 외신들이 한결같이 "모태범에 대한 자료가 하나도 없다"고 할만큼 모태범은 알려지지 않은 선수였다.

나는 밴쿠버 동계올림픽 스피드스케이팅 500미터 경기에서 '보이지 않는 손' 즉 운(運)이 작용했다고 생각했다. 물론 모태범은 훌륭한 선수다. 나중에 들은 얘기지만 그를 지도한 감독은 나에게 "모태범이 사고칠 것으로 예상했었다"고 회고했다. 그만큼 컨디션이 좋았고 부담도 없었기에 최고의 경기력을 보여줄 수 있었던 것이다.

이강석 선수는 이후에 큰 충격을 받았고 한동안 슬럼프에 빠졌다. 그러나 그는 슬럼프를 잘 이겨냈고 지금은 KBS의 스피드스케이팅 해설위원으로 맹활약하고 있다. 10년이 지난 지금에 와서야 차분히 돌이켜보는 바지만, 밴쿠버에서의 충격은 그를 정신적으로 더욱 강하게 단련하였을 것이고 그는 그만큼 더 성장했을 것이라 확신한다. 나는 지금의 방송 해설위원 역할이 그에게 무척 잘 어울린다고 생각하고 있고 그때의 쓰라린 경험이 방송해설이나 지도자 역할 그리고 인생을 살아가는데 있어서 매우 소중한 경험과 자산이 되었을 것이라고 생각한다.

2007년 4월에 김연아를 처음 만난 이후 올림픽에 이르는 여정 동안 김연아가 가는 길에 놓여있던 강고한 장애물들은 마치 기적과도 같이 하나 둘씩 사려져 없어졌다. 돈걱정 없이 훈련에만 집중할 수 있는 여건이 마련되었고, 송재형 트레이너가 합류하면서 부상에서 벗어나 더 강한 체력을 유지할 수 있었다. 브라이언 오서가 김연아의 코치가 되었고, 국민은행이 스타트를 끊어주면서 이후에 줄줄이 많은 기업들이 김연아의 후원사가 되어주었으며, 올림픽 직전에는 삼성전자와 현대차가 날개를 달아주었다.

아사다 마오라는 존재는 김연아에게 큰 부담이면서 그가 나태해지면 안 될 이유가 되었고, 라이벌로 인해 김연아는 적절한 긴장을 유지할 수 있었다. 놀라운 경험이었다. 모든 것이 김연아 편이었고, 이 세상이 아니 이 우주가 김연아를 중심으로 돌아가는 것처럼 느껴졌다. 김연아라는 존재에 대해 범접할 수 없는 위엄과 권위가 느껴졌다. 출전하는 대회마다 우승을 거머쥐었고, 모든 언론사들이 김연아와 인터뷰하기를 원했다.

김연아와 광고모델 계약을 체결하기 위해 기업들이 줄을 섰고, 그가 출연하는 아이스쇼는 항상 매진되었고, 그가 출연하는 방송 프로그램의 시청률은 최고를 경신했다.

앞에서도 말했지만 이 시기에 나는 내가 김연아와 만나게 된 이유가 무엇일까? 그리고 나의 역할은 무엇일까? 하는 상념에 자주 빠지곤 했다. 불교에서 말하는 윤회사상(輪迴思想)과 인연설(因緣說)이 진실이라면, 전생(前生)에 어떤 인연이 있었을 것이라 생각했다. 아마도 김연아는 전생에 차가운 얼음 왕국의 공주가 아니였을까 하는 상상도 해보았다.

여하튼 김연아는 현생의 피겨 여제(女帝)가 되었고, 나는 여제와 함께 3년간 함께 김연아팀에서 일할 수 있게 된 것에 대해 깊이 감사했다. 김연아를 만나서 모든 것이 좋았고 잘 되었다. 이 얼마나 다행스럽고 행복한 인연인가!

만3년의 시간이 차가면서 이별의 시간은 다가오기 시작했다.

제2장
스포츠 마케터가 직면하는 어려움들

"안전한 길은 위험하다."
- 세스 고딘, 《보랏빛 소가 온다》 中

선수와 부모는 생각이 다르다

선수와 부모의 생각 차이

2009~2010년 시즌에 김연아는 첫 그랑프리 대회에서 우승했고, 이어서 두 번째 그랑프리 대회에서도 우승을 거머쥐었고 급기야 그랑프리 파이널에서도 우승을 차지했다.

이제 남은 것은 올림픽!

김연아팀이 '동계올림픽'이라는 말만 들어도 가슴 두근거리던 시절이었다. 밴쿠버 동계올림픽을 3개월 앞둔 2009년 12월의 크리스마스와 연말은 그 어떤 시절보다도 설레고 기대감이 가득 차올랐다. 하지만 토론토 현지에서 올림픽을 준비해야 하는 김연아와 김연아 어머니 사이엔 의견차가 있었고 미묘한 전운(戰雲)이 감돌았다. 이는 본질적으로 선수와 부모의 입장에서 생길 수밖에 없는 갈등이었다.

모든 선수 부모는 운동선수인 자식이 매일 그리고 항상 연습에 최선을 다하고 훈련 기간 내내 집중된 상태를 유지하기를 기대한다. 하지만 운동선수는 수시로 컨디션이 달라지고 바이오리듬이 바뀌기 십상이다. 때로는 몸이 아플 수도 있고, 알 수 없는 이유로 어제까지 잘 되던 플레이가 오늘 갑자기 난조에 빠질 수 있다.

김연아 어머니는 항상 김연아가 최고의 컨디션에서 집중력을 유지하지 못하는 것에 대한 불만이 쌓였다. 하지만 김연아는 운동선수가 항상 최고의 상태를 유지하는 것은 불가능하다는 것을 너무 잘 알았다. 다행히 두 사람 간의 이견을 잘 조율해준 사람은 브라이언 오서 코치였다. 오서 코치는 자신이 현역 피겨스케이팅 선수로 올림픽에 출전했고, 올림픽에서 은메달까지 획득한 레전드 선수였다. 밴쿠버 올림픽 전에 언제가 오서 코치는 이 문제와 관련하여 본인의 의견을 아래와 같이 피력한 적이 있다.

"올림픽 경기일까지 남은 3개월 내내 선수가 항상 긴장과 집중력을 유지할 필요는 없다. 아니 그것은 불가능하다. 올림픽을 준비하다는 것은 긴 여정이다. 선수는 올림픽 경기 당일 최고의 컨디션을 유지하면 된다. 그리고 나머지 기간은 올림픽 경기 당일 최고의 컨디션을 유지하기 위해 필요한 것을 준비하는 기간이다. 휴식도 필요하고, 기분전환도 필요하다."

나는 오서 코치의 말을 듣고, 그의 코칭 노하우에 대해 배울 점이 많다고 생각했다. 그리고 오서 코치의 노하우를 내가 선수 매니지먼트 업무를 수행할 때 긴요하게 잘 활용했다. 대부분의 선수들은 충분할 만큼 자신들이 더 훌륭한 기량과 기술을 발휘하기 위해서 어떻게 해야 할 지에 대해 고민하고 또 고민한다. 그런 선수에게 휴식시간이나 식사 자리에서 더 채찍을 휘두르면 선수에게 너무 큰 스트레스를 줄 수 있다. 대신에 연습 끝나고 무엇을 먹을지, 어디에 놀러 갈지 선수가 숨을 돌릴 수 있는 주제로 대화하는 것이 더 좋다.

올림픽 한달전, 흔들렸던 김연아팀

2007년 4월 IB스포츠가 김연아와 처음 매니지먼트 계약을 체결했을 때는 모든 것이 불투명했다. 하지만 계약 이후 김연아가 승승장구 함에 따라 김연아팀도 승승장구 했다. 매사가 그렇듯이 잘 나갈 때 조심해야 하는 법이다. 매니지먼트사와 매니저 또는 에이전트의 역할 중에 가장 중요한 것 중에 하나는 클라이언트(선수)를 대신해서 모든 화살을 맞고 방패막이 역할을 하는 것이다. 그런 의미에서 나는 선수 매니저나 에이전트는 선수(무대) 뒤에 드러나지 않게 일을 하는 존재라고 생각했다. 그리고 그 소신은 지금도 변함이 없다.

2010년 1월 신년벽두에 IB스포츠 주가는 전년도 2천원 미만에서 2배 이상 폭등한 5천원에 근접하고 있었다. 스포츠 마케팅 회사의 특성상 올림픽, 월드컵 등 메가 이벤트가 개최되는 시기에 상승세를 나타내는 것은 당연하지만, 너무 과열되었다. 그리고 그 중심에 김연아가 있었다. 광고 시장에서뿐만 아니라 주식 시장에서도 김연아 관련주가 테마주를 형성하기에 이른 것이다. IB스포츠뿐만 아니라 국민은행, 제이에스티나, 삼성전자, 매일유업 등 거의 모든 김연아 후원사 및 광고주들의 주가는 강세를 보였다.

그만큼 김연아가 스포츠 마케팅 시장을 넘어 대한민국 산업계

전반에서 가장 HOT한 아이콘으로 성장했음을 의미하는 것이었다. 그러다보니 김연아의 일거수일투족이 관심의 대상이 되었고, 모든 사소한 것들이 기사화되기 시작했다. 김연아팀도 이 영향에서 벗어날 수 없었고, 조그마한 실수에 대해서도 외부와 언론에서 가만두지 않았다.

그러던 중 올림픽을 1개월 정도 앞두고 '김연아 은퇴설'이 불거졌다. 2010년 1월 21일 연합뉴스는 김연아가 올림픽 후에 은퇴할 것이라고 보도했다. 김연아의 올림픽 이후 진로에 대한 질문에 당시 부사장은 "은퇴를 하지 않을 것이라고 말하기 어렵다. 은퇴 가능성을 배제하기 어렵다"고 답변했는데 이것이 화근이 되었다. 이어서 김연아 은퇴 관련 기사가 포털의 헤드라인을 장식하자 이런 빌미를 제공한 김연아팀에 대한 비난이 쏟아졌다.

올림픽을 힘겹게 준비해 온 김연아에게 올림픽 끝나고 은퇴를 하고 푹 쉴 수 있다는 것은 그에게 위안이 되고 올림픽에 더 집중하게 하는 희망적인 요소가 될 수 있지만, '김연아 은퇴설'은 회사와 선수간의 불화설에 불을 지폈다.

스타 매니지먼트 업무를 추진함에 있어 사소한 말실수 하나가 치명적인 업무실수로 이어지고, 이것이 선수와의 관계를 악화시키는 원인이 될 수 있음을 그때 절실히 깨달았다. 사실 이 모든 해프닝은 김연아라는 스타의 브랜드 파워가 더할 나위없이 커졌다는 것을 의미하는 것이고, 이로 인해 김연아와 관련된 모든 언행들이 기사화되어 대중들에게 노출될 수밖에 없는 상황이 되었음을 의미하는 것이었다. 올림픽 이후 김연아의 진로와 관련한 불협화음은 김연아 은퇴설 해프닝 이전부터 조금씩 흘러나오고 있었다.

2010년 1월 15일 중앙일보는 밴쿠버 올림픽이 끝난 후 김연아와 IB스포츠가 결별할 것이라는 전망의 기사를 내보냈다. 박지성, 박세리 등의 스타 선수들이 JS리미티드, 세마스포츠 마케팅 등의 기획사를 차린 것처럼 현재 김연아를 뒷바라지하고 있는 IB스포츠의 김연아팀 멤버들이 '김연아 기획사'의 중추가 될 것이라는 내용의 보도였다.

에이전트와 회사 간의 불일치

선수 에이전트는 회사의 직원으로 소속되어 있을 수도 있고, 본인이 회사의 대표일 수도 있다. 선수 에이전트가 회사의 대표일 경우에는 선수 관련 업무상 발생하는 모든 비용은 에이전트 본인이 부담해야 한다. 이 경우 대규모 비용이 발생하는 프로젝트는 수행하기 어렵다. 자신의 능력과 재력이 감당할 수 있는 범위 내에서 사업을 추진해야 한다. 개인 에이전트는 사업을 통해 발생하는 모든 수입을 개인이 취한다. 그에 따른 비용과 리스크를 에이전트가 개인적으로 모두 부담하기 때문이다.

반면 회사에 소속된 에이전트의 업무 수행에 필요한 모든 경비는 회사가 부담한다. 그리고 에이전트는 회사로부터 연봉을 받고 에이전트 사업으로 발생하는 모든 수입은 회사가 가져간다. 여기서 한 가지 중대한 문제가 발생한다. 이 중대한 문제라는 것은 앞서 언급한 '매니지먼트 불일치', 즉 선수의 수입이 일정 규모를 초과하면서부터 발생하는 선수와 에이전트 회사 간의 의견 불일치와 매우 유사한 점이 많다.

회사에 소속된 에이전트는 회사의 직원이다. 그는 회사로부터 연봉을 받고 모든 경비를 지원받으면서 에이전트 업무를 수행한다. 그런데 선수의 상품가치가 크게 증가하여 선수와 관련된 매출과 순익이 크게 늘어나면 어느 시점에서 에이전트와 에이전트 회사 간에 '불일치'가 발생한다. 앞서 나는 선수와 회사 간의 '매니지먼트 불일치'가 발생하는 시점은 선수의 수입이 10억원 정도에 도달했을 즈음이라고 분석했다. 그렇다면 에이전트와 그의 회사 간의 불일치는 왜 발생하고, 그 타이밍은 언제일까?

에이전트와 회사 간에 불일치가 발생하는 이유는 에이전트 자신이 하는 일(즉 회사에 벌어다 주는 수입)에 비해 회사로부터 받는 대우(자신의 수입, 즉 연봉과 인센티브)가 턱없이 부족하다고 느끼기 때문이다. 예를 들어 에이전트의 연봉과 인센티브를 합쳐 연간 1억원의 보수를 받는 상황에서 그가 관리하는 선수가 대박을 쳐서 선수관련 매출이 연간 30억이라고 가정해보자. 선수와 회사가 선수80 : 회사20의 비율로 수입을 배분한다고 하면, 에이전트는 회사에 6억원(30억원x20%)의 매출을 안겨다 준다. 그렇다면 회사의 순수익은 얼마나 될까? 우선 공제해야할 비용은 에이전트의 연봉 1억원과 에이전트의 4대 보험료, 사무실 이용료, 관리비 등이 발생할 것이고(약 1억원 정도로 가정하자), 에이전트의 국내외 출장비 및 영업비 등이 발생할텐데(약 1억원 정도로 가정하자) 대략 비용의 합계를 3억원으로 계산하면, 회사는 비용 3억원을 제하고 3억원의 순수입이 발생하게 된다.

문제는 에이전트와 회사의 시각차이에서 비롯된다. 에이전트는 자신이 연봉 1억원을 받고 회사에 6억원을 벌어다주었다고 생각하지만, 회사는 에이전트의 연봉과 선수관리비용, 영업비 등을 제외하면 실제로는 3억원을 벌었을 뿐이다. 리스크를 안고 투자를 하고 직원을 고용하는 비용부담을 감안하면 그렇게 많은 수입이 아니라고 생각한다.

그런데 이 상황에서 선수관련 수입이 연간 50억원으로 급증하고, 회사의 수입이 10억원에 이르면 어떻게 될까? 이 시점에 도달하면 회사도 에이전트의 연봉이 적절한지에 대한 심각한 재검토가 필요하다. 만약 회사가 여전히 현재 에이전트에게 지급하는 보수의 수준이 충분하다고 생각하면, 에이전트는 회사와의 심각한 '불일치'를 겪으면서 불만이 폭발하게 된다.

선수 후원 계약시 주의할 사항

오랫동안 많은 선수들의 매니지먼트 업무를 수행하면서 가장 결정하기 어려운 것 중에 하나는 후원 계약의 기간을 정하는 일이다. 만족할만한 후원금을 받는다면 장기계약을 하면 되겠지만, 아직 정점에 도달하지 않은 유망 선수에게 제시되는 기업의 후원금 액수는 그렇게 크지 않다. 계약기간을 너무 짧게 설정하면 선수의 입장에서 안정성이 떨어지고, 너무 길게 설정하면 초기의 빈약한 대우를 선수가 장기간 감내해야 한다는 문제가 발생한다.

그리고 어떤 브랜드는 후원금액의 크기와 상관없이 선수의 입장에서는 후원 계약서에 날인하는 것이 더 유리한 경우도 있다. 그런 기업의 대표적인 경우가 세계적인 스포츠 용품사 나이키였다. 대부분의 운동선수들은 나이키로부터 후원을 받고 싶어 한다. 그러나 나이키는 현재 최정상에 있거나 최정상에 오를 가능성이 있는 확실한 선수만을 후원한다. 그것도 현금 후원의 사례는 극소수이고 대부분은 의류나 신발 등 현물 후원을 많이 한다. 선수들에게 있어서 나이키와의 후원 계약은 하나의 훈장과도 같다.

나이키 역시 KB국민은행처럼 김연아팀이 구성된 초기에 김연아와 후원 계약을 체결했다. 위에서 설명한 것처럼, 김연아가 나이키의 후원을 받는다면 김연아의 위상이나 개인 브랜드 파워가 더 상승하는 시너지 효과가 있을 것으로 판단했고 실제로 그랬다. 그러나 문제는 계약 기간과 계약 금액에 있었다.

나이키와 김연아는 다른 브랜드와 비교해서 상대적으로 적은 금액으로 후원 계약을 맺었다. 용품 현물이 포함되었기에 현금 후원 금액은 더 적었다. 문제는 계약을 체결한 후 채 1년이 되기도 전에 불거지기 시작했다. 나이키와 후원 계약을 체결한 직후에 김연아의 모델료가 천정부지로 치솟았기 때문이다.

김연아의 후원금액이나 광고모델료 금액이 1년새 2배가 상승했는데, 나이키의 후원금액은 다른 브랜드에 비해 1/2 수준으로 작았기 때문에 실제 체감으로는 다른 브랜드의 1/4 정도밖에 되지 않는 상황이 되어버린 것이다. 이런 상황에서 나이키의 경쟁사가 김연아와 나이키 간의 후원 계약 내용을 어떻게 알았는지 기존 나이키 후원금의 3배를 주겠다는 제안을 해왔다.

게다가 2010년 밴쿠버 동계올림픽 직전에 김연아의 몸값은 다시 폭등할 것이 분명한데, 나이키와의 계약 기간은 밴쿠버 동계올림픽이 끝난 이후까지로 묶여있었다.

이런 상황이 발생하면 선수 측에서 서서히 불만이 나오기 시작한다. 왜 특정 후원사만 후원금이 특별하게 적은 조건으로 계약을 했는지 의문이 들기 때문이다. 모든 계약은 선수에게 자세히 설명하고 선수가 반드시 수락해야만 계약서가 날인된다. 선수의 동의를 받아 계약을 체결했지만 시간이 지나서 조건이 현실과 맞지 않는 상황은 의외로 자주 발생한다. 그렇게 되면 '결과적'으로 선수에게 불리한 상황이 발생하기 때문에 에이전트나 매니지먼트 회사는 곤혹스러운 상황에 빠질 수밖에 없다.

그래서 아무리 좋은 브랜드라도 성급하게 덜컥 계약을 해서는 안 된다. 그것도 1년이 아닌 3년 계약을 할 때는 만약에 대한 장치를 마련해야 하는 것이다. 그 아픈 추억을 통해 나는 이후부터 계약 기간과 후원 금액에 대해서는 매우 신중하게 생각하고, 최종 결정을 내리기 전에 다시 한 번 고민하는 버릇이 생겼다. 그러고도 확신이 안들 경우엔 계약서에 옵션 조항을 추가한다.

계약 기간 내 그랑프리나 월드컵 대회에서 우승했을 경우, 그리고 아시안게임, 세계 선수권 대회, 올림픽에서 메달을 획득했을 경우를 대비해 성적보너스 조항을 추가하는 것이다. 이러한 성적보너스 옵션조항에 후원기업은 의뢰로 쉽게 동의한다. 왜냐하면 유망선수에 불과한 선수가 세계선수권이나 올림픽에서 메달을 획득하는 것은 사실상 쉽지 않다고 보기 때문이다.

사실 나이키와의 후원 계약은 김연아팀 내에서 내가 주도한 계약은 아니었다. 하지만 나이키의 담당 팀장이 나의 대학 후배였기 때문에 그 인연으로 내가 계약을 추진한 것으로 오해를 받는 처지가 되었다. 약간은 억울한 상황이기는 했지만, 나는 이 문제를 해결하기 위해 적극적으로 나섰다. 나이키 사를 방문하여 상황을 설명하고, 계약조건을 변경해 달라고 요청했다.

지금 생각하면 부끄러운 일이기도 하고 억지스러운 일이기도 했지만, 나는 읍소 반 협박 반 조로 "기존 계약에 대해 합의해지 하고, 김연아의 후원금을 증액시켜주는 수정 계약을 체결해주지 않으면 김연아와의 후원 계약을 중도 파기하겠다"고 엄포를 놓았다(실제로 후원 계약을 중도 파기할 의도는 없었다). 글로벌 브랜드를 대상으로 불가능한 '협박'이었고, 괜히 나의 체면만 추락할 뿐이었다. 하지만 나는 그때 나의 행동에 대해 조금도 후회한 적이 없다. 선수 매니지먼트 업무라고 하는 것은 선수를 대리하여 선수의 이익을 극대화하는 것에 다름 아니기 때문이다. 그리고 클라이언트인 선수가 조금이라도 불편해한다면, 그리고 그 불편이 대리인의 업무추진 결과에서 파생된 것이라고 한다면 대리인은 자신의 체면에 연연할 것이 아니라 선수의 불편을 해소하기 위해서 할 수 있는 일은 다 해야 한다고 생각했다.

나의 이런 '협박'이 통해서 였는지는 모르겠지만 나이키는 2010년 밴쿠버 동계올림픽을 앞두고 후원 계약과는 별도로 김연아와 광고모델계약을 체결해주었고, 이로 인해 추가적인 모델료 수입이 창

나이키의 김연아 광고. 나이키의 온라인 광고 캠페인은 김연아의 이미지를 크게 끌어올렸다.

출되었다. 이때 제작되어 방영된 김연아의 인터넷 광고는 김연아의 다른 어떤 광고보다도 멋있었고, 김연아의 이미지 제고에 큰 도움이 되었다. 역시 나이키라는 생각이 들었다.

선수와 회사 간의 '불일치'가 발생하는 시점

선수와 매니지먼트 계약을 하고 업무를 추진하다보면 선수와 에이전트 간에 의견충돌이 수시로 일어날 수 있다. 담당 매니저가 생각할 땐 정말 선수에게 필요하고 적합한 광고주, 후원사인데 선수가 계약을 하지 않겠다고 나올 때가 있다. 더군다나 특별한 이유도 없이 그냥 계약을 하지 않겠다고 하면, 담당 매니저 입장에서는 난처하고 속상하지 않을 수 없다. 아무리 훌륭한 선수라도 후원사나 광고주를 찾는 것은 쉬운 일이 아니기 때문이다. 이런 경우엔 선수의 의견을 따라야 한다. 에이전트는 선수의 대리인일 뿐 최종 의사결정은 선수가 해야 뒤탈이 없다. 다만 나중을 위해서라도 선수 측에 충분히 설명하고, 최선을 다해 노력했다는 점을 선수에게 명확하게 해둘 필요는 있다.

선수와 에이전트 간의 의견차는 언제든지 발생할 수 있는 일이다. 가족 간에도 서로 의견이 달라 충돌하는 일이 빈번히 일어나는데, 법적 관계에 있는 클라이언트와 대리인 간에는 언제든지 의견이 서로 다를 수 있기 때문이다.

하지만 심각한 의견 불일치는 돈과 관련된 수입배분에 대해 서로 의견이 달라지는 타이밍에 온다. 수십 명의 선수와 매니지먼트 계약을 체결하고 업무를 추진해온 경험상으로, 선수의 성적이 저조하고, 광고나 후원 수입이 많지 않을 때는 아무런 문제가 없다. 문제는 항상 호시절에 발생한다.

선수들이 생각할때 '많은 돈을 벌고 있다'고 생각하는 금액은 얼마일까? 선수의 상황에 따라 다르지만 경험상 나는 그 기준 금액이 연간 10억 원 선이라고 생각한다. 선수의 수입이 1억 원, 2억 원, 5억 원으로 늘어나면 선수는 매니지먼트 회사에 대해 감사한 마음이 점점 커진다. 그리고 그 능력을 신뢰하게 되고 매니지먼트 계약에 사인하기를 정말 잘 했다고 생각한다.

그런데 선수의 수입이 10억 원에 도달하면 어떻게 될까? 아이러니하게도 이때부터 선수의 회사에 대한 감사한 마음은 하강 곡선을

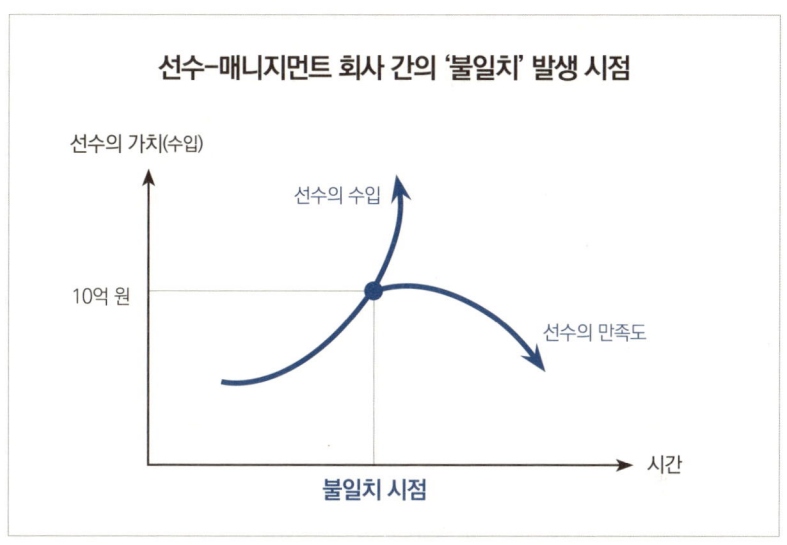

선수의 연간 수입이 약 10억원을 넘어서면 매니지먼트 서비스에 대한 선수의 만족도는 낮아지고 서로 의견 충돌이 일어나기 시작한다.

그리게 된다. 그 이유는 뭘까?

우선 선수의 광고와 후원 수입이 연간 10억 원이 된다는 것은 그 선수가 스타로 발돋움하고 있다는 의미한다. 모든 언론이 그와 인터뷰하기를 희망하고, 많은 다른 기업들이 후원에 관심을 보이며 매니지먼트사를 통하지 않고 선수 측과 직접 접촉하기 시작한다(이 경우 대부분의 선수들은 특정 기업으로부터 연락이 왔다고 사실을 말하며, 매니지먼트사로 접촉 포인트를 넘겨준다. 만약 선수가 계속해서 회사에 이 사실을 알리지 않고 개인적으로 기업들을 만나기 시작하면 문제는 정말 심각해진다). 그리고 회사와 경쟁 관계에 있는 다른 매니지먼트 회사의 매니저들이 선수와 선수 가족과 직접 접촉하기 시작한다.

선수가 이런 과정을 겪다보면, 이전까지 아무 문제가 없었던 매니지먼트 회사와의 계약에 무슨 문제가 있는 것은 아닌지 되돌아보게 된다. 그리고 회사가 잘한 일에 대한 기억보다는 그동안 선수에게 소홀하거나 실수한 일들이 점점 크게 보이기 시작한다. 그렇게 되면 선수 측은 결국 회사의 현재 수수료율이 너무 과도하다는 생각을 하게 되고 수수료 인하를 요구하게 된다.

선수는 10억 원의 수입에서 선수가 가져가는 8억 원에 주목하는 것이 아니라 회사가 가져가는 2억 원에 주목하기 시작한다. 그 이전에는 회사가 선수에게 돈을 벌어주었다고 생각했는데 이 시점부터는 선수가 회사에 돈을 벌어주고 있다고 생각하기 시작하는 것이다. 이러한 경향은 스포츠계뿐만 아니라 연예 매니지먼트 시장에서도 마찬가지 일 것이다.

나는 개인적으로 선수의 수입 10억 원이 되는 시점을 '매니지먼트 불일치'가 발생하는 시점으로 규정하고 있다. '매니지먼트 불일치'라는 용어는 순전히 내가 만들어낸 용어이고, 나는 '매니지먼트 불일치' 타이밍이 오면 선수 관리에 특별히 신경을 써야 하는 시점이 도래한 것으로 인지했다.

'매니지먼트 불일치' 타이밍이 도래했다는 것은 선수 매니지먼트 사업이 순조롭게 성공궤도로 진입하고 있음을 의미함과 동시에 선수 관리에 리스크가 매우 커졌다는 것을 의미한다. 선수가 유망 선수에서 스타선수로 성장하고 있다는 것을 의미하고, 선수의 마케팅적 가치가 크게 높아졌다는 것을 의미한다. 이 시점에서 매니지먼트 회사가 정말 주의해야 할 점은 소위 선수가 '많이 컸다'는 점을 긍정적으로 인정하고, 선수에 대한 대우를 더 격상시키는 조치를 취해야 한다는 점이다. 그렇지 않을 경우 정말 큰 문제가 발생할 수도 있다.

다행히 김연아나 김연아 부모님은 처음 IB스포츠와 매니지먼트 계약 조건을 계약이 끝날 때까지 정말 잘 이행했고 나는 이 점에 대해 지금도 매우 감사하게 생각한다. 그런 면에서 회사의 입장에서 볼 때 김연아는 정말 신뢰할 수 있는 좋은 클라이언트 였다. 위에서 나는 '매니지먼트 불일치' 타이밍을 선수 수입이 10억 원이 되는 시점으로 규정했지만, 김연아의 경우 수입이 100억 원이 넘는 시점에도 김연아와 회사의 매니지먼트 계약 조건은 흔들림 없이 잘 유지되었다.

헤어짐을 대비하라

김연아와의 결별(訣別)

2010년 4월 24일은 김연아와의 매니지먼트 계약이 종료되는 날이었다. IB스포츠는 김연아와의 매니지먼트 계약 연장을 강력하게 원했다. 앞서 얘기한 '제로 포인트 수수료' 계약 조건에서라도 회사는 김연아를 잡아야 했다. 김연아와의 연장계약 실패는 내가 속해있는 회사의 김연아팀의 존재의미가 없어짐을 의미하는 것이었다. 하지만 방향키는 점점 우리가 원하지 않는 방향으로 잡혀갔다.

올림픽 이전부터 회사와 김연아와의 결별설이 꾸준히 흘러나왔고, 김연아팀의 부사장이 독립하여 회사를 차릴 것이라는 기사가 보도되었다.

김연아와의 매니지먼트 계약 종료일 30일전에 법원으로부터 한 통의 내용증명이 도착했다. 김연아측 변호사가 2010년 4월 24일에 매니지먼트 계약이 종료되면 이후엔 IB스포츠와 계약을 연장하지 않을 것이라는 내용을 통보한 것이었다. 회사는 이 내용증명으로 충격에 휩싸였고 나를 포함한 김연아팀 인력은 크게 동요했다. 회사에 남을 것이냐? 아니면 새로운 매니지먼트 회사로 이직하느냐 하는 문제를 놓고 깊은 고민에 휩싸였다.

최종 결정을 하기 전에 김연아 아버지와 식사자리가 있었다. 김연아 아버지는 새롭게 출발하는 김연아 매니지먼트 회사에 합류해서 도와달라고 요청했다. 새로운 매니지먼트 회사에 합류하기로 이미 결정한 직원들도 있었다.

결국 나는 합류하지 않기로 결정했다. 아니 합류할 수가 없었다. IB스포츠를 창업하고 함께 일하자고 제의한 회사 대표와의 관계나 의리(義理)를 저버릴 수 없었다. 김연아와 함께 만 3년 간 일하는 동안 힘든 일도 많았지만 무척 보람되고 행복한 시간들이었다. 김연아를 만난 것은 나에게 큰 행운이었고 김연아와 김연아 부모님과는 아무런 문제없이 좋은 관계를 유지해왔다. 하지만 이직(移職)에 대해서는 내 양심이 허락하지 않았다. 김연아와의 인연은 여기까지 인가보다 하고 마음을 정리했다.

4월 24일이 지나고 김연아는 회사를 떠났고, 나는 김연아 없는 김연아팀의 본부장이 되었다. 할 일이 없었다. 김연아 후원사와 광고주의 영입과 관리, 미디어 홍보, 아이스쇼 기획운영 등 김연아가 있어 진행해왔던 일들이 한순간에 사라짐으로써 할 일이 모두 없어진 것이다. 더 큰 문제는 회사와 김연아가 법적 소송을 벌이게 되었다는 점이다. 나는 이 소송에서 회사를 대신하여 김연아와 맞서야 하는 상황에 빠졌다. 괴롭고 힘든 시간이었다.

김연아 팬들의 항의 전화가 빗발쳤다. 소송의 배경이나 내용에 상관없이 국민영웅이고 IB스포츠의 성장과 발전에 크게 도움을 준 김연아를 상대로 IB스포츠가 소송을 한다는 행위 자체를 팬들은 용납할 수 없었던 것이다. 김연아 팬들은 회사를 부도덕하다고 비난했고, 회사가 진행하는 다른 모든 사업과 관련한 언론 기사에 악성 댓글을 집요하게 달았다. 댓글 내용만으로 보면 IB스포츠는 이 세상에 존재하면 안 되는 '악의 집단'에 가까웠다.

매니지먼트 계약 작성 시 명확하게 해야 할 점

김연아는 3년간의 매니지먼트 계약 기간 동안 계약서 내용을 단 한 번도 위반하지 않았다. 선수의 수입이 크게 늘어나면 선수 부모의 입장에서는 계약 조건을 바꾸어서라도 회사의 수입 배분금을 낮춰달라는 요청을 하곤 한다. 하지만 김연아 부모님은 김연아의 연수입이 100억 원을 넘어섰지만 회사의 수수료율을 낮춰달라는 요구를 하지 않았다. 즉 김연아는 회사 입장에서 좋은 고객이었고, 김연아 부모님은 소위 양반이었다. 매니지먼트 계약이 중도 파기된 것도 아니고, 어느 일방이 계약서 조항을 위반한 것도 아니었다. 김연아는 3년간의 계약 기간이 끝난 후 IB스포츠와 연장계약을 하지 않았을 뿐이다. 계약을 연장할 것인지 아니면 종료할 것인지는 선수의 선택이며, 선수의 권리이다.

문제는 매니지먼트 계약이 종료된 이후에 수입배분을 어떻게 할 것인가 하는 계약서 조항이 불분명했다는데 있었다. 김연아와의 매니지먼트 계약은 2010년 4월 24일 종료되었다. 하지만 김연아 후원사와 광고주와의 계약 기간은 매니지먼트 계약 이후까지 걸쳐있는 것이 많았고, 이로 인해 매니지먼트 계약은 끝이 났지만 김연아의 후원 및 광고 수입은 계속 IB스포츠 회사 계좌로 입금이 되고 있었다.

사실 3년 전에 회사와 김연아 간의 매니지먼트 계약을 체결할 시점에, 3년 후 계약이 종료되고 매니지먼트 계약이 연장되지 않을 경우를 상정하여, 그 경우에는 수입배분을 어떻게 할 것인가 하는 구체적인 내용을 계약서에 반영하기는 쉽지가 않았다. 3년 후에도 당연이 연장 계약이 될 것이라고 생각했을 것이고, 연장 계약이 안되었을 경우를 미리 생각한다는 것 자체가 서로에 대한 불신을 의미하는 불편한 내용이라 명문화하기 어려웠다.

남녀가 결혼을 하고, 혼인신고를 하면서 동시에 이혼했을 경우엔 재산분배를 어떻게 한다는 조건을 명문화하는 것과 같은 상황이 아닐까 싶다.

하지만 매니지먼트 계약을 하고 업무를 추진하다보면 예상치 않은 불편한 상황은 의외로 자주 발생한다. 특히 의뢰인(선수)이 스타 선수로 성장하면, 처음 계약할 당시의 선수의 상황과 상품가치가 크게 달라져 계약금, 수입배분율 등에 이견차가 발생한다. 연예 매니지먼트의 경우엔 이러한 상황이 더 자주 발생했고, 소송도 더 많이 제기되었다. 유망한 신인 가수가 데뷔를 하고, 인기가 높아져 스타가 되고, 급기야 슈퍼 스타가 되면 소위 말하는 '갑'과 '을'이 바뀌게 된다.

운동 선수가 슈퍼 스타로 성장하는데 가장 중요한 것은 선수 본인의 뛰어난 운동능력이다. 그리고 매니지먼트 회사는 선수가 운동에만 집중할 수 있게 지원을 해주는 존재이다. 물론 연예 매니지먼트도 업의 본질은 비슷하지만, 연예 매니지먼트 기획사의 역할이 스포츠 매니지먼트 회사보다는 훨씬 더 크고 중요하게 작용한다. 운동선수가 성장하는 데는 선수의 능력이 더 중요하고, 유망 가수가 스타가 되는 데는 연예 기획사의 역할이 더 중요할 수 있다는 얘기다.

이러한 이유 때문에 수입배분율도 연예 매니지먼트 회사가 스포츠 매니지먼트 회사보다 더 높다. 역할이 더 크고 많기 때문이다. 연예 기획사가 신인 가수를 발굴해서 스타로 키우는 과정에 있어서 기획사의 역할은 절대적이다. 신인 가수의 재능은 기본이고, 이에 기획사의 기획력과 자금력, 홍보, 마케팅 그리고 양성 시스템이 매우 중요하다. 기존에 이 업계를 장악하고 있는 판도에 따라 시장이 좌지우지 되기도 한다.

즉 연예매니지먼트는 양성 시스템에 의해 슈퍼 스타를 양성해낼 수 있는 가능성이 높지만, 스포츠계는 스포츠 매니지먼트 회사가 체계적으로 신인선수를 발굴해서 스타 선수로 육성하는 것이 사실상 불가능하다.

4대 연예기획사인 SM엔터테인먼트, JYP 엔터테인먼트, YG엔터테인먼트, HYBE는 시대와 상황이 요구하는 스타를 지속적으로 데뷔시켜왔다.

YG엔터테인먼트는 1997년 지누션과 젝스키스를 데뷔시킨 후

빅뱅, 2NE1, PSY, 에픽하이, 악동뮤지션, 블랙핑크와 같은 슈퍼 스타들이 회사의 성장을 주도했다. SM엔터테인먼트는 H.O.T., 보아, 동방신기, 엑소, NCT를, 그리고 JYP엔터테인먼트는 GOD, 비, 원더걸스, 2PM, 미쓰에이, 트와이스와 같은 기라성 같은 스타들을 배출해냈다.

뒤늦게 출발한 HYBE는 K-POP의 위상을 완전히 글로벌 스탠다드 위에 안착시켜 놓은 BTS를 보유하고 있다. 이들 메이저 연예 기획사들 역시 아티스트들과의 매니지먼트 계약이 종료시점이 다가오면 연장계약을 어떻게 할 것이냐 하는 문제로 심한 홍역을 앓기 마련이다.

동방신기의 일부 멤버는 SM과 법적 소송을 벌이며 회사를 떠났고, JYP의 박진영 대표는 가수 비(정지훈)와의 5년간 매니지먼트 계약이 종료된 후 연장 계약에 실패했다. 서로가 좋은 '형-동생' 관계를 유지하기로 했다고 언론에 발표했으나 JYP와 박진영 대표에게는 큰 충격과 아픔이었을 것이다. YG엔터테인먼트의 2NE1 멤버인 산다라 박, 그리고 빅뱅 멤버인 탑도 YG를 떠났다.

문제는 어떻게 해어지느냐 하는 것이다. 가수 비와 JYP의 박진영의 결별은 아름다운 결말에 가깝다. 가슴 아픈 사연이야 서로가 감내해야 할 부분이지만 대외적으로 그리고 공식적으로는 서로가 축복을 빌어주는 이별이었다.

회사와 김연아와의 결별에도 사실 큰 문제는 없었다. 3년간의 매니지먼트 계약 기간 동안 서로가 행복했고, 계약이 종료된 시점에 연장 계약이 안 되었을 뿐이었다. 다만 앞서 언급했지만 매니지먼트 계약 종료 시점과 그 이후의 수입배분에 관한 계약 조항이 명확하지 않아서 법적 분쟁이 발생한 것이었다.

나는 이 소송에서 회사를 대리하여 법원에 출석하여 증언을 해야 했다. 김연아 매니지먼트 사업의 시작부터 끝까지의 전 과정을 나 보다 더 잘 아는 사람이 없었기 때문이었다. 참으로 괴로운 일이었다. 어제까지 그를 대리하여 그를 위해 일 해온 사람이, 오늘 그와 반대편에 서서 법정에서 다툼을 벌인다는 것은 마음에 큰 상처를 남기는 일이다.

그러나 소송의 본질은 명확했고 그 해법은 단순한 것이었다. 매니지먼트 계약은 종료했지만, 후원사와 광고주 계약은 계속 기간이 남아있었기에 수입금은 계속 회사로 입금되고 있었다. 이 경우에 수입금 배분을 어떻게 해야하는 것이 계약서에 명시되어 있지 않았기 때문에 법적인 판단이 필요했고, 그것을 위해 소송이 진행되었다.

법원에서 누구에게 좀 더 이득을 주는 판결을 할지는 모를 일이지만, 중재자인 법원이 판결을 신속하게 내려주면 서로가 그것을 따르면 될 일이었다. 법원의 1차 판결에 대해 항소를 하기엔 서로가 부담이 컸으므로 1차 판결이 어떻게 나오는지가 제일 중요했고, 그것이 사실상 이 사건의 종결이 될 것으로 예상했다.

지금 이 책에서 법원의 판결문 내용까지 소개하기는 어렵지만, 결과적으로 판결은 신속하게 떨어졌고, 회사와 김연아 측은 서로 판결을 따르기로 했다. 판결에 따라 서로가 주고 받아야 할 비용과 수입금을 정산함으로써 소송은 종결되었다.

회자정리(會者定離)

2010년 4월, 김연아가 회사를 떠남으로써 김연아팀은 존재 이유가 없어졌다. 지금은 담담하게 회상하지만 나는 그 해 4월 이후 6개월간 거의 매일 술을 마시며 하루하루를 보냈다. IB스포츠의 창업 대표이사는 김연아 이탈에 대한 책임을 지고 회사를 떠나야 했고 새로운 대표이사가 부임했다. 나는 회사와의 의리를 생각해서 새로운 김연아 매니지먼트 회사로 이직을 하지 않았음에도 신임 대표이사가 나를 바라보는 눈빛은 싸늘했다.

회사의 다른 팀이 김연아팀을 바라보는 눈빛도 곱지 않았다. "김연아팀에 김연아가 없는데 뭣하러 출근하냐?"고 힐책하는 것처럼 느껴졌다. 매일 매일이 괴로웠고 무엇을 해야할지 방향이 잡히지 않았다. 봄에서 여름에 이르는 시간 내내 술로 고민을 잊으려 했고, 사직서를 책상 서랍장에 써 놓고 언제 회사를 그만둘까 타이밍을 보고 있었다.

가끔씩은 회사가 원망스러울 때도 있었다. 지난 3년간 김연아팀이 이루어온 크나큰 성과를 너무 무시하는 것이 아닌가 싶었고, 회사가 김연아와의 매니지먼트 연장 계약을 체결하지 못한 책임이 전적으로 나한테 있는 것도 아니었다.

그러던 어느날 문득 김연아 이외에 남아있는 선수들이 하나 둘씩 눈에 들어오기 시작했다. 리듬체조의 손연재와 남자 피겨의 차준환이었다. 그때 손연재의 나이 열일곱이었고, 차준환이 열 살이었다. 당시 한국 리듬체조계는 신수지 선수가 대세로 자리잡고 있었고, 한국 피겨계의 차준환의 위치는 주목받기엔 너무 어린 나이었다.

언제 이들이 성장하여 아시안게임이나 올림픽에서 메달을 따겠는가? 라고 생각하면 까마득하기만 했다. 그리고 나 역시도 김연아의 대성공에 힘입어 고속승진으로 어깨에 힘이 가득 들어가 있던 시절이라, 다시 헝그리 정신으로 돌아가서 힘들고 고된 일을 잘 할 수 있을지 자신이 없었다.

회사와 손연재가 매니지먼트 계약을 체결한 시점은 김연아와의 계약 기간이 절반이 지나고 절반이 남아있는 시점인 2008년 하반기 무렵이었다. 김연아가 회사를 떠날 것에 대비한 선수였다면 참으로 치밀한 전략으로 평가할 수도 있겠지만, 김연아가 회사를 떠날 줄은 상상도 못했고 손연재와의 만남은 우연하게 이루어졌다.

리스크를 관리하라

유능한 에이전트를 파격적으로 대우해줘야 하는 이유

에이전트는 어떻게 능력을 인정받는가? 유능한 에이전트의 판정기준은 그가 하는 일의 성취도에 달려있다. 에이전트가 하는 일은 크게 두 가지 영역이다.

한 가지 큰 영역은 선수 일정 관리 업무이고, 다른 한 가지 큰 업무영역은 선수에 대한 마케팅 업무이다. 쉽게 말하면 에이전트는 로드 매니저(Road manager) 역할과 마케팅 매니저(Marketing manager) 역할을 동시에 잘 수행해야 유능하다고 인정받을 수 있다.

로드 매니저의 역할은 선수의 대회 출전 일정을 수립하고 이에 맞춰 훈련과 여행, 숙식, 이동 등의 일정을 잡고 선수와 동행하면서 선수는 훈련과 대회에만 집중하게 하고 나머지 모든 업무를 알아서 처리하는 것이다.

마케팅 매니저의 역할은 선수의 성장단계에 맞게 브랜드 전략을 짜고, 이에 맞춰 미디어 홍보, 스폰서십 유치, 광고주 영입, 선수참여 이벤트의 개발 등 선수의 수입을 극대화 하는 것이 핵심이다.

한마디로 에이전트는 자신의 업무 시간의 대부분을 선수와 선수 가족과 함께 보낸다. 심지어는 24시간을 선수와 함께 동고동락 하는 경우도 많고, 해외에 장기 체류를 해야 하는 경우에는 1년 내내 선수와 가족처럼 지내게 된다.

이런 과정에서 선수와 에이전트 간에는 특수한 관계가 형성된다. 선수와 에이전트의 관계가 정말 친밀해지면 에이전트는 소속된 회사의 이익보다는 선수의 이익이 더 강화되는 방향으로 업무를 처리하게 되는 경우도 많다. 그리고 선수는 에이전트 회사의 대표보다는 직원인 담당 에이전트를 더 신뢰하게 된다. 선수와 관련된 스킨십과 커뮤니케이션을 에이전트가 독점적으로 수행하기 때문에 이런 상황이 발생하게 되는 것이다.

그렇다면 회사의 입장에서보면 이런 '괘씸한' 에이전트를 다른 직원으로 교체해야 할까? 가능할 수도 있지만 사실상 불가능하다. 선수가 원하지 않을 것이기 때문이다. 선수 매니지먼트나 에이전트 업무는 일상적인 회사의 업무(기획, 홍보, 마케팅, 영업, 관리 등)보다 훨씬 어렵다. 수치로 표현하기 쉽지 않지만 개인적으로 일상적인 회사 업무보다 2배 이상 어렵다고 말하고 싶다. 관리해야 할 대상이 선수이고 선수의 마음에 흡족하게 일처리를 잘하는 에이전트는 정말 10%도 되지 않을 것이다.

마케팅 매니저로서 능력을 인정받는다는 것은 선수의 이미지와 인기도에 맞는 후원사를 잘 유치하고, 유력 브랜드의 CF 광고모델 계약을 따내고, 지속적으로 선수의 인지도를 제고하고 좋은 이미지가 유지될 수 있도록 미디어 전략을 잘 수행한다는 것을 의미한다. 선수 마케팅을 통해 연결되는 좋은 브랜드 기업들과 협업을 하고, 그들 기업과 계약관계를 맺는다는 것은 회사의 큰 자산이다.

나는 선수 매니지먼트 업무는 '스포츠 마케팅의 꽃'이라고 생각한다. 유망 선수를 발굴해서 그 유망 선수가 청소년 국가대표, 성인 국가대표 선수로 성장하는 과정을 함께하고, 그가 아시안게임과 올림픽 무대에서 메달을 획득하는 어렵고 감동적인 삶의 단계를 함께한다는 것은, 개인적으로 매우 보람된 일일 뿐만 아니라 그에 따르는 영광을 함께 나누는 것도 참으로 행복한 일이다.

회사 소속의 에이전트가 선수 매니지먼트 업무를 잘 수행하여 이런 대단한 성공을 이루어 냈다고 하면 회사는 그 에이전트를 회사의 중요한 자산으로 판단하고 이 자산을 어떻게 지켜야 할지에 대해 고민해야 한다.

만약 에이전트가 회사와의 '불일치'를 심하게 느끼고 있다면, 회사는 그 불일치를 해소하기 위한 조치를 취해야 한다. 불일치를 해소하는 가장 좋은 방법은 에이전트를 승진시키고, 연봉을 인상하고, 인센티브 지급조항을 강화하는 것이다. 에이전트의 입장에서 자신이 관리하고 있는 선수로 인해 발생하는 수입에 비해 자신의 연봉이 턱없이 적다고 느낀다면 회사를 위해 충성심을 가지고 최선을 다해 일하기 어렵다. 그리고 경쟁사로부터 더 좋은 근무조건을 제시받을 경우에는 흔들릴 수밖에 없고, 심지어는 선수와 함께 새로운 회사를 설립하여 독립하는 꿈을 꿀 수도 있다.

올림픽을 불과 한 달 앞두고 김연아가 올림픽 이후 은퇴할 것이라는 언론보도의 후폭풍과 김연아가 올림픽 후 IB스포츠와 매니지먼트 계약을 연장하지 않고 새로운 회사를 차릴 것이라는 국내 유력 일간지의 보도 충격은 IB스포츠의 주가 폭락을 야기했다. 그리고 나 역시 많은 사람들로부터 기사의 진위여부와 나의 개인적인 향후 거취문제에 대해 집요하게 질문을 받아야만 했다. 그리고 회사 역시 김연아팀을 의심스러운 눈치로 바라보기 시작했다.

나는 이러한 시점에서 회사가 김연아팀에 대해 신속한 조치를 취했어야 했다고 생각한다. 하지만 당시 회사는 특별한 조치를 취하지 않음으로써 올림픽 이후에 커다란 위기에 봉착하게 된다. 회사가 취했어야 할 신속한 조치는 사실여부를 확인하는 것이고, 두 번째로는 김연아팀이 흔들리지 않도록 문제를 찾아 해결하고 확실한 보상을 제시함으로써 앞서 언급한 에이전트와 회사간의 '불일치'를 해소하는 일이다.

올림픽 금 양학선의 꼬여버린 광고 계약

내가 기계체조 선수 양학선과 매니지먼트 계약을 체결해야겠다고 마음을 먹은 시기는 2011년 10월 도쿄에서 열렸던 기계체조 세계 선수권 대회에서 양학선이 도마 종목에서 금메달을 획득한 직후였다. 세계 선수권 대회에서 양학선은 공중에서 3바퀴(1080도)를 회전하는 최고 난도(難度) 7.4점짜리 'Yang Hak Seon' 기술을 선보이며 상대 선수를 압도했다. 선수 실명(實名) 기술을 등재시키고 성

2012년 런던 올림픽에서 도마 종목 금메달 획득 후 사무실에서 양학선과 함께.

공시킨 선수는 체조 레전드 여홍철에 이어 양학선이 한국선수로는 두 번째였다.

난도 7.4 기술의 위력은 대단했다. 1천분의 1점(0.001)의 차이로 메달 색깔이 바뀌는 기계체조 종목에서 경쟁 선수들의 최고 난도 기술이 6.8점에서 7.0점에 머물렀기에 기술 하나로 0.4점 이상을 앞설 수 있는 필살기를 보유하고 있다는 것은 압도적 경쟁우위에 서는 것이며, 마케팅적으로도 확실하게 차별화할 수 있는 포인트가 있다는 것을 의미했다.

2012년 런던 올림픽 이전에 이미 양학선은 도마 종목에서 세계 최정상에 오른 선수였고 런던 올림픽에서도 도마 금메달이 유력한 선수였다. 체력적으로 그리고 기술적으로 이미 99.9% 완성된 선수였다.

나는 양학선과 매니지먼트 계약을 체결하면서 양학선에게 부족한 0.1%에 집중했다. 2010년 밴쿠버 동계 올림픽에서 스피드스케이팅 500미터 종목의 세계 최강자였던 이강석 선수 역시 기술적으로 그리고 체력적으로 세계 최고였지만 메달 획득에 실패한 쓰라린 경험을 되살렸다.

양학선에게 있어서 0.1%의 변수는 멘탈이라고 생각했다. 양학선이 심리적으로만 흔들리지 않는다면 도마 종목에서의 메달은 거의 확실하다고 생각했다. 그래서 골프 여제 박인비 선수와 유소연 선수의 멘탈 트레이너였고, 손연재 전담팀의 멘탈 코치를 담당했던 조수경 박사를 찾아가 양학선의 멘탈 코칭을 부탁했다.

결과는 대성공이었고 양학선은 올림픽에서 한국체조 사상 최초로 금메달을 획득하는 쾌거를 만들어냈다. 양학선은 2012년 8월 6일(한국시간) 런던 노스 그리니치 아레나에서 열린 런던 올림픽 남자 기계체조 도마 결승에서 1·2차시기 평균 16.533점을 획득, 금메달을 목에 걸었다.

양학선의 금메달은 한국 체조 역사상 52년 만에 획득한 올림픽에서의 첫 금메달이었다.

금메달 획득의 강력한 무기는 공중에서 1080도를 비틀어 돌아내리는 '양학선' 기술! 경쟁 선수들을 압도하기에 충분한 위력적인 기술이었다.

1960년 로마 올림픽에 처음으로 선수를 파견한 한국 체조가 첫 금메달을 품에 안기까지 50년 이상의 긴 시간이 걸렸다. 그동안 한국은 1972년 뮌헨올림픽, 1976년 몬트리올올림픽, 1980년 모스크바올림픽을 제외한 모든 대회에 체조 대표팀을 출전시켰으나 금메달 꿈은 이루지 못했다.

한국 체조가 처음으로 올림픽 메달을 획득한 것은 1988년 서울 올림픽이었다. 서울 올림픽에서 남자 도마에 출전한 박종훈이 동메달을 따냈다. 1992년 바르셀로나 올림픽에서는 유옥열이 금메달에 도전했지만 결국 실패하고 동메달에 그쳤다.

1996년 애틀랜타 올림픽에서는 체조 레젠드 여홍철이 '여1'과 '여2' 기술로 무장하고 금메달에 도전했지만 착지에서 실수를 범해 결국 은메달에 그쳐야 했다.

2000년 시드니 올림픽에서는 이주형이 평행봉과 철봉에서 금메달을 노렸지만 실패했고, 2004년 아테네 올림픽에서는 김대은, 양태영이 금메달 사냥에 나섰지만 은메달, 동메달로 만족해야 했다. 2008년 베이징 올림픽에서도 금메달의 꿈은 이루어지지 않았다.

런던 올림픽 체조 도마 예선을 2위로 통과한 양학선은 결선 1차 시기에서 필살기 '양학선'으로 승부를 걸었다. 착지가 흔들렸지만 기술 난도 점수가 7.4점으로 가장 높은 '양학선' 기술을 시도했기에 1차시기 점수가 가장 높았다. 2차 시기에서 기술 난도 점수 7.0점인 '쓰카하라 트리플'을 완벽하게 해내면서 마침내 양학선이 한국체조의 한을 풀어냈다.

양학선의 금메달 소식은 대한민국 전체를 열광의 도가니로 몰아넣었다. 금메달 획득 후 양학선 어머니의 그 유명한 "학선아, 너구리 끓여주랴?" 한마디는 너구리를 제조, 판매하는 식품회사로 하여금 트럭 가득 너구리를 실어서 양학선의 집으로 배달하게 만들었고

(이에 대해 팬들은 얄팍한 상술로 제품 홍보를 하려고 한다고 질타했고, 이 식품회사는 해명하느라 진땀을 흘렸다), 한 건설사는 비닐하우스 집에서 힘들게 살아온 양학선의 가족을 위해 집을 지어주겠다는 발표를 했다.

물론 광고계의 러브콜도 함께 쏟아졌다. 이때 나는 런던 현지에서 삼성전자와 현대차로부터 광고모델 계약 제안을 받고 협상을 진행했다. 당시 삼성전자 모바일 폰의 브랜드는 애니콜(Anycall)이었는데, 나는 삼성전자의 광고대행사 담당자와 양학선의 광고모델 계약조건과 CF 촬영일정 등에 합의를 마쳤다. 그리고 이와 관련한 보도자료 내용까지도 서로 확인을 마쳤다.

애니콜 광고 모델은 당시 한국에서 TOP 모델 중에서도 최고 TOP만이 할 수 있었다. 한마디로 애니콜 광고모델이 된다는 것은 연예계, 스포츠계를 통 털어 대한민국 최고 스타가 되었다는 것을 의미했다. 2009년에 김연아와 삼성전자와의 광고모델 계약 이후 3년만에 내가 매니지먼트 하는 선수가 다시 삼성전자 최고 브랜드의 광고모델이 된다고 생각하니 감개가 무량했다. 그동안 고생하고 노력해 온 것에 보답을 받는 것이라 생각했다.

그런데 얘기치 않은 사건이 터졌다. '양학선의 애니콜 광고모델 발탁' 제목의 보도자료를 언론에 배포하기 하루 전에 발생했다. 광고회사 담당자는 매우 흥분된 목소리로 그리고 매우 불쾌한 투로 긴급하게 전화를 걸어왔다.

"당신들 이딴 식으로 일할거면 다시는 우리하고는 아무 일도 못할 줄 알아! 우리하고 광고모델 계약 조건 협상을 끝내놓고 양학선을 경쟁사로 빼돌려?"

나는 도대체 무슨 말을 하는지 한동안 이해할 수가 없었으나, 잠시 후 광고회사 담당자가 나에게 보내 준 양학선 관련 언론 기사를 읽고 사태를 짐작할 수 있었다.

언론 기사의 제목은 〈LG그룹 양학선 선수에 5억 후원!〉 그리고 기사의 내용은 다음과 같았다.

"LG그룹은 런던 올림픽 체조 종목에서 금메달을 딴 양학선 선수에게 격려금 5억 원을 전달하기로 했다. LG그룹은 8월 9일 어려운 환경을 이겨내고 세계 최고의 자리에 올라 청소년에게 귀감이 되고, 효심도 지극한 모습에 감동을 받아 지원을 결정했다."

도대체 이게 어떻게 된 일인가? 나는 어안이 벙벙했다. 양학선의 매니지먼트사의 담당 본부장도 모르는 일이 어떻게 발생한 걸까? 나는 양학선에게 바로 전화를 걸었다. 양학선 역시 아무런 내용을 모르고 있었다. 이어서 나는 LG전자의 손연재 담당 팀장에게 전화를 걸었다. 혹시 LG그룹에서 배포한 보도자료와 기사 내용을 알고 있는지 물었다.

LG전자의 손연재 담당 팀장의 해석은 이랬다. 그룹 회장님의 결정일 뿐, 양학선을 LG전자의 광고모델로 사용하거나 양 선수 후원을 통해 홍보, 광고 효과를 얻기 위한 의도가 아니라는 것. 그냥 보도자료 내용 그대로 그룹 회장님이 양학선의 금메달 획득과 그의 노력에 감동을 받아 순수한 마음으로 조건없이 전달하는 격려금이라는 것이다.

　LG그룹 회장님의 조건없는 격려금 전달로 양학선의 삼성전자 애니콜 광고모델 계약은 발표 하루 전날 수포로 돌아갔다! LG그룹의 의도는 순수했고 본받을만한 것이었지만, 양학선과 삼성전자의 광고모델 계약을 통해 올림픽의 열기를 마케팅으로 이어가려고 했던 나의 의도는 좌초되고 말았다. 화를 낼 수도 없고, 슬퍼할 수도 없고, 그렇다고 좋아할 수도 없는 일이 발생한 것이다. 나중에 광고회사 담당자와 다시 통화를 했고, 나와 양학선 선수가 이 사건과 관련하여 아무런 잘못을 하지 않았다는 것을 설명했고, 그 역시 나의 결백에 대해 인정을 해줌으로써 이 사건은 마무리 되었다.

　런던 올림픽이 끝난 후 LG그룹에서 전화가 왔다. 그룹 회장님의 5억 원 격려금 전달 방법에 대해 나와 상의하고 싶다고 했다. 내가 찾아간 LG그룹 사무실은 마케팅부서나 홍보부서가 아니었다. 정확한 부서명은 기억나지 않지만 그룹의 비서실과 같은 기능을 하는 곳이었던 것 같다. 양학선 선수와 회사의 매니지먼트 계약에 따르면 모든 선수의 수입은 합의한 배분율에 따라 선수와 회사가 배분하게 되어있다.

　하지만 나는 "광고모델 출연이나, 제품 홍보행사 참석 등 상업적인 활동의 댓가로 지급받는 모델료나 후원금 성격이 아니고, 조건 없이 지급받는 기부금, 훈련지원금, 격려금 등은 매니지먼트사와 수입을 배분하지 않고 전액 선수에게 지급한다"는 수입배분 조항을 LG그룹에 설명하고, 5억원 격려금 전액을 LG그룹이 직접 양학선 선수에게 지급하면 된다는 점을 알려주었다.

이후 나는 현대자동차와 양학선과의 광고모델 계약을 매우 힘들게 성사시켰다. 그리고 그것은 양학선의 매니지먼트 업무와 관련한 나의 마지막 일이 되었다. 양학선 삼촌이 스포츠 마케팅 회사를 차려서 양학선를 직접 매니지먼트 하겠다고 사무실로 찾아왔기 때문이다. 좀 어처구니없는 일이었지만 나는 과감하게 양학선 일을 더 이상 하지 않는 것이 좋겠다는 의견을 회사에 전달했고, 회사는 내 의견을 존중해 주었다. 이후부터 양학선 삼촌이 양학선 매니지먼트 업무를 맡았는데, 이때부터 양학선은 부상과 슬럼프에 빠졌고 더 이상 좋은 성적을 내지 못했다. 너무나 안타까웠다.

패밀리 비즈니스의 한계

운동선수든 연예인이든 무명에서 스타로 성장하면 소위 "내가 키웠다"고 주장하는 사람들이 하나 둘씩 나타나기 마련이다. 내가 선수를 키웠다고 주장하는 사람들이 많이 나타날수록 매니지먼트 하기 어려운 선수다. 그가 초·중·고등 학생 때 운동을 가르친 코치나 선생님일 수도 있고 가족 중에 한 명일 수도 있겠지만, 매니지먼트 회사의 역할과 존재를 부정하기 시작하면 매니지먼트 회사는 더 이상 그 선수를 관리하기 힘들어진다.

선수가 스타로 성장하는 과정에서 선수 가족이 직접 선수를 관리하는 회사를 설립하는 가장 큰 이유 중에 하나는 '돈 문제' 때문이다. 선수의 몸값이 점점 상승하고 선수가 벌어들이는 수입 규모가 커지면, 덩달아 매니지먼트 회사에 지불하는 수수료 비용이 커

보이고 아깝게 느껴지기 때문이다.

선수나 연예인의 연간 CF나 후원 수입이 10억 원 이하일 때는 대수롭지 않게 생각되던 것이 연간 수입이 20억, 30억 원에서 50억 원으로 늘어나면 소속사에 지불해야 할 수수료가 20%라고 할 때 10억 원이 된다. 그 10억 원으로 소속사는 사무실을 운영하고 직원을 채용하고 영업비를 지출해서 선수에 대한 마케팅과 홍보, 관리 업무를 하는 것인데, 선수 부모의 입장에서는 그 돈이 마냥 아까운 비용으로만 생각하는 것이다.

선수 가족이나 부모가 매니지먼트 회사를 직접 차리는 두 번째 이유는 매니지먼트 회사의 전문성을 인정하지 못 하기 때문이다. 선수의 육성 측면에서 볼 때 선수를 가장 잘 아는 사람은 선수 부모이다. 선수 부모는 자기 자식이 엄마의 뱃속에서부터 아기시절을 거치고, 유아, 청소년기를 지나 성장하는 과정에서 가장 가까이에서 함께 했던 사람들이다. 자신의 아이가 어떻게 운동을 처음 시작했고, 무엇이 강점이고 무엇이 약점인지, 그리고 어떻게 훈련하는 것이 효율적인지 가장 잘 아는 사람들이다.

그래서 선수 육성 측면에서 볼 때 매니지먼트 회사는 선수에 대해 아무것도 모르는 아마추어에 불과하다고 생각할 수 있는 것이다.

선수의 매니지먼트사가 선수 부모보다 앞서고 보다 전문적일 수 있는 영역은 선수의 홍보, 마케팅 영역이다. 그런데 이 전문 영역에서마저 선수 부모나 가족으로부터 인정을 받지 못하면 매니지먼트 회사가 설 자리는 없어진다. 마케팅이나 홍보 측면에서 비전문가인 선수 부모나 가족이 소위 전문가 집단이라고하는 매니지먼트 회사를 무시하는 이유는 이미 슈퍼 스타의 반열에 오른 선수이기 때문에 회사가 마케팅이나 홍보를 하지 않아도 저절로 홍보와 마케팅이 되는 상황으로 인식하기 때문이다.

많은 언론사가 선수나 선수 부모에게 직접 연락하여 인터뷰 일정을 잡게 되면 선수 부모는 홍보업무를 본인이 하고 있다고 생각할 것이고, 여러 기업이나 광고회사로부터 CF 문의 전화가 선수 부모에게 몰릴 경우, 선수 부모는 선수의 광고유치나 후원사 유치를 본인이 하고 있다고 착각에 빠지게 된다. 이런 상황에 직면하면 선수 부모는 '능력없는 매니지먼트 회사에 대행 수수료를 지급하느니 차라리 본인이 직접 회사를 차리고 운영하는 것이 더 낫겠다'고 생각하고 홀로서기를 시도하게 되는 것이다.

선수 부모가 직접 회사를 차린다고 해서 잘못된 것은 없다. 기존 매니지먼트 회사보다 경영을 더 잘하지 못할 이유도 없다. 하지만 양학선의 경우를 보면 아쉬운 점이 많다. 2012년 런던 올림픽을 기점으로 양학선의 선수로서의 퍼포먼스는 지속적인 하향 곡선을 그렸고, 이에 맞춰 마케팅 측면에서의 수입도 점점 줄어들었다.

아킬레스건 부상으로 2016년 리우 올림픽에 출전하지 못했고, 2021년에 열린 도쿄 올림픽에서는 결선진출에 실패했다. 그런데, 만약 양학선이 전문적인 스포츠 매니지먼트 회사의 관리를 계속 받았으면 어땠을까?

앞서 삼성전자 애니콜의 광고모델 추진 이야기와 LG그룹의 격려금 전달 얘기를 했지만, 양학선의 경우 52년만에 한국 체조사상 최초의 올림픽 금메달 획득이라는 기념비적인 성과와 함께, LG 회장님이 양학선을 지목하며 "젊은 친구가 어려운 형편 속에서도 부모에게 효도하고 자기만의 기술로 세계 1등을 했다. LG도 양학선의 도전정신을 본받아야 한다"고 할 정도로 양학선은 좋은 이미지와 감동적인 스토리를 보유하고 있었다.

하지만 양학선의 패밀리 비즈니스 회사는 양학선이 보유하고 있는 선수로서의 자산과 자연인으로서 갖고 있는 감동적인 스토리 자산을 잘 관리하고 성장시켜나가지 못했다. 이점은 10년이 더 지난 지금에도 두고두고 아쉬운 대목이다.

제3장

구름이 걷히면
또 다른 별이 보인다

"처음 원대한 목표를 세울 때는 그것을 달성하는 것이 불가능해 보인다.
그래도 목표를 세울 때 가장 중점을 두어야 할 부분은, 그것이 자신을 들뜨게 해서
잠재능력까지 발휘하도록 동기를 부여할 만큼 충분히 원대하게 세우는 것이다."

- 앤서니 라빈스, 《네 안에 잠든 거인을 깨워라》 中

성실함과 노력의 아이콘 손연재

손연재를 처음 만났을 때 그는 광장중학교 2학년에 재학 중이었다. 만나게 된 계기는 김연아의 물리치료와 트레이닝을 전담했던 송재형 트레이너의 추천이 있었기 때문이었다. 손연재는 여러 측면에서 김연아와는 대조적인 선수였다.

김연아가 매우 강렬한 눈빛과 카리스마를 갖고 있는 반면, 손연재는 매우 맑고 선한 눈빛이었다. 두 선수의 공통점은 모두 눈이 반짝반짝 빛이 난다는 점이었다. 김연아가 천재적인 피겨스케이팅 능력을 타고 났다면, 손연재는 목표의식이 분명하고, 목표를 달성하기 위한 의지가 강한 노력파 선수였다.

사실 리듬체조 선수 손연재를 매니지먼트 하면서 알게 된 사실이지만, 리듬체조는 동양인이 잘 하기 매우 어려운 종목이다. 올림픽 무대에서 금메달을 획득하는 리듬체조 선수의 체형을 보면 쉽게 이해할 수 있다. 군살 하나 없는 긴 팔과 다리, 강한 골격과 근육, 한마디로 아름다움과 강함 그리고 기술을 동시에 겸비하고 있다. 아름다움과 관련해서는 서양은 서양스러운 아름다움이 있고, 동양은 동양스러운 아름다움이 있어 이를 잘 표현하면 되지만, 체격과 체력이라는 요소는 동서양의 문제가 아니라 객관적으로 드러나는 요소이다. 그리고 이 체격과 체력의 격차만큼 따라가기 힘든 기술의 차이가 발생할 수밖에 없는 종목이다.

이에 반해 피겨 스케이팅은 의외로 동양인 체격과 체력으로 세계 정상에 오르는 것이 불가능하지 않은 종목이다. 오히려 무게 중심이 낮고 밸런스를 잘 유지하는 것이 중요하기 때문에 동양인 선수들이 강점을 가질 수도 있다.

실제로 중국계 미국 피겨 선수 미셸 콴은 2002년 솔트레이크시티 동계올림픽에서 여자 싱글 부문 금메달을 획득했고, 일본의 아라카와 시즈카는 2006년 토리노 동계올림픽에서 역시 여자 싱글 부문에서 금메달을 획득했다. 이는 피겨스케이팅 종목에서 아시아권 선수들이 충분히 메달에 도전해볼만하다는 것을 증명하는 것이기도 하다.

선수와의 매니지먼트 계약을 검토하는데 있어서 매우 중요하게 고려되어야 하는 것 중에 하나가 그 선수의 종목이다. 그리고 그 종목에서 과연 한국인의 체형과 체격으로 세계 정상에 등극하는 것이 가능한가? 라는 질문은 깊이 한번 생각해 보아야 한다. 특정 종목은 한국인이 절대로 잘하기가 불가능하다는 말을 하고 싶은 것이 아니다. 가능성과 확률이 높은 종목과 낮은 종목이 있다는 점을 이야기하고 싶은 것이다.

이런 맥락에서 육상의 100미터 종목에서 한국선수가 세계 정상에 등극하는 것은 매우 어렵고 가능성이 낮아 보이는 것이 사실이다. 반면에 마라톤 종목에서는 이미 한국 선수들이 올림픽에서 그리고 국제대회에서 우승을 한 사례가 여럿 있다.

뒤에서 얘기하겠지만 높이뛰기의 우상혁 선수는 사실상 그의 체격으로는 불가능한 종목에서 세계 정상급 선수로 성장했다.

지금에야 하는 말이지만 당시 손연재와 매니지먼트 계약을 체결하면서 나는 손연재가 세계적인 리듬체조 선수가 될 것이라고 확신하지는 못했다. 당시엔 손연재의 세종고 선배 신수지 선수가 한국 리듬체조계를 주름잡고 있었고, 일반적인 운동신경(지구력, 민첩성, 평형감각 등)도 신수지 선수가 손연재보다는 더 나아 보였다. 그럼에도 손연재와 매니지먼트 계약을 체결한 이유는 그의 빛나는 눈동자와 건강한 얼굴 그리고 강한 의지력 때문이었다. 나는 손연재가 세계적인 리듬체조 선수가 되어 올림픽에서 메달을 따지 못하더라도, 모델이나 방송 셀럽으로 데뷔시키면 승산이 있을 것으로 판단했다.

그런데 손연재는 내 생각과는 달랐다. 손연재는 야심이 있었고 세계적인 리듬체조 선수가 되려는 의지가 있었다. 손연재는 여리게 보이는 외모와는 달리 그 마음속에는 깊은 심지와 강렬한 목표의식이 확고하게 자리잡고 있는 선수였다.

김연아를 매니지먼트하면서 전담팀이 가장 첫 번째로 그리고 중요한 과제로 시행한 것 중에 하나는 김연아가 피겨스케이팅 운동을 하기에 가장 적합한 환경을 만들어주는 것이었다. 이런 측면에서 브라이언 오서가 있는 토론토 크리켓 클럽은 김연아의 훈련장소로 최적지였다. 국제적인 경쟁력을 갖춘 선수들이 함께 모여서 훈련하다보면 다른 선수들의 강점이 무엇인지, 그리고 자신이 보완해야 할 약점은 무엇인지를 깨닫게 되고 이를 통해 성장하게 된다. 그리고 한국에는 스케이트장이 턱없이 부족하다보니 야간대관이나 새벽대관을 통해서 힘들게 훈련시간을 확보하지만, 토론토에서는 그럴 필요가 없었다.

손연재의 경우에는 리듬체조 강국 러시아가 정답이었다. 그래서 우리는 손연재와 매니지먼트 계약을 체결하자마자 모스크바 전지훈련을 추진했다. 국내에서는 리듬체조 국가대표 코치였던 김지희 코치로부터 훈련지도를 받았고, 러시아에서는 옐레나 리표르도바 코치로부터 1대 1의 강도 높은 훈련과정을 소화했다.

피겨스케이팅의 경우 강국인 미국이나 캐나다에 좋은 환경하에서 전지훈련을 소화할 수 있는 곳이 많지만, 리듬체조의 경우 러시아 이외의 나라에서 해외훈련을 소화할만한 장소가 많지 않았다. 그리고 손연재가 강도높은 훈련을 소화했던 러시아 노보고르스크 훈련센터는 한국의 태릉선수촌과 같은 국영 체육시설이어서 선수 이외에는 가족조차 출입이 쉽지 않은 곳이었다.

2009년 당시 중학교 3학년생이었던 손연재가 부모나 매니저의 동행없이 홀로 러시아에서 강도 높은 전지훈련을 소화해냈다는 것은 그의 정신력과 의지력을 높이 평가할 수 있는 대목이다. 회사의 손연재에 대한 투자는 즉각적인 효과를 발휘했다. 2010년 11월 광저우 아시안게임을 앞두고, 손연재는 3개월 단위로 러시아를 오가며 집중적인 전지훈련을 소화해냈다. 특히 동양계 외국선수들에 대한 텃세가 심한 러시아 현지의 여러 가지 어려움을 잘 이겨내준 것이 대견했다.

깜짝 동메달로 기회를 잡다

2010년 광저우 아시안게임 리듬체조 종목에서 가장 기대를 모았던 선수는 신수지였다. 손연재의 세종고 선배이고, 손연재보다는 훨씬 이전부터 한국을 대표하는 리듬체조 선수로 각광을 받았다. 주변과 언론에서는 신수지가 메달을 딸 것으로 기대했다. 나는 손연재가 메달을 딸 것이라고 큰소리치고 다녔지만 그것은 현실이라기 보다는 나의 바람에 더 가까웠다. 그리고 속으로 '연재가 아시안게임에서 메달을 따면 얼마나 좋을까?'라고 마음속에 소망을 품었다. 메달 색깔과 상관없이 동메달만 획득해도 한국선수로는 사상 최초로 리듬체조 종목에서 메달을 따는 큰 의미가 있었다.

스포츠계에서는 '최초'와 '최고'의 기록은 종목을 불문하고 매우 큰 가치가 있다. 메달과는 상관없이 어떤 종목은 한국선수 최초로 올림픽에 출전만 해도 큰 의미가 생겨나는 경우도 있다. 예를들면, 한국 선수가 육상 100미터에서 올림픽 결선에 진출하게 되면, 이 선수는 메달 획득과 상관없이 '한국선수로는 최초로' 올림픽 육상 100미터 종목 결선에 진출하는 선수로 기록된다.

스포츠 마케팅에 있어서 '최초'와 '최고'의 기록을 만들어낼 수 있는 스타는 마케팅적 가치가 매우 큰 선수이다. 30년 가까이 스포츠 마케팅에 종사하면서 어떻게 하면 한국 최초, 아시아 최초, 세계 최초의 타이틀을 만들어낼 수 있을지 수도 없이 많은 고민을 했다. 그만큼의 가치가 있기 때문이다.

사실 당시 대한체조협회는 2010년 광저우 아시안게임에서 리듬체조 개인종합에서 메달을 획득하는 것을 크게 기대하지 않았다. 개인 선수의 기량이 유럽에 인접한 아시아 국가, 예를들면, 카자흐스탄이나 우즈베키스탄의 상위권 선수들에 못미쳤기 때문이었다. 대신에 체조협회는 개인전이 아닌 단체전에 승산이 있다고 보고 단체전에 승부를 걸었다.

리듬체조 단체전에는 에이스 신수지를 필두로 김윤희, 이경화 그리고 막내 손연재가 팀을 이루어 출전했는데 컨디션만 잘 유지하면 동메달이나 그 이상을 바라볼 수도 있었다. 더욱이 단체전에서는 1998년 방콕 아시안게임과 2002년 부산 아시안게임에서 이미 동메달을 획득한 전례가 있었다.

하지만 올림픽과 아시안게임과 같은 큰 무대에서는 언제나 이변이 발생한다. 기대했던 리듬체조 단체전에서 0.6점차로 일본에 밀려 동메달을 놓쳤다. 반면에 개인종합에서 예상을 뒤엎고 손연재가 동메달을 획득했다. 대이변이 발생한 것이다. 간절한 꿈이 현실이 된 것이다!

손연재의 한국인 최초 아시안게임 리듬체조 동메달 획득은 내 인생에 큰 전환점이 되었다. 김연아가 회사를 떠난 이후 막막함으로 하루 하루를 보내며 '어떻게 스포츠 마케팅본부를 재건하고 이끌어 나갈 것인가?'라는 고민을 거듭해왔던 나는 손연재를 중심으로 새롭게 한번 시작해 볼 수 있겠다는 희망을 갖게 되었다.

더욱이 손연재는 이제 열일곱살 고등학교 1학년으로 얼굴과 외모는 미디어와 광고주가 선호하는 호감형이고, '한국인 최초'의 아시안게임 동메달이라는 가치있는 타이틀을 확보하지 않았는가?

나는 손연재를 중심으로 스포츠 마케팅 본부를 재편하기로 마음 먹었다. 그리고 2년 후 2012년 런던 올림픽에서 세상을 깜짝 놀라게 해보자는 결의

2010 광저우 아시안게임에서 한국인 최초 리듬체조 동메달을 획득한 손연재. ⓒ연합뉴스

를 하고 본부원들을 추스르고 다잡아 나갔다.

손연재의 아시안게임 동메달 획득의 반향은 기대이상이었다. 손연재를 광고모델로 채택하려는 기업과 광고대행사 그리고 모델 에이전시로부터 러브콜이 쏟아졌다. 2010년 11월 광저우 아시안 게임 이전에 손연재를 후원해 온 후원사로는 국민은행, 휠라, 제이에스티나 세 개 기업이 있었다. 이들이 처음 손연재를 후원한 것은 스타 마케팅 차원이 아니라 사회공헌적인 측면에서 유망선수에 대한 지원 성격이 강했다.

광저우 아시안게임에서 손연재가 한국선수 최초로 리듬체조 개인종합 동메달을 획득한 후, 기업의 마케팅 담당자들이 손연재를 바라보는 시각은 현격하게 바뀌었다. 단순한 유망주가 아니라 한국

을 대표하는 여성 스포츠 스타의 가능성을 보기 시작한 것이다. 나 역시 손연재의 잠재력 있는 상품성을 고려할 때 해볼만하다는 판단을 하였고, 손연재의 성장에 올인하기로 마음을 굳혔다. 김연아가 회사를 떠난지 6개월만의 일이다.

나는 정말 운이 좋은 사람

앞서 말했지만, 내가 김연아를 만난 건 정말 행운이었고, 지금도 그 인연에 대해 항상 감사하고 있다. 나는 운이 좋은 사람이라고 생각했다. 김연아가 회사를 떠난 후 '모든 것을 접고 다른 업종의 일을 해볼까'까지 고민을 했었는데, 그 고민은 6개월 만에 끝이 났고 손연재를 어떻게 세계 최고의 리듬체조 선수로 육성할 것인가 하는 행복한 고민에 집중했다. 손연재의 매니지먼트 업무를 수행하면서 다시 한번 나는 정말 운이 좋은 사람이라고 생각했고, 내가 손연재를 만날 수 있었던 것에 대해 깊이 감사했다.

3년간 김연아를 매니지먼트 하면서 느낀 것 중에 하나가 '될 선수는 된다'는 것이었다. 그리고 '되는 선수'를 매니지먼트하는 나 역시 '되는 사람'이라고 생각했다. 나의 이러한 생각은 모든 것이 운명적으로 결정되어 있다는 숙명론과는 다르다. 아무 일도 하지 않으면 아무 일도 일어나지 않는다. 나는 매일 매일 내 일에 최선을 다했고, 내가 관리하는 모든 선수를 진심으로 사랑했다. 그들이 잘 되기를 진심으로 바랐다.

하지만 모든 선수들이 치열하게 연습하고 경기에 임하지만 모든 선수들이 올림픽에서 금메달을 딸 수는 없다. 그럼 어떤 선수는 되고, 어떤 선수는 안 되는가? 이 질문에 대한 답은 매우 어렵고 모든 사람들이 서로 다른 답을 이야기 할 것이다.

이 질문에 대한 나의 답은 "선수의 마음 속에 메달이 있으면 메달을 따고, 메달이 없으면 못 딴다"이다. 웃기는 답이고, 추상적이고 관념적이다. 물론 선수의 체력, 기술, 당일의 컨디션은 올림픽 메달을 획득하는데 결정적으로 중요하다. 하지만 더 중요한 것은 선수가 마음속에 메달에 대한 절실함과 확신을 갖는 것이라고 생각한다. 그러면 우연히 운좋게 메달을 따는 선수들은 어떻게 해석해야 할까? 나는 그런 운 좋은 선수들의 마음속에도 메달에 대한 간절한 염원이 있었다고 믿는다.

내가 처음부터 '나는 되는 사람이다'는 믿음을 가지게 된 것은 아니었다. 김연아를 만난 것이 큰 행운이었고, 이어서 손연재를 만났고, 골프의 박인비와 유소연, 컬링의 팀킴, 남자 피겨의 차준환, 탁구의 신유빈, 높이뛰기의 우상혁과 같은 대단한 선수들을 오랫동안 지속적으로 만나는 행운이 이어졌다. 이들 선수는 각 종목에서 한국을 대표하는 선수였다. 그리고 아직도 세계 최정상의 반열에 있거나 그 목표를 향해 성장하고 있는 선수들이다.

2007년부터 지금까지 17년간 나는 이들 훌륭한 선수들을 만나 매니지먼트 계약을 하고, 이들을 지원하고 이들과 함께 할 수 있었다. 어느새 '나는 정말 운이 좋은 사람이다'는 생각이 습관이 되었고 내 삶의 신념으로 작동했다.

손연재는 중학교 2학년때, 차준환은 초등학교 5학년때, 우상혁은 고등학교 2학년때 만났고, 컬링이라는 종목이 한국에 잘 알려지지도 않았던 2011년에 컬링을 마케팅 하겠다고 회사에 보고했다가 많은 비웃음을 샀지만(당시엔 컬링이 무슨 스포츠냐는 시선이었기에…), 결국 팀킴은 2018년 평창 동계올림픽에서 대박을 쳤다. 탁구 신동 신유빈 역시 중학교 1학년때 만났다.

'손연재 전담팀'의 구성

2010년 11월에 손연재가 광저우 아시안게임에서 한국인 최초로 개인종합 동메달을 획득함으로써 회사 내에서 나의 입지는 조금씩 강화되기 시작했다. 손연재를 후원하겠다는 기업의 문의가 쇄도했고, 언론도 덩달아 손연재가 2012년 런던 올림픽에서 메달을 노릴 만한 가능성 있는 선수로 바라보기 시작했다. 나는 손연재 전담팀을 구성하여 2012년 런던 올림픽에 도전하겠다는 내용의 '손연재 전담팀 운영 계획'을 회사에 보고하여 승인을 받았다.

손연재 전담팀은 단출하게 꾸려졌다. 내가 전담팀의 팀장 역할을 맡았고 문대훈 매니저를 손연재의 전담 매니저로 지정했다. 제일 중요한 손연재의 러시아 전지훈련을 현지에서 담당하고 국제대회에 동행할 코치로 옐레나 리표르도바 코치를 선임하고, 런던 올림픽 종료시까지 코치 계약을 체결했다. 그리고 체력과 물리치료 담당으로 송재형 트레이너를 영입했다. 송재형 트레이너는 김연아 팀에서 오랜 동안 나와 함께 협업을 해 온 터라 누구보다 든든하고 고마웠다. 그리고 조수경 박사한테 손연재의 멘탈 트레이닝을 맡아 달라고 요청했는데 힘들게 오케이를 받아냈다. 조수경 박사는 골프의 박인비, 유소연 등 세계적인 선수들의 멘탈을 지도해 온 경험이 풍부한 멘탈트레이닝 분야 최고의 실력자 중에 한 명이었다.

손연재의 광저우 아시안게임에서의 깜짝 동메달은 2012년 런던 올림픽을 대비하는 손연재팀을 꾸리는 기폭제가 되었고, 이에 맞춰 손연재를 후원하는 기업들도 점점 늘어났다. 기존의 후원사였던 KB국민은행, 휠라, 제이에스티나에 이어 2011년도에 들어서는 LG전자, KCC건설이 손연재의 새로운 후원사가 되었고, 글로벌 생활용품 기업 P&G가 손연재를 올림픽 홍보대사로 선정했다.

이때부터 손연재는 더 이상 미래의 유망주가 아니었고 현실적으로 한국을 대표하는 여자 운동선수 중에 한명으로 무섭게 성장하기 시작했다. 2011년 한해동안 국내의 많은 기업들이 손연재를 후원하거나 광고주로 참여하면서 손연재는 김연아 다음으로 많은 후원사와 광고주를 확보한 선수가 되었다.

손연재와 김연아를 둘러싼 오해와 진실

여기서 한 가지 짚고 넘어가야 할 부분이 있다. 김연아와 손연재를 둘러싸고 발생한 오해에 관한 것이다. IB스포츠와 김연아의 매니지먼트 계약 기간은 2007년 4월부터 2010년 4월까지 3년 동안이었고, 손연재가 IB스포츠와 매니지먼트 계약을 체결한 것은 2008년 11월 경이었다. 즉 김연아와 손연재가 IB스포츠를 매니지먼트사로 함께 소속했던 기간은 2008년 11월부터 2010년 4월까지 약 1년 6개월 동안이다.

김연아와 손연재가 적어도 함께 IB스포츠에 소속해 있던 기간동안에는 둘 사이에 아무런 문제가 없었다. 친한 언니 동생 사이였다. 문제는 2010년 밴쿠버 동계올림픽이 끝난 후 김연아가 IB스포츠와 결별하고, 김연아 어머니가 올댓스포츠를 차리면서 김연아와 손연재가 서로가 각자의 길을 가면서부터 발생했다.

사실 소속사가 바뀌었을 뿐 둘 사이에는 아무런 문제가 없었다. 김연아도 그렇고 손연재도 그렇고 서로를 향해 어떤 말과 어떤 행위를 한 적이 없기 때문에 문제가 있을 것이 없었다. 그리고 두 선수의 소속사 IB스포츠와 올댓스포츠 사이에도 문제가 없었다. 두 회사는 서로에게 무관심했고 각자의 길을 갔을 뿐이다. 그런데 문제는 두 선수를 지지하는 팬들 사이에서 발생했다. 팬들은 서로 지지하는 선수를 위해 다른 선수의 기사에 악성 댓글을 달기 시작했다. 그런데 그 정도가 심했고 악성댓글에 대해 더 이상 참고 넘어가기 어려운 상황까지 악화되었다. 회사는 법적 조치를 취하지 않을 수 없는 상황에 이르렀다.

손연재의 기사에 악성 댓글을 다는 네티즌들은 손연재와 소속사가 '제2의 김연아', '리듬체조계의 김연아'라는 수식으로 언론플레이를 하면서 김연아의 명성과 이미지를 악용한다고 생각하고 이에 분개했다. 하지만 IB스포츠는 김연아가 회사를 떠난 이후 손연재를 '제2의 김연아' 또는 '리듬체조계의 김연아'로 포장해서 홍보한 적이 한 번도 없었다. 오히려 포탈의 스포츠 기사에 그런 수식어가 나오면 기사를 쓴 기자에게 전화해 그런 수식어를 수정하거나 삭제해 달라고 요청을 하곤 했다.

　수영계에 대형 신인선수가 나오면 '제2의 박태환'이라는 제목으로 기사를 쓰고, 역도계에 장미란에 필적하는 스타 선수가 나오면 '제2의 장미란'이라고 하는 것은 그 선수의 언론 플레이가 아니라 그냥 언론사의 생리일뿐이다. 언론에서 손연재에 대해 '제2의 김연아' 그리고 '리듬체조계의 김연아'로 시작하는 기사를 수도 없이 쏟아냈고, 이에 대한 수도 없는 악성 댓글이 쏟아졌다. 손연재나 회사는 아무런 잘못도 없이 악성 댓글의 포화를 맞을 수밖에 없었다.

　악성댓글의 수위가 단순히 기사 제목에 대한 질타를 넘어서서 선수의 인격을 유린하고 한 선수의 마음에 큰 상처를 주는 일이 계속되자 회사는 법적으로 단호하게 대처하기로 했다. 악성댓글 중에 가장 정도가 심하고 같은 내용을 복사하여 무한반복으로 하루에도 수백 개씩 도배를 하는 네티즌들을 대상으로 경찰에 신고하고 조사를 의뢰했다.

　손연재의 기사에 다는 악성댓글의 내용 중에 많은 내용을 차지하는 것 중에 하나는 '연재 소속사가 김연아의 광고주를 뺏어간다'는 주장이었다. 이 주장 역시 팬들이 오해할 여지는 있지만 사실은 아니었다. 김연아가 회사를 떠난 이후 회사는 손연재를 중심으로 선수 라인업을 짜고 상품성이 제일 높은 손연재를 집중적으로 지원 육성했다. 광고 유치나 스폰서 유치 업무 역시 손연재에 초점을 맞춰 개발했다. 회사로서는 당연한 일이었다.

　새로운 선수의 등장으로 김연아의 광고주 및 후원사였던 많은 기업들이 손연재를 광고모델로 채택하고 후원하기를 원했다. 광고주와 후원사는 뺏어오고 싶다고 쉽게 뺏을 수 있는 것이 아니다. 기업은 자사의 이미지에 맞고 광고 효과와 마케팅 효과가 클 것으로 기대되는 선수가 아니면 계약을 하지 않는다. 스포츠 매니지먼트사가 요청한다고 해서, 호락호락하게 수락하는 광고주니 후원사는 단 한군데도 없다. 하지만 팬들이 보기에 김연아를 후원했던, KB국민은행, KCC건설, 제이에스티나, 위스퍼, LG전자(LG 디오스는 삼성전자가 김연아를 광고모델로 채택하기 전에 먼저 김연아와 광고모델 계약을 체결했었다) 등의 기업이 손연재를 후원하고 광고모델로 채택하자, 손연재 소속사가 김연아의 광고주를 뺏아간다고 오해를 했던 것 같다. 사실 당시 IB스포츠는 그럴만한 힘이나 능력이 없었다. 순전히 손연재의 가능성과 상품성을 알아본 기업들의 의사결정이었을 뿐이었다.

두 선수의 대학진학을 놓고도 많은 오해가 발생했다. 김연아는 고려대로 손연재는 연세대로의 진학을 결정했는데, 손연재가 연세대로 진학을 결정한 것은 김연아와는 아무런 상관이 없다. 그냥 손연재가 연세대를 선호했을 뿐이다. 리듬체조 선수를 가장 많이 배출하고, 인맥이 가장 탄탄한 세종대 진학은 처음부터 고려하지 않았다. 당시 IB스포츠 대표이사가 연세대 출신이라서 그렇다는 오해도 있었지만, 이와도 상관없는 일이었다. 오히려 나는 손연재가 한국체육대학이나 연극영화과로 선호도가 높은 동국대나 중앙대로 진학했으면 하는 의견을 제시했다. 한국체대는 학교 설립의 목적에도 부합하는 것이기도 하지만 학업과 운동을 병행하기에 유리하다고 판단했다. 연극영화과는 리듬체조 안무와 연기에 도움이 될 것이고, 운동 선수로 은퇴한 이후 손연재가 방송관련 일을 하는 것에 도움이 될 것이라고 생각했었다.

하지만 손연재는 연세대 스포츠레저학과에 진학을 했고 그는 내가 매니지먼트 했던 많은 선수들 중에서 가장 대학생활을 적극적으로 잘 해냈다.

2014년에 박근혜 대통령이 참석한 늘품체조 행사에 손연재가 참석한 것을 놓고도 팬들 사이에서 말들이 많았다. 김연아는 이 행사에 참석 요청을 받았지만 참석하지 않았다. 다른 일정이 있었거나, 체조 관련 행사에 피겨스케이팅 선수가 참석하는 것이 어색했을 수도 있다. 악성 댓글을 다는 네티즌들은 손연재가 대통령에게 잘 보이기 위해서 이 행사에 참석했다고 질타했다. 손연재가 이 행사에 참석한 것은 본인이 체조선수였고, 이 행사가 체조행사였기 때문이었다. 2012년 런던 올림픽에서 금메달을 획득한 체조선수 양학선도 또한 이 행사에 참석했었다.

손연재의 기사에 악성댓글을 다는 네티즌들은 손연재의 모든 일거수일투족을 감시하고, 손연재의 행보에 대해 악의적인 의도로 해석하면서 손연재를 지속적으로 괴롭혔다. 나는 당시에 손연재와 가족의 고통을 가까이에서 지켜보면서 손연재가 이런 고통을 감내해야하는 상황에 대해 함께 안타까워 했다. 하지만 참 신기한 것은 손연재의 안티팬들이 악성댓글을 달면 달수록 손연재의 인지도는 높아지고 광고주가 더 늘었다는 점이다. 그리고 이를 통해 내가 깨달은 것은 미워하는 상대방에 대해서 미움을 지속적으로 표현하는 것은 그 상대방을 더 큰 존재로 부각시킬 수도 있다는 점이다. 그래서 정말로 미워하는 사람이 있다면, 악성 댓글을 달 것이 아니라 그냥 무시하는 것이 최선의 방책이 아닌가 하는 생각이 들었다.

손연재의 눈물과 도전

2010년 광저우 아시안게임에서 손연재가 한국선수로는 최초로 개인종합 동메달을 획득했지만, 아시아권과 유럽권의 기량차는 비교할 수 없이 큰 것이 현실이었다.

2010년 9월 거의 최연소에 해당하는 나이로 처음 출전한 리듬체조 세계 선수권 대회에서 손연재는 32위를 기록했다. 나는 모스크바 현지에서 세계 최정상의 높은 벽을 실감했고, 과연 이 종목에서 한국선수가 정상권에 오를 수 있을지 깊은 회의감이 들었다.

그리고 1년후 2011년 프랑스 리듬체조 세계 선수권 대회를 앞두고 연재팀은 식사를 하며 점검의 시간을 가졌다. 손연재와 그의 어머니도 동석한 자리였다.

2011년 세계 선수권 대회는 2012년 런던 올림픽 출전 자격이 걸려있는 매우 중요한 대회였다. 나는 손연재에게 전달할 명확한 메시지를 마음속으로 정리하고 식사를 함께 하기로 했다. 런던 올림픽의 출전권을 확보하기 위해서는 프랑스 세계 선수권 대회에서 15위 안에 들어야 했다. 물론 15위 안에 들지 못해도 추가로 자격을 주는 대회에서 좋은 성적을 거두어서 랭킹 포인트를 쌓으면 되지만 그런 과정을 거친다는 것은 생각만 해도 피곤하고 힘든 과정이 될 것이 뻔했다. 때문에 무조건 프랑스 세계 선수권 대회에서 올림픽 진출권을 확보하는 것이 중요했다.

식사 중에 나는 분위기를 보면서 손연재에게 물었다. 이번 프랑스 세계 선수권 대회에서 목표로 하는 성적 순위에 관한 것이었다.

손연재는 불안한 눈빛으로 내 눈치를 보며 말했다.

"15위 안에 들면 올림픽 자력진출권을 주니까 열심히 해서 15위 안에 들어야겠죠…"

손연재의 답에 대해 나는 "열심히 해서 15위 안에 든다면 구체적으로 몇위를 하겠다는 거니? 15위? 14위? 아님 13위?…"

내가 강한 어조로 다시 말했다.

"대회에 출전하면 목표가 분명해야 해, 도대체 몇 위를 하겠다는 거니? 이번 세계 선수권 대회에 목표는 10위로 정하자!"

갑자기 손연재가 눈물을 흘리며 버럭했다.

"그것은 완전히 불가능해요! 지난해 세계 선수권 대회에서 32위를 했고, 내 앞에 어떤 선수들이 있는지 잘 아시잖아요!"

손연재의 대꾸에 나와 손연재 어머니 그리고 매니저 모두 당황했고, 손연재 어머니가 손연재를 나무라며 말했다.

"상무님이 더 열심히 하라고 그러시는건데, 너 왜 그래?"

분위기가 싸늘해졌다. 나는 손연재에게 내 의도를 차분히 설명해주었다.

"연재야, 세계 선수권 대회든 올림픽이든 선수가 대회에 출전하면 명확한 목표가 있어야 하고, 그 목표는 구체적인 숫자로 정하는 것이 중요해."

목표가 구체적으로 그리고 명확하지 않으면 좋은 결과를 기대하기가 어렵다. 그리고 목표의 설정은 누구나 달성가능한 적당한 수치가 아니라 달성이 상당히 어려울 정도의 높은 수치가 되어야 한다는 것이 내 생각이었다.

나의 설명을 듣고 결국 손연재는 2011년 프랑스 세계 선수권 대회의 목표를 10위로 정하고, 런던 올림픽 직행 티켓을 따겠다고 마음을 먹기 시작했다.

솔직히 2010년 세계 선수권 대회에서 32위를 기록한 손연재가 1년 만에 도전하는 세계 선수권 대회에 TOP 10안에 들겠다고 한다면, 많은 경쟁 선수들이 비웃을 상황이었다. 그럼에도 우리는 현실적으로 달성 불가능할 정도의 높은 목표를 설정했다.

그런데 놀라운 일이 일어났다. 꿈은 현실이 되었다. 손연재가 2011년 세계 선수권 대회에서 11위에 올라 런던 올림픽 직행 티켓을 따낸 것이다. 거의 불가능하다고 생각했던 목표 순위에 근접한 성과를 만들어 낸 것이다!

손연재의 눈부신 선전의 원동력은 그의 명확한 목표의식과 불굴의 투지 그리고 손연재 전담팀의 헌신적인 노력의 결과였다. 손연재는 2011년 9월 24일(한국시간) 프랑스 몽펠리에에서 열린 제31회 리듬체조 세계 선수권 대회 개인종합 결선에서 후프-볼-곤봉-리본 4종목 합계 107.750점이라는 높은 점수를 받아 11위에 오르며 상위 15명에게 주어지는 올림픽 직행 티켓을 손에 넣었다.

당시 손연재는 올림픽 출전이 확정되고 나서서야 참았던 복통을 느낄 정도로 경기에 집중했다. 리듬체조를 흔히 '신체학대 운동'이라고 한다. 인간 체형의 한계에 도전하는 종목이라 발목, 허리, 어깨 등 거의 모든 신체부위에 부상을 달고 사는 손연재였다. 그래서 프랑스 세계 선수권 대회에는 전담 물리치료사이며 트레이너인 송재형 원장이 동행했고, 손연재의 멘탈 지도를 맡은 조수경 박사도 대회장에 함께하며 멘탈이 흔들릴 때마다 마음을 다잡아 주었다.

손연재팀이 꾸려진 이후 2011년도에 손연재는 전세계 리듬체조 선수 중에 가장 많은 국제대회에 출전한 선수였다. 전담팀은 가능한 많은 국제대회의 출전을 통해 실전경험을 쌓고, 동시에 심판을 포함한 국제 리듬체조계에 손연재의 얼굴을 알리고, 그의 성실성과 악바리 근성을 보여주는 것이 중요하다고 판단했다.

손연재팀의 이런 전략은 맞아 떨어졌다. 한달에 3천만 원에 달하는 전지훈련비와 대회 출전비는 후원사들의 후원금과 광고모델료로 충분히 충당할 수 있었다. 실제로 손연재는 러시아의 세계최강 리듬체조 선수보다 더 많은 후원사 및 광고 수입이 있었다. 처음에 손연재가 모스크바 노보고르스크의 훈련장에 모습을 나타냈을 때, 그의 경쟁 선수들은 손연재를 무시하기도 하고 경계하기도 했다. 하지만 손연재가 LG전자와 P&G의 광고모델이고 KB 국민은행, KCC건설, 제이에스티나 등 손연재를 후원하는 여러 기업이 있다는 것을 알고나서는 매우 신기해하면서 손연재에 대한 호감을 하나둘씩 갖기 시작했다.

나는 손연재가 2011년 리듬체조 세계 선수권 대회에서 성적목표를 10위로 정하고 실제 대회에서 11위를 차지한 사실을 놓고, 명확한 목표(구체적인 숫자로 설정하는 목표) 설정이 선수들의 성장에 얼마나 중요한 영향을 미치는지 실감했다. 만약 손연재가 10위라는 목표를 설정하지 않고 그냥 막연히 최선을 다해 좋은 성적을 거두겠다는 생각으로 대회에 출전했다면 11위라는 좋은 성적을 거두지 못했을 것이라고 생각한다.

선수에게도 그리고 일반인에게도 명확한 목표의 설정은 중요하다. 선수가 일단 세계10위가 되겠다고 명확하게 목표를 정하면, 그 다음 선수의 마음속에는 자신이 경쟁에서 이겨야만 하는 대상 선수들이 구체적으로 떠오르기 시작한다. 그 선수들의 강점과 약점을 분석하기 시작하고, 어떤 전략으로 그 선수들을 이길지 해답을 스스로 찾기 시작하는 것이다.

그리고 구체적인 숫자로 표시된 목표 달성을 위해 스스로 채찍질을 가해가면서 훈련에 더욱 몰입하게 되는 것이다.

리듬체조 갈라쇼, 전 세계 체조계를 놀라게하다

김연아 매니지먼트의 성공적인 경험은 손연재를 매니지먼트 하는데 큰 도움이 되었다. 김연아가 세계 최정상급 선수로 성장함에 따라 김연아팀은 김연아가 중심이 되는 '한국형' 아이스쇼를 기획하고 런칭했었다.

'한국형' 아이스쇼라 칭하는 이유는, 해외에서 열리는 아이스쇼와는 다른 차별성 때문이다. 미국과 일본에서 성행하는 아이스쇼는 스케이팅이 중심이다. 이에 비해 우리는 아이스쇼에 콘서트 개념을 결합시켰다. 화려한 조명, 퀄리티 높은 음향, 웅장한 무대는 미국이나 일본 아이스쇼에서 찾아보기 힘든 요소들이다. 여기에 오케스트라를 결합시키기도 하고, 정상급 K-POP 아티스트들을 무대에 올리기도 했다.

'한국형' 아이스쇼와 가장 유사점이 많은 해외 아이스쇼는 스위스에서 개최되는 스테판 랑비엘이 주인공으로 등장하는 아트 온 아이스(Art on Ice)다. 이 아이스쇼는 랑비엘의 천재적인 스케이팅과 댄싱 능력 그리고 세계적인 팝 아티스트들이 함께하는 종합 엔터테인먼트 이벤트로 우리가 가장 많이 벤치마킹한 이벤트였다.

김연아를 아이스쇼 이벤트의 중심에 놓고 런칭한 두 개의 아이스쇼 페스타 온 아이스(Festa on Ice)와 아이스 올스타(Ice All-stars)는 국제 피겨스케이팅계에서 김연아의 입지를 크게 강화시키고, 김연아와 아이스쇼 총감독 브라이언 오서의 영향력을 키우는데 큰 도움을 주었다. 우리는 이러한 〈스타 선수+스타 선수 출연 이벤트=시너지 극대화〉 공식을 그대로 리듬체조계에서 적용하기로 했다.

내가 처음 손연재를 중심으로 하는 '리듬체조 갈라쇼' 이벤트를 기획하고 개발해보겠다고 했을 때 회사 내부적으로 이견이 많았다. 아니 반대라기 보다는 회의적이었다. 현실적으로 리듬체조 갈라쇼를 한국에서 한번도 해본적이 없고, 설령 한다고 해도 손연재가 리듬체조 갈라쇼를 주최하고 주도할만큼 세계 정상급 선수로 성장했느냐 하는 의문이 있었다. 또한 이 갈라쇼를 후원할 타이틀 스폰서를 찾는 것도 쉽지 않을 것으로 보았기 때문이다.

나는 리듬체조 갈라쇼를 해볼만하다고 생각했고 제일 중요한 관건은 갈라쇼의 후원사를 찾을 수 있느냐 하는 것이었다. 나는 손연재의 후원사를 일일이 찾아다니며 리듬체조 갈라쇼의 컨셉과 개최 배경, 행사의 내용 구성에 대해 설명회를 가졌다. 가장 크게 역점을 두고 강조한 부분은 김연아 아이스쇼가 그의 연기력을 더욱 향상시켰으며 나아가 국제 피겨계에서 김연아의 위상을 강화하고 홍보함으로써 2010년 밴쿠버 동계올림픽에서 금메달을 획득하는데 도움이 되었다는 점이다.

따라서 손연재의 리듬체조 갈라쇼가 역시 손연재의 연기력을 향상시키고, 손연재를 국제리듬체조계에 널리 알리고, 결국 세계선수권과 올림픽 무대에서 좋은 성적을 거두는데 큰 도움을 줄 것이라는 점을 내세우면서 설득했다.

그렇게 되면 가장 큰 이득과 혜택을 보는 쪽은 손연재를 후원하고 있는 후원 기업들이 될 것이라는 점을 강조했다. 결국 우리는 설득에 성공했고 손연재의 후원사들이 손연재의 리듬체조 갈라쇼를 후원하기로 결정을 해주었다. 나는 리듬체조 갈라쇼를 런칭하기 위해 많은 노력을 했고 그 노력이 성공한 것에 대해 나 스스로 깊이 감동을 받았다. 사실상 불가능한 것을 해냈구나 하는 뿌듯한 성취감이었다. 김연아가 밴쿠버 올림픽에서 금메달을 획득했을 때 만큼 행복했고 큰 보람을 느꼈다.

'리듬체조 갈라쇼'라는 형식으로 한국에서 최초로 시도된 'LG 휘센 리드믹 올스타 2011'은 2011년 6월 11일과 12일 양일간에 걸쳐 고려대 화정체육관에서 개최되었다. 전 세계적으로도 거의 최초라고 할 수 있고(소규모로 리듬체조 중심의 갈라쇼가 유럽에서 개최되기는 했지만), 대형 무대에 K-POP 가수들과 세계적인 리듬체조 선수

손연재가 중심이 된 〈LG휘센 리드믹 올스타〉는 리듬체조 갈라쇼의 새로운 지평을 열었다.

가 함께 만들어낸 갈라쇼 공연은 정말 화려하고 흔치않은 이벤트였다. 게다가 리듬체조 유망주들도 함께 하여 한국 체조 발전에도 크게 기여를 했다는 평가를 받았다.

특히 현역 리듬체조 세계랭킹 1위와 2위였던 러시아의 예브게니아 카나예바와 다리아 콘다코바의 갈라쇼 공연은 세계 최정상권 선수들의 기술과 연기력이 얼마나 수준 높은지 실감할 수 있었던 좋은 무대였다.

하지만 뭐니뭐니 해도 압권은 손연재의 하이라이트 공연이었다. 손연재는 2부 무대에서 레이디 가가의 'Born This Way' 곡에 맞춘 프로그램을 선보였는데, 언론은 손연재의 공연을 두고 '소녀에서 여인으로의 변신'으로 극찬했다. 손연재에게 이 리듬체조 갈라쇼 무대는 의상연출이나 안무의 표현력에 있어서 크게 성장하는 계기가 되었고, 세계 리듬체조계에 손연재를 널리 알리는 좋은 기회가 되었다.

올림픽 메달을 목표로 하다!

LG휘센 리드믹 올스타즈 이벤트는 국제 리듬체조계에서 손연재의 위상과 존재감을 크게 높이는데 기여했다. 일반적으로 피겨스케이팅도 마찬가지이지만 리듬체조 종목도 선수가 시니어 무대에 데뷔하고 몇 년차 경력이냐 하는 것은 채점과 점수를 받는데 있어서 의외로 크게 작용한다. 사실 나는 이것이 매우 불합리하다고 생각해왔다.

선수가 실력으로 점수를 받는 것이지 경력이 점수에 반영된다면 공평한 경쟁이 아니라고 생각했기 때문이다. 특히 어린 나이에 피겨 시니어 무대에 데뷔한 차준환의 경우 데뷔 초기엔 항상 수행한 기술과 연기에 비해 점수가 낮게 나왔다. 그리고 소위 차준환의 '형뻘'이 되는 고참 선수들에겐 차준환보다 상대적으로 훨씬 후한 점수를 주곤했다.

리듬체조 역시 시니어 데뷔이후 꾸준히 대회에 출전하여 국제 리듬체조계에 얼굴을 알리는 것이 매우 중요했다. 손연재의 경우 그 어떤 선수보다 연간 국제대회 출전횟수가 많았고, 또한 한국에서 열린 대형 리듬체조 갈라쇼는 손연재를 알리는데 큰 도움이 되었다.

2011년 리듬체조 세계 선수권 대회에서 '깜짝' 11위를 차지하며 올림픽 직행 티켓을 따낸 손연재는 이제 1년 앞으로 다가온 올림픽을 준비하는데 모든 역량을 집중했다. 리듬체조 종목은 아시안 게임과 올림픽은 전혀 다른 세상이다. 탁구의 경우 아시안게임에서 금메달을 획득하면 올림픽에서 금메달을 획득할 가능성이 매우 높다. 아시안 게임에서 세계 최강인 중국의 벽을 넘으면 올림픽에서도 승산이 충분한 것이다. 양궁과 쇼트트랙 종목 역시 아시안게임에서 메달을 획득하면 올림픽에서도 메달이 가능한 종목이다. 한국이 이 종목의 세계 최강이기 때문이다.

리듬체조의 경우 손연재 이전에 세계 선수권 대회나 올림픽에서 메달을 획득한 한·중·일 아시아 국적 선수는 단 한명도 없었다. 그만큼 동양적 체형의 선수가 이 종목에서 성과를 내기가 어렵다는 것을 반증하는 것이었다.

* * * * *

2012년 런던 올림픽의 해가 밝았다. 나는 연초에 런던 올림픽에서의 성적 목표를 정하기 위해 손연재를 만났다. 나를 걱정스러운 눈빛으로 바라보는 그에게 물었다.

"이번 런던 올림픽에서 연재의 성적 목표는 몇 위야?"

손연재는 조심스럽게, "8위 안에 드는 것을 목표로 하고 있어요"라고 했고, 나는 그의 말이 끝나기가 무섭게,

"올림픽에 출전하는 선수면 당연히 메달 획득을 목표로 해야지. 동메달로 하자!" 하고 목표를 정정해 주었다. 작년 세계선수권 순위 목표 10위도 사실상 불가능에 가까운 목표였는데, 더 어려운 관문인 올림픽에서의 목표를 동메달로 정해주자 손연재는 매우 난감해 했다.

하지만 내가 손연재의 올림픽 목표 성적을 동메달로 하자고 한 뜻을 손연재는 곧 알아차렸다. 나 역시 런던 올림픽에서 동메달을

따는 것이 쉽지 않다는 것을 너무 잘 알았고, 손연재 역시 잘 알고 있었다. 목표는 목표인 것이다. 불가능해 보이는 목표라고 해도 일단 정하고 나면 가능성이 희미하게나마 모습을 드러내기 시작한다. 그 가능성이 1% 일지라도.

손연재가 올림픽에서 동메달을 획득하기 위해서는 손연재보다 기량적으로 앞서있는 10명의 선수 중 여덟 명 이상이 볼이나, 리본, 곤봉 등의 경기도구를 놓치거나 큰 실수를 하고, 손연재는 완벽하게 연기를 마치면 가능할 터였다.

올림픽이라는 큰 무대는 변수가 많은만큼 누가 메달을 딸지는 아무도 예측할 수 없다. 우리는 일단 올림픽에서의 동메달을 목표로 2012년 새해를 시작했다. 만약 2012년 새해에 손연재가 언론 인터뷰에서 "여름에 열리는 런던 올림픽에서 동메달을 획득하는 것이 목표"라고 얘기했다면, 경쟁선수들이나 해외 언론은 코웃음을 쳤을지도 모른다.

하지만 매우 비현실적인 목표이지만 일단 목표가 설정되고 나면 모든 훈련 환경은 올림픽에서 그 목표를 달성하기 위한 조건에 맞추어 리세팅 된다. 손연재팀 구성원 모두가 그 목표를 달성하기 위해 지금 손연재에게 필요한 것은 무엇인가? 라는 질문에 대한 답을 찾기 위해 움직이기 시작했다.

만약 손연재가 올림픽에서 8위 안에 드는 것을 목표를 설정했더라면, 손연재와 전담팀은 8위안에 들기 위해서 필요한 것이 무엇인지 열심히 찾으려 했을 것이다. 하지만 올림픽 동메달이라는 매우 (불가능할 것 같이 느껴지지만) 긴장감 있고 명확한 목표를 설정함으로써 그 목표는 가능성의 테두리 안에 자리 잡게 되는 것이다. 비록 그것이 마음속의 상상에 불과하다고 하더라도!

2012년도에 손연재는 전 세계 리듬체조 선수 중 가장 강도 높은 훈련을 소화하며 가능한 많은 국제 리듬체조 대회에 출전하는 것을 목표로 했다. 시니어 경력이 부족한 불리함을 만회하고 손연재의 얼굴을 더 많이 알리고, 그리고 실전을 통해 훈련효과를 극대화하기 위한 전략의 일환이었다.

이 과정에서 크고 작은 부상이 발생했지만 송재형 트레이너는 손연재의 피지컬 컨디션을 항상 최고의 상태로 유지하는데 큰 도움을 주었고, 해외 생활에서 오는 정신적인 스트레스와 약해지는 마음은 조수경 박사가 다잡아 주었다. 그리고 문대훈 매니저는 손연재의 가장 가까운 곳에서 매니저의 업무를 충실히 수행했다. 세계 랭킹 1위와 2위를 오르내리는 최정상급 리듬체조 선수 그 누구도 개인 매니저의 관리와 도움을 받는 선수는 없었고 손연재가 유일했다. 피겨스케이팅에 비해서 그만큼 리듬체조의 시장환경이 열악했다는 것을 의미하는 것이기도 했다.

2012년도의 중반을 지나면서 나의 마음속에는 어쩌면 손연재가 런던 올림픽에서 동메달을 획득하는 것이 완전 불가능한 것은 아니며 모든 조건이 맞춰지면 가능할 수도 있다는 희망을 조금씩 품기 시작했다. 7월말 올림픽 개막을 앞두고 손연재는 모스크바 리듬체조 그랑프리대회에서 후프 종목 동메달, 국제체조연맹 리듬체조 월드컵 시리즈 펜자 대회에서 후프 종목 동메달을 획득했으며, 월드컵 시리즈 소피아 대회에서는 리본 부문에서 동메달을 획득했다.

4개종목 개인종합에서 동메달을 획득하지는 못했지만 개별종목에서는 어느 정도 국제경쟁력을 갖추며 동메달에 근접하기 시작한 것이다. 만약 모든 조건이 맞춰지고 4개 종목 모두에서 최고의 기량을 발휘한다면 올림픽에서의 동메달도 불가능한 것만은 아니라는 생각을 하게 되었다.

불가능과 가능의 차이

손연재는 한국시간으로 2012년 8월 10일 영국 런던 윔블리 아레나에서 열린 2012 런던 올림픽 리듬체조 예선에서 개인종합 110.300점을 받아 6위로 결선에 진출했는데, 이는 한국 리듬체조 사상 최초로 올림픽 결선무대에 진출한 기록이었다.

다음날 같은 경기장에서 열린 리듬체조 결선 무대에서 후프와 볼 종목에서 모두 28점 이상의 고득점을 기록하며 중간 순위 3위에 랭크되며 동메달의 기대감을 높였다.

하지만 아쉬운 탄식은 3번째 종목인 곤봉 연기에서 나왔다. 연기시작 30초 경에 한꺼번에 2개의 곤봉을 던지고 받아야 하는 순간에 곤봉 2개를 모두 놓쳐 0.8점의 감점을 받고 말았다. 경기장에 아쉬운 탄식의 소리가 메아리쳤고, 최종 동메달을 획득한 벨라루스의 류보프 차카시나 선수와의 종합점수차가 0.225에 불과했다! 곤봉 2개중 1개만 잡았어도 동메달 획득이 가능한 아쉬운 순간이었다.

마지막 종목 리본에서도 28점을 넘기는 좋은 점수를 받아 손연재는 결국 5위로 마무리했지만 간발의 차이로 동메달을 놓친 것은 두고두고 아쉬웠다. 2012 런던 올림픽 리듬체조 종목에서의 금메달 경쟁은 압도적인 기량을 보여주고 있었던 러시아의 예브게니아 카나예바와 다리아 드미트리예바의 경쟁에서 결정될 것이 확실시 되었기 때문에 오히려 3위(동메달)를 누가 차지할 것이냐가 또 하나의 관전 포인트 였다.

손연재가 곤봉에서의 큰 실수로 인해 아쉽게 동메달은 놓쳤지만 후프(28.050) 볼(28.325) 곤봉(26.750) 리본(28.350) 점수를 합산한 총점 111.475점을 받아 런던 올림픽에서 5위에 이름을 올린 것은 한국 리듬체조 사상 처음 있는 일이었다. 거의 최연소로 출전한 어린 나이를 감안하면 다음 올림픽에 대한 기대감으로 올림픽 이후 손연재의 상품가치는 한층 높아졌고 광고계의 러브콜이 쏟아지기 시작했다.

2010년 광저우 아시안 게임에서 한국 리듬체조 사상 최초로 동메달을 획득했을때 기업들은 그의 가능성을 보고 후원을 시작했다. 하지만 2012년 런던올림에서 한국 리듬체조 사상 최초로 본선진출과 종합5위의 성적은 손연재를 대한민국의 대표적인 여자 스포츠 스타의 반열에 올려놓기에 충분했다.

손연재의 폭풍성장을 통해 나는 선수의 명확한 목표설정의 중요성에 대해 많은 것을 배웠다. 비단 스포츠계의 선수들뿐만 아니라 우리 일반인들 모두에게도 적용될 수 있는 교훈이라고 생각했다. 명확한 목표를 설정한다는 것은 마치 캄캄한 바닷길의 항해에서 반짝이는 등대를 찾아내는 것과 같고, 거칠고 고단한 삶의 여정에서 다시 한 번 마음을 다잡고 힘을 내서 고비를 헤쳐나갈 수 있는 동력기를 장착하는 것과 같다.

　2010년 리듬체조 세계 선수권 대회에서 32위에 그쳤던 손연재는 2011년 세계 선수권 대회에서 10위 목표를 설정하고 11위를 달성했으며, 다시 2012년 런던 올림픽에서는 사실상 불가능하다고 했던 동메달을 목표로 출전하여 5위의 성과를 거두었다. 나는 만약 손연재가 명확한 목표를 수립하지 않았다면 그가 달성 가능한 능력치에 훨씬 못 미치는 성과를 얻었을 것이라고 생각하곤 했다. 손연재의 놀라운 성장과정을 지켜보면서 나는 어른들의 관점에서 어린 선수들의 꿈을 함부로 재단하고 쉽게 한계 지워서는 안 된다는 교훈을 얻었다.

　손연재가 런던 올림픽에서 기대이상의 선전을 하자, 손연재를 후원해온 기업들도 함박 웃음을 지었다. 2010년 광저우 아시안게임에서 한국인 최초로 리듬체조 개인종합에서 동메달을 획득하였을 때는 꿈나무 선수로서, 그리고 기대주로서 가능성을 보고 좋은 뜻으로 후원에 동참한 기업들이, 불과 2년 만에 세계 TOP 5 선수로 성장하자 후원 및 광고효과를 톡톡히 보게 된 것이다.

　실제로 손연재의 리듬체조 개인 종합 본선 경기는 2012 런던 올림픽을 생중계한 지상파 3사의 올림픽 방송 프로그램 중 가장 시청률이 높았다.

　한 시청률 조사 전문기업의 집계에 의하면 2012년 런던 올림픽 전국 평균시청률은 6.2%를 기록했는데, KBS가 7.5%로 가장 높았고, MBC가 5.2%로 가장 낮았다.

　2012년 런던 올림픽 경기 동안 경기별 시청률 순위를 살펴보

2012 런던 올림픽에서 손연재가 출전한 리듬체조 경기는 가장 시청률이 높은 경기에 속했다.
ⓒ연합뉴스

면, 1위와 2위 모두 손연재의 리듬체조 경기였고, 3위는 축구 동메달 결정전 대한민국 : 일본 경기였다. 시청률 순위 1위를 차지한 8월 11일 리듬체조 여자 개인종합 곤봉 결승의 동시중계 시청률은 44.1% (KBS2 29.8%, MBC 14.3%)를 기록했고, 시청률 2위인 8월 11일 리듬체조 여자 개인종합 리본 결승의 동시중계 시청률은 43.9% (KBS2 28.9%, MBC 15.0%)에 달했다.

손연재 경기가 전체 시청률 순위 10위 중에 3개를 차지해, 그에 대한 국민적 관심을 실감할 수 있었다.

손연재의 후원사와 광고주들은 올림픽 경기에서 손연재의 경기를 생중계하는 시간대에 집중적으로 TV 광고를 내보냈다. 손연재를 후원한 것이 후원기업의 이미지 제고에 도움이 되었다.

LG전자는 올림픽 이전부터 손연재에 대한 후원과 국내 최초 리듬체조 갈라쇼 이벤트를 후원하면서 손연재가 안정적으로 훈련에만 집중할 수 있도록 전폭적인 지원을 해왔다.

동시에 LG전자는 손연재로부터 영감을 받은 '휘센 손연재 스페셜'을 출시하기도 했다. 이 제품은 손연재를 연상시키는 깜찍하고 감성적인 디자인으로 출시 3개월 만에 전체 에어컨 매출의 40%를 차지하는 등 최고의 시너지 효과를 창출했다.

주얼리 패션 브랜드 제이에스티나는 2009부터 손연재를 후원해왔는데, 런던 올림픽을 맞아 손연재의 선전을 기원하며 '올림피아 라인'을 출시했다. '올림피아 라인'은 올림픽의 상징인 월계관에서 영감을 받은 것으로 손연재의 올림픽 화보가 공개되면서 소비자들의 폭발적인 관심을 끌어모았다.

2009년부터 손연재의 잠재력과 성장 가능성을 높이 보고 지속적으로 후원을 해온 KB금융그룹은 국제대회에서의 성과에 따라 별도의 후원금을 지급하며 손연재가 세계적인 선수로 성장하는데 큰 도움을 주었다. KB금융그룹은 런던 올림픽을 맞아 광고 모델을 손연재로 교체하고 지면 광고 촬영을 마쳐놓은 상태였다.

역시 2009년부터 손연재를 후원해온 휠라코리아는 런던 올림픽 한국 대표팀 전체의 의류 후원사로 참여함으로써 가장 큰 후원효과를 만들어내는데 성공했다.

선수는 꿈꾸는 만큼 성장한다

　내가 우상혁을 처음 만난 것은 2013년 5월 충남고 훈련장이었다. 우상혁은 맑고 밝은 눈빛이 이글거리는 인상적인 고등학생이었다. 우상혁한테 처음 관심을 가진 이유는 그가 2013년 4월 미국 애리조나 피닉스에서 열린 제34회 선 엔젤스 클래식(Sun Angels Classic) 육상대회에서 2미터 16으로 깜짝 우승을 차지했기 때문이었다.

　우상혁은 중3이었던 2011년 KBS배 전국육상대회에서 1미터 95를 뛰어 우승했다. 그리고 이듬해 고1이었던 2012년 춘계 전국육상대회에서 2미터 7을 뛰어 우승을 했고, 10월 전국체전에서 2미터 13을 뛰어 또 우승했다. 매 대회마다 자신의 신기록을 갈아치운 우상혁이 선 엔젤스 클래식에서 17세의 나이에 2미터 16을 뛰었다는 것은 뭔가 예사롭지 않은 일들이 벌어지고 있다는 것을 의미했다.

　그래서 나는 2013년 5월 우상혁과 매니지먼트 계약을 체결했다. 계약 체결 후 2개월 만에 우상혁은 2013년 7월 우크라이나 도네츠크에서 열린 세계육상 청소년 선수권대회에서 2미터 20으로 우승을 차지했다. 그리고 다음 해인 2014년 미국에서 열린 세계 육상 주니어 선수권 대회에서 2미터 24를 넘어 동메달을 차지했다. 2011년 1미터 95를 뛴 우상혁이 3년만에 2미터 24를 넘어선 것이었다! 매년 10cm, 3년간 거의 30cm의 기록을 경신한 것이었다.

매년 거침없는 성장으로 자신의 높이뛰기 기록을 경신해온 우상혁에게 한국에서 열린 2014 인천 아시안게임은 자신의 이름 석 자를 전 국민에게 알릴 절호의 찬스였다. 하지만 모든 일이 항상 순탄하게만 진행되지는 않았다. 특히 운동선수에게는 컨디션이 좋을 때 부상이나 슬럼프가 찾아오곤 한다. 2014 인천 아시안게임은 우상혁에게 슬럼프의 시작을 알리는 신호탄이 되었다. 모국에서 열린 아시안게임에서 10위에 그친 우상혁은 이듬해에 더 부진했고, 가까스로 출전자격을 얻어 출전한 2016 리우 올림픽에서는 결선 진출에 실패하며 26위에 머물렀다.

이때만 해도 한국 육상계는 우상혁의 성장은 여기까지가 아닌가 하는 의구심을 갖기 시작했고, 우상혁도 심리적으로 크게 위축될 수밖에 없는 상황이었다. 하지만 2016 리우 올림픽이 끝난 이듬해인 2017년 인도에서 열린 아시아 육상 선수권대회에서 마침내 2미터 30을 넘어 4년간의 슬럼프 끝에 부활의 시작을 알렸다.

2018년 자카르타-팔렘방 아시안게임에서는 2미터 28을 뛰어 은메달을 획득하는데 성공했다. 이진택 이후 16년만에 획득한 귀중한 아시안게임 은메달이었다. 하지만 2018년 아시안게임 이후에 우상혁은 피로골절 등으로 부상에 시달리며 다시 한 번 슬럼프에 빠지게 된다. 2019년 아시아 육상 선수권대회에서 2미터 19의 기록으로 7위에 그쳤고, 국내 대회에서도 2미터 20 초반 대 높이를 극복하지 못했다.

나는 이때 우상혁의 부진을 지켜보면서 높이뛰기 종목에서 꾸준히 자신의 최고 기록을 유지하는 것이 얼마나 어려운 일인지 처음 알게 되었다. 어제 뛰었던 높이를 오늘 뛸 수 있다는 보장이 없는 것이 높이뛰기이고, 3년 전에 2미터 30을 뛰었는데 이후 3년 동안 그 기록을 한 번도 경신하지 못하는 것 또한 높이뛰기였다.

2013년 5월 충남고에서 처음 만난 우상혁 선수.

우상혁 자신도 나중에 이때가 "인생에서 가장 힘들었던 시기"였다고 털어놨다. 그렇게도 성실하게 수년동안 훈련과 기록경신에 몰두해온 그였기에 괴로움과 허탈함은 더욱 컸다. 지금도 그렇지만 운동하는 동안 거의 술을 입에도 대지 않는 우상혁이 당시 매일 술로 괴로움을 잊으려 했던 힘든 시기였다.

그러다 만난 사람이 지금의 김도균 코치였다. 김도균 코치는 슬럼프에서 좀처럼 벗어나지 못하고 있는 우상혁에게 "운동을 왜 하는거냐?"라는 근본적인 질문을 던졌고, 우상혁은 자신이 10년 전에 처음 높이뛰기를 시작했던 때를 떠올리며 마음을 다잡았다. 괴롭고 고통스럽기 위해 높이뛰기를 시작한 것이 아니었다는 기억이 뇌리를 때렸다.

처음 높이뛰기를 시작할 때 운동장을 달리는 것이 너무 좋았고 바를 넘는 것이 너무 행복했던 시절을 떠올렸다. 좋아서 운동을 시작했고 '행복했을 때 가장 기록이 좋았다'는 것을 기억해냈다.

하늘은 스스로 돕는 자를 돕는다

선수 매니지먼트 일을 오랫동안 해오면서 내가 내린 결론 중에 하나는 "될 선수는 되고, 안될 선수는 다른 길이 있다"는 것이다. '잔인한' 말 같지만 다른 한편으로는 '편안한' 말이다. 선수의 에이전트에게도 선수 본인에게도 동일하게 적용되는 말이다.

어떤 선수가 에이전트 회사와 계약을 할 정도이면 그 선수는 이미 세계적인 선수이거나, 세계적인 선수로 성장이 가능할 정도의 유망한 선수일 것이다. 그런데 그런 뛰어난 선수들이 모두 올림픽이나 세계 선수권 대회에서 금메달을 획득하는 것은 아니다. 어떤 선수는 금메달을 목에 걸고, 어떤 선수는 예선에서 탈락한다.

나는 처음에 이 현상을 불공평하고 잔인하다고 생각했다. 모두가 뼈를 깎는 노력과 피땀 흘려 훈련에 몰두한다. 그리고 그 기량의 차이는 백짓장 한 장 차이에 불과한데도 승패와 운명이 엇갈린다! 나는 이 잔인한 승부의 세계에서 소위 '되는 선수'를 많이 보아왔다. 그리고 잘 안 되는 선수에게는 그 불행을 극복할 수 있는 새로운 기회가 열리는 것 또한 많이 보아왔다. 그리고 잘 되는 선수들에게 나타나는 공통적인 특징 중에 하나는 극적인 순간에 극적 반전이 일어난다는 것이다. 그 극적 반전의 이면에는 '보이지 않는 손' 또는 '보이지 않는 조력자'가 마치 그 선수를 위해 힘을 써주고 있는 것 같은 느낌을 받았다.

2013년 4월 미국에서 열렸던 선 엔젤스 클래식 대회에서 2미터 16으로 우승한 우상혁은 한국에서 제일 큰 스포츠 마케팅 회사인 IB스포츠와 매니지먼트 계약을 체결하는 행운을 만들어 냈다. 그리고 매니지먼트 계약 체결 2개월 후인 7월에 세계 청소년 육상 선수권대회에서 2미터 20을 넘어 우승을 차지하는 행운을 이어갔다.

2016년 리우 올림픽 직전에는 극적 반전이 일어났다. 올림픽 출전자격을 확보하지 못했던 우상혁은 올림픽 개막 직전에 열린 오사카 국제육상대회에서 2미터 29를 넘어 간신히 올림픽 출전자격을 획득하는 행운을 거머쥐었다.

2021년 도쿄 올림픽 직전에는 더 큰 반전이 일어났다. 7월 23일 도쿄 올림픽 개막을 한 달 앞둔 시점에도 우상혁은 올림픽 출전 자격을 획득하지 못하고 있었는데 올림픽 출전자격을 산정하는 '마지막 날' 대회에서 2미터 31을 극적으로 넘었다. 올림픽 출전자격은 포인트 랭킹 32위까지 주어졌는데 이 기록으로 우상혁은 31위로 간신히 막차를 타는 행운을 잡았다.

우상혁이 2021년에 열린 도쿄 올림픽에서 어떤 극적인 장면을 연출했는지는 모두가 지켜본 바 그대로다.

김도균 코치와의 운명적인 만남

우상혁은 2018년 자카르타-팔렘방 아시안게임에서 2미터 28을 뛰며 은메달을 획득한 후, 생애 두 번째 슬럼프에 빠지게 된다. 2014년 인천 아시안게임에서 10위로 부진하면서 시작된 1차 슬럼프는 2017년 부바네스와르 아시아선수권 대회에서 2미터 30으로 금메달을 획득하며 끝냈다. 하지만 2차 슬럼프는 훨씬 심각했다.

2019년에 종아리 부상을 당한 우상혁은 자신의 최고 기록인 2미터 30에 훨씬 못미치는 저조한 기록으로 깊은 실의에 빠졌다. 이때 운명적으로 그리고 극적으로 도움의 손길을 내민 사람이 바로 지금의 김도균 코치였다.

우상혁은 김도균 코치를 '벼랑 끝에서 나를 구해준 은인'으로 표현했다. 나는 2013년에 우상혁과 매니지먼트 계약을 체결한 후 2017년부터는 한동안 헤어져 있었다. 2016 리우 올림픽이 끝난 후 나는 11년간 근무했던 갤럭시아SM(이전 IB스포츠)을 떠나 새로운 회사로 이직을 했고, 새로운 회사에서 내가 맡은 업무는 당구의 프로화 작업이었다. 그동안 우상혁은 매니지먼트 회사없이 혼자였고, 2019년 부진의 늪에서 괴로워할 때 김도균 코치를 만나 인생의 큰 변곡점을 맞이하게 된 것이다.

우상혁이 극적으로 올림픽 진출권을 따냈을 때 나는 진심으로 축하 문자를 보냈다. 그리고 2021년 여름 도쿄 올림픽에서 기적과도 같은 4위, 그리고 2미터 35cm 라는 상상을 초월하는 높이를 뛰어넘었을 때 우리는 진심으로 축하 문자를 주고 받았다. 나는 우상혁이 올림픽 무대에서 2미터 35cm를 넘었다는 것이 정말 믿기지 않을 정도로 놀랍고 감격스러웠다.

　내 상식으로는 불가능한 것이 현실이 된 것이다. 나는 도쿄 올림픽이 끝난 후 송도에서 우상혁과 김도균 코치를 만났다. 그 자리에서 "어떻게 이런 일이 일어날 수 있는지 상식적으로 이해가 안간다"고 놀라워했는데, 김도균 코치는 "상혁이가 해낼 줄 알았다"며 마치 당연한 일이 일어난 것처럼 차분하게 화답했다.

　도대체 우상혁과 김도균 코치에게 지난 2년간 무슨 일이 일어난 걸까? 나는 슬럼프에 빠진 우상혁을 구해내고 그를 다시 일으켜 세워서 올림픽에서 기적에 가까운 기록을 세우게 한 김도균 코치의 코칭 방법이 궁금했다.

우상혁이 김도균 코치로부터 배운 것은?

　나는 2016년 리우 올림픽에 출전했던 우상혁과 2021년 도쿄 올림픽에 출전한 우상혁은 완전 다른 선수, 다른 사람이라고 생각한다. 도대체 무엇이 우상혁을 완전히 다른 사람으로 바꾸어 놓은 것일까?

　첫째로는 멘탈 트레이닝이다. 김도균 코치와 우상혁의 얘기를 들어보면 그것은 거창한 '멘탈 트레이닝'이 아니라 그냥 자주 '산책하면서 대화를 많이 하는 것'이라고 했다. 처음에 나는 성인 남자 둘이서 '대화를 많이 한다'는 것이 무슨 말인지 이해가 되지 않았다. 나는 추측으로 김도균 코치가 일상적인 대화를 통해서 우상혁의 시합불안이나 압박감을 해소했고, 항상 긍정적이고 편안한 마음으로 훈련과 대회에 임하는 법을 잘 지도한 것이라고 생각했다.

그리고 운동을 하는 근본 이유가 '좋아서 시작했고 행복하기 위함이라면 훈련하고 대회에 출전하는 모든 과정이 행복한 시간이어야 한다'는 대원칙을 잘 지켜낸 것으로 평가하고 있다. 하지만 내가 이해할 수 없었던 것은 '마음만 그렇게 먹으면 다 해결되는 건가?' 하는 의문점이었다. 2미터 35의 엄청난 높이에 올려져 있는 바를 바라보며, "나는 할 수 있다!"는 자신감과 긍정적인 마인드로 달려간다고 해서 그 바를 넘을 수 있는 것은 아니기 때문이다.

나는 멘탈 트레이닝이 효력을 발휘하는 데는 한계가 있다고 생각했다. 하지만 김도균 코치가 말하는 '긍정과 자신감'은 신기루 같은 최면치료가 아니라, 체계적인 훈련에서 비롯되는 것으로 현실적이고 예측가능한 것이라고 했다.

두 번째로 김도균 코치는 새로운 방식으로 우상혁을 지도했다고 했다. 그것은 "특별히 훈련 강도를 높이는 것이 아니라 그냥 생활 속에서 꾸준히 훈련하는 것"이라고 했다. 훈련이 곧 생활이고, 생활이 곧 훈련이라는 말을 나는 쉽게 이해하지 못했다.

그리고 우상혁은 김도균 코치를 만난 이후부터는 체계적이고 과학적인 훈련의 반복을 통해서 꾸준히 기록을 경신해왔기 때문에 대회에 출전함에 있어서 성공과 실패에 대한 불안감이 거의 없었다고 했다. 나는 이 대목에서 귀가 솔깃했고 크게 공감했다. 사실 위에서 애기한 우상혁과 김도균 코치의 성공 비법 중 '대화를 많이 한다'는 것과 '생활 속에서 꾸준히 훈련한다'는 것은 크게 와 닿지 않았고,

애매한 내용이었다.

하지만 "체계적이고 과학적인 훈련을 통해 예측가능성을 높였다"는 것이 사실이라면 그것은 대단한 것이라고 생각했다. 2016년 리우 올림픽에서는 소심하고 내성적이었으며 예선탈락의 고배를 마신 우상혁이, 어떻게 해서 2021년 도쿄 올림픽에서 완전히 다른 선수가 되어 2미터 35cm를 넘고 자신감이 충만하게 되었는지 조금은 실마리가 풀리는 듯했다. 나는 나중에 따로 기회가 되면 시간을 내서 김도균 코치로부터 상세하게 이야기를 들어야겠다고 생각했다.

훌륭한 선수와의 인연은 스포츠 마케터의 보람

앞서 말한 바와 같이 나는 운이 좋은 사람이다. 김연아와 손연재, 박인비, 유소연, 양학선과 같은 세계적인 선수를 가까이에서 지원하는 일을 행복하게 해냈다. 그리고 우상혁과 같은 선수는 나에게 '불가능'이라는 단어의 개념을 새로 정의해 주었다. 우상혁에게 있어서 '불가능'이란 우리가 마음속에서 스스로 만들어내는 장벽일 뿐이다.

2011년 하반기에 나는 컬링이라는 종목에 몰두했다. 당시에 컬링이라는 종목을 아는 스포츠팬들은 많지 않았다. 컬링이 과연 스포츠 마케팅이 가능한 종목인지에 대해서도 불투명한 시절이었다. 나는 미국과 캐나다 그리고 유럽 등 동계 스포츠 강대국들이 모두 컬링 강국이라는 것을 알았다. 특히 캐나다에서는 생활스포츠로 가장 각광받는 동계 스포츠 종목 중에 하나가 컬링이었다. 내가 회사에 컬링연맹 마케팅 대행을 하겠다고 했을 때 회사 역시 반신반의했다. 컬링이라는 종목 자체가 생소했기 때문이었다. 그리고 컬링 종목의 발전에 있어서 가장 큰 걸림돌은 컬링 경기장이 턱없이 부족하다는 점이었다. 아니 부족한 정도가 아니라 컬링 경기장은 거의 없다시피 하던 시절이었다. 컬링 국가대표팀이 되어야만 태능빙상장에 마련된 컬링연습장을 이용할 수 있었다.

2006년에 경북 의성에 컬링전용경기장이 개장했다. 이후에 경북체육회 소속 남녀 컬링팀이 홈구장으로 사용해왔고, 의성 컬링장은 주요 국내외 컬링 대회를 개최하는 한국 컬링의 매우 중요한 베이스 캠프가 되었다. 그러다보니 의성 컬링장을 지척에 둔 경북컬링팀은 한국에서 컬링 강팀으로서의 면모를 유지할 수 있었다.

2012년 초에 회사는 내 의견에 따라 대한컬링경기연맹과 마케팅대행 계약을 체결했다. 회사가 대한컬링경기연맹의 마케팅 대행 업무를 맡은지 10개월만에 신세계그룹이 대한컬링경기연맹에 100억 원이라는 거액을 후원하기로 결정했다. 당시 신세계 그룹은 오랫동안 운영해왔던 여자 프로농구팀을 해체하고, 대신 비인기 아마추어 종목 중에서 후원할 대상을 찾고 있었는데, 컬링이라는 종목이 신세계그룹의 눈에 들어왔던 것이다.

이때 신세계그룹이 컬링을 전폭적으로 후원하는 결정을 해주었기에 대한민국의 여자컬링대표팀(경기도체육회 소속)은 2014년 소치 동계올림픽에 출전할 수 있었다.

첫출전한 올림픽에서 3승 6패로 8위를 차지했지만 소치 올림픽

2018 평창 동계올림픽에서 기적과도 같은 은메달을 획득한 팀킴. ⓒ연합뉴스

에서 여자 컬링이 국내 스포츠팬들에게 심어준 인상은 강렬했다.

우선 컬링이라는 종목을 스포츠팬들의 뇌리에 강한 인식을 남기는데 성공했다. 그리고 컬링이라는 종목이 의외로 흥미진진하고, 한국인이 잘 할 수 있는 종목 중에 하나라는 평가를 받았다. 그리고 4년 후 평창 동계올림픽에서 큰 기대감 갖게 했다.

내가 스포츠 마케터로서 컬링이라는 종목에 주목한 가장 큰 이유는 스폰서 기업의 미디어 홍보효과가 탁월하다는 점 때문이었다. 컬링을 생중계하는 TV화면을 주의 깊게 관찰해보면, 경기중 카메라가 선수들의 정면을 지속적으로 잡아주기 때문에 경기복에 부착된 후원기업의 노출효과가 탁월할 수밖에 없었다. 그리고 경기 시간이 야구만큼 충분히 길고, 올림픽과 세계 선수권 대회에서의 경기방식이 풀리그(한 팀이 나머지 출전국 전체와 한 번씩 대결하여 본선

진출을 결정하는 방식)로 진행되기 때문에 후원 기업으로서는 매우 만족스러울 수밖에 없다.

한국에서 열린 2018년 평창 동계올림픽에서는 경북 여자 컬링팀이 한국 대표로 출전했다. 컬링은 우리나라의 올림픽 전략 종목이었지만 캐나다, 미국, 스위스, 스웨덴이 압도적인 최강국이어서 한국이 4강 본선에 진출할 가능성은 높지 않았다. 하지만 평창동계올림픽에 진출한 경북 의성 출신의 팀킴(Team Kim)은 놀라운 경기력을 발휘했고 결국 은메달을 획득하는 쾌거를 이뤄냈다.

2012년도에 내가 컬링연맹의 마케팅 대행 계약을 하자고 회사에 제의했을 당시엔 상상하기 조차 어려운 기적같은 결과를 만들어 낸 것이다!

올림픽이 끝난 후 나는 팀킴과 매니지먼트 계약을 체결했다. 하지만 매니지먼트 업무는 순탄하지 않았다. '마늘 소녀'로 알려진 팀킴이 의성 컬링장에서 불합리하게 고통을 당해온 것이 세상에 알려지면서 나는 올림픽에서의 영광을 함께 나누기보다는 '팀킴'이 고통으로부터 벗어나 새로운 터전에 자리잡을 수 있도록 도와주는데 대부분의 시간을 보내야만 했다.

지금 팀킴은 고향인 의성 컬링장을 떠나 강원도 체육회 소속으로 강릉 컬링 경기장에 둥지를 틀었다. 나는 지금 그들의 매니지먼트 업무를 맡고 있지 않지만 가끔씩 만나고 주로 문자 메시지를 주고 받으며 서로의 안부를 묻는다. 2018 평창 동계올림픽 이후 김은정 선수가 먼저 결혼을 했고, 이어서 김영미 선수도 결혼을 했다. 그리고 가장 최근에는 김영미 선수의 동생인 김경애 선수도 결혼을 했고, 김선영과 김초희는 아직 싱글로 남아있다. 선수와 마케터로 만났지만 지금은 인간적인 관계로 언제든지 반갑게 만날 수 있는 사이가 되었다.

두드리라, 그러면 열릴 것이다!

신약 성경 마태복음 7장 7절에 있는 내용이다. 개인적으로 교회나 성당에 나가지 않지만 내 삶의 가장 중요한 가르침으로 삼고 있는 신조이다.

2017년 6월에 나는 탁구 유망주 신유빈과 매니지먼트 계약을 추진했다. 수원 청명중에 재학중이었던 신유빈은 당시만 해도 초등학생 어린이처럼 느껴졌다. 하지만 그 눈빛 만큼은 김연아나 손연재처럼 이글거렸다. 운동선수를 관찰하는 버릇이 있는 나로서는 제일 처음 유심히 체크하는 것이 선수의 눈빛이다. 당시 중학생이었던 신유빈은 세계 랭킹이 아예 없었고, 주니어 랭킹도 100위권 밖에 있었다.

나는 그런 신유빈 선수에게 '2020년 도쿄 올림픽에 출전하는 것을 목표로 3년 이내에 국제탁구연맹(ITTF) 여자부 랭킹 20위 이내에 들 것'을 요구했다. 2018년까지 세계랭킹 100위에 진입하고, 2019년엔 50위, 그리고 올림픽의 해인 2020년엔 20위 안에 진입하는 것을 목표로 제시했다.

탁구선수 출신인 신유빈 아버지는 불가능한 목표라고 했다. 신유빈 아버지는 신유빈이 행복하게 탁구선수 생활을 하는 것을 원했다. 국제대회의 성적이나 올림픽 진출과 같은 목표는 선수 생활을 하는 동안 기회가 오면 좋고 아니어도 상관없다고 했다. 신유빈에게 지나친 스트레스를 주고 싶어 하지 않았던 것이다. 나는 충분히 이해할 수 있었고 아버지로서는 딸의 행복한 삶을 위해 당연히 주장할 수 있는 이야기라고 생각했다.

하지만 올림픽 종목의 선수는 올림픽이 가장 큰 목표가 되어야 한다는 것이 내 생각이었다. 그리고 가능하면 어린 나이에 올림픽 출전경험을 가질수록 그 다음 올림픽에서 성공할 가능성이 높아진다.

2020년 도쿄 올림픽이 예정대로 개최되었다면 세계랭킹이 턱없이 낮은 신유빈이 올림픽 출전권을 확보하지 못했을 것이다. 그런데 놀랍게도 2020년 도쿄 올림픽이 코로나19 팬데믹으로 1년 연기되었다. 도쿄 올림픽에 출전할 탁구 대표팀 선발전 역시 1년 연기되면서 신유빈은 1년간 시간을 벌게 되었고, 치열한 경쟁 끝에 드디어 여자 탁구 최연소 국가대표가 되어 2021년에 열린 도쿄 올림픽에 출전하는 행운을 거머쥐었다.

만약 신유빈이 2020년 도쿄 올림픽에 출전하겠다는 목표를 세우지 않았더라면, 신유빈은 올림픽에 출전하지 못했을 것이다. 하지만 올림픽에 출전하겠다는 목표를 세우고 올림픽의 문을 두드렸기에, 코로나19 팬데믹이라는 것이 나타나 신유빈에게 기회의 문을 열어준 것이라고 생각했다.

신유빈에게 두 번째 행운은 2022 항저우 아시안 게임이었다. 도쿄 올림픽 이후 신유빈은 손목 부상으로 한동안 대회에 출전할 수 없었다. 그러다보니 항저우 아시안게임에 출전할 대표 선발전에서 대표 선수로 선발되지 못했다. 그런데 다시 한번 놀라운 기적이 일어났다. 이번에도 코로나 19 팬데믹으로 2022년 항저우 아시안게임이 2023년으로 1년 연기되었고, 아시안게임에 출전할 탁구 대표선수 선발전 역시 새로 실시하게 된 것이다. 부상에서 돌아온 신유빈은 탁월한 실력으로 언니들을 물리치고 아시안게임 출전 선수 자격을 획득했다.

2017년 6월 신유빈 매니지먼트 계약 체결.

많은 사람들이 신유빈은 천운을 타고 났다고 이야기 한다. 하지만 그런 좋은 운도 그 사람이 최선을 다해 노력할 때 따라주는 것이라고 생각한다.

마쓰시타 고노스케, 혼다 소이치로와 함께 일본의 3대 '경영의 신' 중에 한 명으로 존경받는 이나모리 가즈오의 책 《왜 일하는가》에는 이런 구절이 나온다.

"신은 스스로 돕는 자를 돕는다. 우리가 목숨 바쳐 간절히 일에 전념할 때 신이 이를 가상히 여겨 힌트를 준다. 신이 손을 뻗어 도와주고 싶을 정도로 일에 전념하라. 그러면 아무리 고통스러운 일일지라도 신이 손을 내밀 것이고, 반드시 성공할 수 있을 것이다."

운동선수든 직장인이든 사업가든 이나모리 가즈오가 말하는것처럼 '목숨 바쳐 간절히' 자신의 일에 전념해 보자. 하늘에서 내려다보고 있는 신이 당신의 처절한 노력을 가상히 여겨 차마 도움의 손길을 주지 않고는 배기지 못할 정도로 간절히 노력해 보자.

"하늘은 스스로 돕는 자를 돕는다"는 것은 "나 스스로 나 자신의 일에 최선을 다할 때 비로소 하늘도 나를 도와줄 마음을 품는다"는 뜻이다.

제4장

스포츠 마케팅의 꽃
'스포츠 이벤트'

"용기란 자신만의 창의적인 길을 따르기로 결정하는 것이다."
- 라이언 홀리데이, 《브레이브》中

스포츠 이벤트는 상상력의 결과물이다

유망선수를 발굴해서 스타로 육성하고 스타 마케팅을 한다는 것은 정말 매력적인 일이다. 보람도 있고 하기에 따라 큰 수익을 창출할 수도 있다. 그래서 나는 개인적으로 선수 매니지먼트 사업을 '스포츠 마케팅의 꽃'이라 부른다.

선수 매니지먼트 사업을 하다보면 마케팅과 기업의 생리 그리고 언론의 속성에 대해 많은 것을 배울 수 있다. 기업이 어떤 선수를 선호하고 미디어는 어떤 스토리를 원하는지 잘 이해하게 되면, 선수의 후원사를 찾고 언론을 통해 선수를 홍보하는데 큰 도움을 얻을 수 있다.

선수 에이전트가 '스포츠 마케팅의 꽃'이라면 '스포츠 이벤트'는 '종합 예술'이다. 이벤트의 기획, 섭외, 제작, 연출, 실행에 이르는 일련의 과정이 성공적으로 진행되기 위해서는 아이디어와 창의력, 스폰서십 마케팅 능력, 티켓 세일즈 능력, 제작물 및 인력관리 능력 등 종합적인 자질을 필요로 한다. 그리고 슈퍼 스타와 함께하는 스포츠 이벤트는 방송과 미디어 그리고 팬들의 관심을 끌어모으는 폭발적인 힘이 있다.

　작게는 우리 주변의 생일파티나 돌잔치 같은 행사도 이벤트이며, 회사의 시무식이나 신입사원 환영회 같은 행사도 이벤트이다. 이들 소소한 행사를 이벤트로 인식하고 그에 맞는 행사 타이틀과 식순, 역할과 격식, 준비물 등에 만전을 기하면 매우 큰 의미를 찾을 수 있다.

　그리고 크게는 올림픽, 월드컵 등도 이벤트이며, 모든 스포츠 연맹, 협회의 연간 대회 스케줄 역시 이벤트에 속한다. 한국의 주요 언론사에서 개최하는 마라톤 대회 역시 이벤트이며, 세계 최대 전자박람회 CES와 세계박람회(EXPO) 역시 이벤트 중에 하나이다.

　부산국제영화제, 진해벚꽃축제, 보령머드축제, 화천산천어축제 역시 이벤트 중에 하나이며 마스터즈 골프대회, US오픈 테니스 대회, NFL 슈퍼볼, MLB 월드시리즈 역시 스포츠 이벤트이다. 이처럼 이벤트 사업은 종류나 규모에 있어서 매우 다양하다. 스포츠 이벤트의 종목과 규모 그리고 성격 역시 매우 다양하다.

　세계 최고의 스포츠 이벤트에는 세계 최고의 스포츠 스타가 참여한다. 역으로 세계 최고의 스포츠 스타가 있다면, 세계 최고의 스포츠 이벤트의 기획이 가능하다.

　나는 선수 매니지먼트를 통해 선수가 스타급으로 성장하면 항상 그 선수가 출연하는 멋진 스포츠 이벤트를 꿈꾸었다. 그 대표적인 것이 김연아 아이스쇼, 손연재 리듬체조 갈라쇼, 박인비 챔피언스 트로피 골프 대회, 차준환 아이스쇼다. 이벤트는 처음 기획해서 스폰서를 유치하고 성공적으로 실행하기가 무척 어렵다. 하지만 일단 한번 성공하기만 하면 이후부터는 비교적 쉽게 운영할 수 있는 것이 스포츠 이벤트 사업이기도 하다.

김연아의 첫 번째 아이스쇼, Festa on Ice

KCC스위첸 페스타 온 아이스

- **아이스쇼 컨셉**: 세계 최정상급 선수들의 피겨 축제
- **일시**: 2008년 4월 17일 ~ 18일
- **장소**: 목동 아이스링크
- **주최**: IB스포츠
- **주관**: IB스포츠
- **타이틀 스폰서**: KCC건설 스위첸
- **공식 후원사**: KB국민은행, DAUM, LG전자, 3M
- **중계방송사**: SBS
- **출연선수**: 김연아, 아라카와 시즈카, 사라 마이어, 조니 위어, 패트릭 챈, 다카하시 다이스케, 장단-장하오(페어), 알리오나 사브첸코-로빈 졸코비(페어), 테사 버츄-스캇 모이어(아이스 댄스), 이동원, 신예지, 윤예지 등 국내 피겨 선수
- **기타출연**: 빅마마, 비보이 공연팀, 뮤지컬 갈라팀

페스타 온 아이스(Festa on Ice)는 IB스포츠가 기획한 첫 번째 김연아 아이스쇼로서 의미가 컸다. 2007년 김연아와 매니지먼트 계약을 체결한 후 첫 시즌을 성공적으로 보내고 김연아가 세계적인 피겨 스케이팅 선수로 성장해나가는 과정에서 기획되었다.

KCC건설이 타이틀 스폰서로 참여했다. 원래는 김연아의 다른 스폰서 기업이 후원하기로 하고 진행을 했었는데, 아이스쇼 한 달을 남겨놓고 후원을 맡기로 한 기업이 난색을 표시하는 바람에 KCC건설이 타이틀 스폰서로 참여했다. 행사 한 달 남겨놓고 타이틀 스폰서를 새로 유치한다는 것은 사실상 불가능하다. 그래서 매우 어려운 상황에서 타이틀 스폰서를 맡아준 KCC건설이 두고 두고 고마웠다.

페스타 온 아이스는 2008년 5월 17일과 18일 양일간 3회의 공연으로 진행되었다. IB스포츠는 첫 번째로 기획한 김연아 아이스쇼를 성공적으로 운영함으로써 향후 아이스쇼 비즈니스의 기반을 다지게 되었다.

세계 최정상급 스케이터들이 페스타 온 아이스에 총출동했다. 현역 최고의 여자싱글 김연아를 비롯해서, 일본의 올림픽 금메달리스트 출신인 아라카와 시즈카, 남자 싱글의 피겨 황제 다카하시 다이스케, 2008 피겨 세계선수권 페어 부문 금메달 리스트와 은메달 리스트가 모두 출연했다. 특히 아라카와 시즈카는 1981년생으로 김연아보다 9살이 많은 나이에도 불구하고 관객들의 많은 박수를 받았는데 우아하고 카리스마 넘치는 연기가 일품이었다. 아라카와는 2006년 토리노 동계올림픽 여자 피겨 금메달리스트로 김연아가 배울점이 많은 스케이터였다.

그리고 캐나다의 댄싱팀 테사 버추-스캇 모이어는 아이스쇼 출연을 계기로 많은 한국팬들의 지지를 받았으며, 아이스쇼를 통해 오랫동안 김연아와 좋은 인연을 유지하는 사이가 되었다. 이들은 2년 후 자국에서 열린 밴쿠버 동계올림픽에서 피겨 아이스댄스 부문에서 금메달의 영광을 차지하기도 했다.

'Festa on Ice'는 IB스포츠와 김연아 모두에게 큰 성과를 안겨다 주었다. IB스포츠는 아이스쇼 비즈니스의 기반을 마련한 이벤트였고, 김연아에게 있어서는 아이스쇼를 통해서 국제 피겨계에서의 영향력을 키울 수 있는 기회가 됨과 동시에 세계적인 선수들과 대형 아이스쇼 공연을 통해 '큰 무대에서의 연기 경험'을 덤으로 얻을 수 있었다.

특히 점프 등 기술적으로 거의 완성된 김연아에게 아이스쇼는 관객들과 함께 호흡하며, 관객들의 호응과 환호를 어떻게 이끌어낼 수 있는 지에 대한 소중한 경험을 쌓는 좋은 기회가 되었다.

이듬해 4월에 개최된 2009 페스타 온 아이스는 공연장을 목동 아이스링크에서 고양시 킨텍스로 옮겨 한층 다양한 프로그램을 선보였는데, 비보이 공연, 가수 공연, 뮤지컬 갈라 공연을 결합하여 '한국식 퓨전 아이스쇼'로 진화하는 모습을 보여주었다.

페스타 온 아이스는 2008년부터 2010년까지 3년 연속 성공적으로 개최되어 이벤트 비즈니스의 가능성을 열었고, 타이틀 스폰서인 KCC건설의 브랜드 이미지에도 긍정적인 효과를 가져왔다.

지상 최대의 아이스쇼, ICE ALL STARS

삼성 애니콜-하우젠 아이스 올 스타즈

- **일시:** 2009년 8월 14일 ~ 16일
- **장소:** 서울 올림픽공원 체조경기장
- **주최:** IB스포츠
- **주관:** IB스포츠
- **타이틀 스폰서:** 삼성 애니콜, 하우젠
- **후원:** KB국민은행, 시몬스침대, 롯데백화점, G마켓, DAUM
- **중계방송사:** SBS
- **출연선수:** 김연아, 아라카와 시즈카, 미셸 콴, 셰린 본, 스테판 랑비엘, 아담 리폰, 일리아 쿨릭, 선쉐 & 자오홍보, 알리오나 세브첸코 & 로빈 졸코비, 알데나 덴코바 & 막심 스타비스키 등
- **곡 연주:** 60인조 오케스트라
- **출연가수:** 다비치

'삼성 애니콜-하우젠 아이스 올 스타즈'는 '지상 최대의 아이스쇼'라는 슬로건으로 진행되었다. 전 세계에서 가장 큰 규모와 화려한 출연진으로 한국 아이스쇼의 새로운 장을 열었을 뿐만 아니라 아이스쇼가 큰 수익을 창출하는 비즈니스 모델로 확실히 자리잡는

계기가 되었다.

그리고 글로벌 기업 삼성전자가 타이틀 스폰서로 참여함으로써 시장규모가 훨씬 커졌다. 이를 계기로 김연아 아이스쇼가 전세계 아이스쇼 중에서 메인 쇼 중 하나로 떠올랐고, 세계적인 피겨 스케이터들과 팬들의 관심을 받게 되었다.

이로써 IB스포츠는 4월엔 〈Festa on Ice〉, 그리고 8월엔 〈Ice All Stars〉 이벤트를 개최함으로써 봄과 여름, 연간 2회 매우 수익성 높은 아이스쇼 프라퍼티를 확보하는데 성공했다.

특히 아이스 올 스타즈에는 김연아의 우상이었던 미국의 전설적인 피겨 스케이터 미셸 콴이 출연하여 김연아와 듀엣으로 '월광소나타' 공연을 선보여 관객들의 갈채를 받았다. 그리고 개인적으로 가장 훌륭하다고 생각하는 김연아의 2008~2009 시즌 쇼트 프로그램이었던 '죽음의 무도'가 오케스트라의 라이브 연주에 맞춰 연기되었는데, 정말 환상적인 최고의 무대였다.

우리는 김연아 아이스쇼에 매번 새로운 시도를 했는데, 이 아이스쇼에서는 60인조 오케스트라를 참여시켜 오케스트라 연주단의 라이브 연주에 맞춰 전 선수들이 더욱 생동감있게 연기를 수행했다. 그리고 스케이팅만으로 진행될 경우 단조로움을 느낄 수 있어, K-POP 가수를 초청하여 마치 라이브 콘서트장에 와있는 듯한 열광적인 분위기를 연출했다.

총연출을 맡았던 브라이언 오서 코치는 마이클 잭슨 추모 공연을 결합시킴으로써 아이스쇼가 단순히 스케이팅 쇼가 아니라 종합 엔터테인먼트 쇼로 진화, 발전할 수 있게 힘을 보태주었다.

아이스쇼의 수입 구조의 아쉬움

아이스쇼 이벤트 사업의 수입 구조를 분석해보면 스폰서 수입의 비중이 절대적이다.

이상적인 수입 구조가 되려면 타이틀 스폰서 후원금의 비중이 30% 이내로 줄어들고 입장권 판매 수입이 차지하는 비중이 50% 이상이 되는 것이 좋다. 타이틀 스폰서 비중이 너무 과대할 경우 타이틀 스폰서 기업에 끌려다닐 수밖에 없고, 스폰서 기업을 구하지 못하면 이벤트 진행 자체가 어려워진다. 지나치게 스폰서에 의존하는 이벤트 비즈니스는 미래가 없다.

물론 이벤트의 성격에 따라 타이틀 스폰서 수입과 입장권 판매 수입 그리고 TV 중계권 판매 수입이 차지하는 비율은 조금씩 다르다. 이이스쇼와 같은 쇼비즈니스는 생중계 콘텐츠로서의 가치는 크지 않다. 그래서 중계권 수입보다는 입장권 판매 수입이나 타이틀 스폰서 수입이 상대적으로 커야 한다.

아래 표에서 아이스 올스타즈 입장권 판매수입이 페스타 온 아이스와 비교해 40%로 크게 늘어났다는 것은 매우 고무적이었다.

[페스타 온 아이스 2008 수입 구조]

스폰서 수입	58.6%
입장권 수입	24.7%
중계권 수입	16.4%
기타 수입	0.3%
합계	100%

[아이스 올 스타즈 2009 수입 구조]

스폰서 수입	48.1%
입장권 수입	40.1%
중계권 수입	11.5%
기타 수입	0.3%
합 계	100%

아이스쇼가 지속가능성을 보장받기 위해서는 쇼의 입장권 판매를 통해 운영경비의 대부분을 충당할 수 있어야 한다. 그리고 중계권 수입과 스폰서 후원 수입, 기념품 판매 수입 등은 오롯이 순익으로 남아야 이상적인 수입구조라 할 것이다. 실제로 미국이나 일본의 아이스쇼는 입장권 판매 수입으로 대부분의 운영경비를 충당하는 수입구조이다.

스포츠 종목과 상관없이 스포츠 대회나 이벤트 사업을 추진함에 있어, 입장권 판매를 통해 운영경비의 대부분을 충당할 수 있을 때 그 스포츠 이벤트는 자생력이 생긴다. 이런 스포츠 이벤트를 나는 개인적으로 '선진국형'으로 분류한다.

내가 생각할 때 또 다른 부류의 '선진국형' 스포츠 이벤트 사업 구조라고 할 수 있는 것은 전체 수입항목에서 TV 중계권 수입이 절대적인 비중을 차지하는 경우이다. NFL이 이에 해당하는 종목이다. 앞서 말했듯이 아이스쇼의 경우엔 TV 중계권 수입 비중이 더 떨어져야 정상이다. 승부가 걸려있지 않는 쇼 콘텐츠를 라이브 중계로 보고 싶어 하는 시청자 수요가 많지 않기 때문이다.

차준환 아이스쇼는 상상력의 산물

내가 차준환을 처음 만난 것은 2012년 차준환이 잠신초등학교 5학년일 때 였다. 11살의 차준환은 스타 마케팅 차원에서의 매니지먼트였다기 보다는 피겨 유망주 지원 프로그램 성격이 강했다. 앳된 얼굴이었지만 스케이팅에 대한 열정이 대단했고 당찬 모습이 인상적이었다.

어려서부터 오리온 초코파이, 삼성생명 등 기업의 광고모델로 활약할만큼 용모가 수려했다. 아역 탤런트보다 더 잘생긴 얼굴이라 나중에 운동을 그만두더라도 방송계에 진출하는 것이 어렵지 않을 것 같았다. 차준환이 본격적으로 피겨계에서 이름을 알리기 시작한 것은 2016년 ISU 피겨 주니어 그랑프리 대회에서 금메달을 획득하고, 그해 주니어 그랑프리 파이널에서 동메달을 획득하면서부터 였다.

차준환은 ISU 주니어 그룹 선수 중에서도 단연 돋보이는 선수였다. 차준환이 빙상장에 들어서면 빙상장 전체가 환히 밝아지는 느낌을 주었다. 하지만 2018 평창 동계올림픽을 2년 정도 앞둔 시점에 주니어 선수가 올림픽에 출전하여 메달을 노린다는 것은 쉬운 일이 아니었다. 하지만 대한민국에서 열리는 올림픽이고, 홈 무대인만큼 최선을 다해 메달을 노리는 것이 당연했다.

한국 남자 피겨 스케이팅 선수의 간판으로 차준환이 평창 동계올림픽 출전은 기정사실화 되었으나 올림픽 출전권을 따는 것은 의외로 쉽지 않았다. 부상과 부츠 문제가 차준환의 발목을 잡았다.

3차례에 걸친 올림픽 대표 선발전이 진행되었는데, 1차전에서 컨디션 난조로 이준형과 김진서에게 20여점을 뒤졌고, 2차 선발전까지 치른 결과 이준형에게 27점이나 뒤져 평창 올림픽 진출에 빨간 불이 켜지고 말았다.

　많은 피겨팬들과 피겨 담당 기자들은 사실상 차준환의 올림픽 진출이 물건너 갔다고 생각했다. 차준환의 피겨 인생에서 가장 큰 위기의 순간이었다. 하지만 차준환이나 차준환 부모 그리고 나는 포기하지 않았다. 기본적인 점프 기술에서 경쟁 선수들보다 압도적인 우위에 있었고, 연기력도 앞서기 때문에 막판 대역전이 가능하다고 보았다.

　브라이언 오서는 3차 선발전 쇼트 경기에서 성공률이 떨어지는 쿼드러플 점프를 빼고, 프리 스케이팅 경기에서는 4회전 점프를 1회로 줄이는 승부수를 띄웠다. 4회전 점프에 대한 부담이 전체적인 경기 흐름에 악영향을 끼칠 수 있다고 판단했던 것이다. 브라이언 오서의 판단은 적중했다. 이로 인해 점프와 스케이팅이 안정되었고 연쇄작용으로 연기력의 완성도도 높아졌다.

　결국 차준환은 마지막 3차 선발전에서 총점 252.65점을 획득하여 이준형을 2.13점 차이로 제치고 평창 올림픽 진출권을 손에 쥐었다. 대역전극이 벌어졌고 차준환 개인적으로는 지금까지 경험해 보지 못한 극적이고 감격스러운 장면이었다.

　차준환이 올림픽을 한 달 앞두고 출전권을 확보하자, 나는 올림픽이 끝나면 서울에서 차준환 아이스쇼를 하겠다는 꿈을 꾸기 시작했다. 내가 차준환 아이스쇼를 해보겠다고 했을 때 회사내부적으로 그것이 가능하다고 동의해 준 사람은 단 한 명도 없었다. 이제 간신히 올림픽 출전권을 획득한 17살 차준환을 중심으로 '세계적인 아이스쇼'를 한다는 것은 모두가 불가능하다고 생각했다.

하지만 나는 아이스쇼의 타이틀 스폰서만 구한다면 못할 이유가 없다고 보았고, 타이틀 스폰서 1순위 기업은 차준환의 후원사였던 LG전자가 되어야 한다고 생각했다.

내가 LG전자를 타이틀 스폰서로 참여시키기 위해 설득한 논리는 2가지였다. 첫째는 LG전자가 후원한 손연재 리듬체조 갈라쇼를 통해 손연재가 세계적인 선수로 성장하는데 큰 힘이 되었다는 점이다. 따라서 LG전자가 '차준환 아이스쇼'를 후원할 경우 선수가 세계적인 피겨스케이팅 선수로 성장하는데 밑거름이 될 것이라는 점과 두 번째로는 차준환의 전성기는 이번 2018 평창 동계올림픽이 아니라 2022 베이징 동계올림픽과 2026 밀라노 동계올림픽이 될 것이라는 점을 부각했다.

문제는 차준환이 평창 동계올림픽에서 얼마만큼 좋은 성적을 거두느냐에 있었다. 나는 차준환이 좋은 컨디션을 유지한다면 10위 이내에는 충분히 들 수 있다고 생각했다. 그리고 이번 올림픽에서 10위 이내의 성적을 거둔다면 다음이나 그 다음 올림픽에서 메달 획득을 기대할 수 있다고 보았다.

열일곱 살 차준환은 최연소의 나이로 평창 동계올림픽 남자 피겨스케이팅 종목에 출전했다. 강릉 아이스 아레나에서 열린 첫날 쇼트 프로그램에서 개인 최고기록인 83.43점을 받아 한국 남자 선수로는 20년만에 올림픽 프리 스케이팅 경기 출전권을 따냈다.

프리 스케이팅 경기에서는 쿼드러플 살코 점프에서 실수가 나와 165.16점을 받아 합계 248.59점으로 15위를 차지하며 경기를 마쳤다.

정성일 선수가 1994 릴레함메르 동계올림픽에서 기록한 18위를 경신하며 한국 최고 순위를 새로 썼다. 비록 기대했던 10위 이내에는 들지 못했지만 차준환은 한국 남자 피겨 역사를 새로 쓰며 다음 올림픽에서의 가능성을 확인했다.

차준환이 평창 올림픽에서 10위 이내에 들기엔 몇 가지 장애물들이 있었다. 첫 번째로는 시니어 무대에 데뷔한지 얼마 안되는 최연소의 어린 나이라는 점이 불리하게 작용했고(피겨 종목에는 시니어 경력이 많은 선수에게 점수를 후하게 주는 관행이 있음), 두 번째로는 2014 소치 동계올림픽 이후 은퇴할 것으로 예상되었던 상위권 선수들이 거의 은퇴를 하지 않고 평창 동계올림픽에 출전했다는 점이다. 실제로 2014 소치 동계올림픽에서 금메달을 획득한 하뉴 유즈루(일본), 은메달의 패트릭 챈(캐나다), 4위를 차지한 하비에르 페르난데스(스페인) 등은 2018 평창 동계올림픽에서도 각각 금메달(하뉴 유즈루), 동메달(하비에르 페르난데스), 9위(패트릭 챈)를 기록했다.

아쉬움이 있었지만 평창 동계올림픽이 끝난 후 차준환은 다음 올림픽의 기대주로 확실히 자리매김하는 데는 성공했다. 그리고 놀랍게도 이를 높이 평가한 LG전자가 '차준환 아이스쇼'의 타이틀 스폰서로 참여하기로 결정을 해주었다. 전 세계 어느 나라에서도 올림픽에서 15위를 차지한 선수를 중심으로 세계적인 아이스쇼를 성공적으로 진행한 사례는 아마도 없었을 것이다.

2018년 4월 20일에서 22일까지 3일간 목동 아이스링크에서 열린 '인공지능 LG ThinQ 아이스 판타지아 2018'은 차준환의 존재감을 전세계 피겨팬들에게 확실히 각인시키는 중요한 계기가 되었다. 그리고 차준환은 이 아이스쇼를 통해 한층 더 성숙하고 멋진 청년으로 성장해 나갔다.

차준환 아이스쇼의 의미

'피겨 여왕' 김연아가 출연하는 아이스쇼는 늘 성공을 거뒀다. 실제로 아이스쇼 문화 자체가 김연아로부터 시작했다고 봐도 과언이 아니다. 하지만 2018년 4월 20~22일 목동아이스링크에서 열린 '인공지능 LG ThinQ 아이스 판타지아 2018'은 '신성' 차준환을 주인공으로 내세운 아이스쇼라는 점에서 그 의미가 컸다.

'아이스 판타지아 2018'의 캐스팅은 화려했다. 차준환을 지도하고 있는 브라이언 오서가 총감독을 맡았고, 피겨 최강국으로 손꼽히는 러시아의 스타들이 총출동했다. 2018 평창 동계올림픽 여자 싱글 금메달리스트 알리나 자기토바와 은메달리스트 예브게니아 메드베데바, 소치 동계올림픽과 평창동계올림픽 페어 금메달리스트 타티야나 볼로소자르-막심 트란코프(러시아), 알리오나 사브첸코-브루노 마소(독일) 조가 환상적인 연기로 관객의 눈을 사로잡았다. 러시아 남자 피겨 영웅 예브게니 플루셴코의 연기도 돋보였다. 경쟁이 아닌 이벤트였지만 연기 하나하나 허투루 준비하지 않은 모

인공지능 LG ThinQ 아이스 판타지아 2018

- **일시**: 2018년 4월 20일 ~ 22일
- **장소**: 서울 목동 아이스링크
- **주최**: 브라보앤뉴
- **주관**: 브라보앤뉴
- **타이틀 스폰서**: LG전자
- **후원**: KB국민은행
- **중계방송사**: KBS
- **출연선수**: 차준환, 김진서, 이해인, 예브게니 플루센코, 진보양, 미샤 지, 빈센트 저우, 알리나 자기토바, 예브게니야 메드베데바, 가브리엘 데일먼, 알리오나 사브첸코 & 브루노 마소, 타티야나 볼로소자르 & 막심 트란코프, 민유라 & 알렉산더 겜린, 블라디미르 베세딘 & 올렉세이 폴리슈추크
- **특별출연**: 팀킴(김경애, 김선영, 김영미, 김은정, 김초희), 황대헌(쇼트트랙), 정재원, 차민규(스피드 스케이팅), 아이스 걸즈(최현수, 송유나, 민서현, 문보인, 김서영)
- **총감독**: 브라이언 오서

습에서 프로다움이 느껴졌다. 관중석 한 켠에서 차준환 등 제자들의 연기를 유심히 지켜보던 오서 코치도 흐뭇함을 감추지 못했다.

차준환 아이스쇼는 김진서, 민유라 등 국내 선수들에게도 큰 보람을 선사한 이벤트였다. 세계적인 선수들과 함께 아이스쇼 무대에 선 것은 돈 주고도 못 살 값진 경험이다. 단순히 무대를 지켜보는 것과 함께 호흡을 맞춰 연기를 펼치는 것의 차이는 엄청나다.

흥행에도 성공했다는 평가를 받았다. 총 좌석수 3,500석인 목동 아이스링크에 첫날 2,720명, 둘째날 3,170명의 관객이 몰렸고, 마지막 날인 22일에도 3,300여명이 들어찼다. 이는 '누가 주인공이냐'를 떠나 아이스쇼가 하나의 문화로 자리잡아가고 있음을 보여주는 의미 있는 결과였다.

스포츠 이벤트의 핵심은 포맷

　앞서 언급했듯이 스포츠 유망주가 스타 선수가 되고, 스타 선수가 슈퍼 스타로 성장하면 슈퍼 스타가 출연하는 슈퍼 이벤트 프라퍼티를 개발해야 한다. 김연아가 슈퍼 스타로 성장해가는 과정에서 2008년에 처음으로 김연아 아이스쇼 이벤트를 기획했었고, 2009년과 2010년 김연아가 슈퍼 스타로 성장하자 아이스쇼 역시 슈퍼 이벤트로 성장했다.

　2010년에 리듬체조 유망주였던 손연재가 광저우 아시안게임에서 깜짝 금메달을 획득하여 스타로 성장가능성을 확인한 후에는 2011년부터 손연재가 출연하는 리듬체조 갈라쇼 이벤트를 기획해서 성공적으로 런칭했다. 이 리듬체조 갈라쇼는 유망선수 손연재를 스타로 성장시키는 원동력이 되었다.

　2015년도에 회사(갤럭시아SM, IB스포츠에서 사명을 변경)는 한국에서 가장 많은 프로골프 선수를 매니지먼트 하는 회사로 성장했고, 이 중에서 박인비 프로는 전세계 여자 랭킹 1위로 최전성기를 구가하고 있었다.

박인비 프로는 2015년 8월 3일(한국시간) 영국 스코틀랜드의 트럼프 턴베리 리조트 에일사 코스에서 열린 '리코 브리티시 여자오픈' 골프대회에서 최종합계 12언더파 276타를 기록하며 우승했다. 우승 상금 45만 달러(약 5억2000만원)보다 더 큰 감격은 그가 메이저 5개 대회에 모두 우승을 차지해 '커리어 그랜드 슬램'을 달성한 것이었다.

박인비 프로는 2008년 US 오픈 우승을 시작으로, 2013년엔 나비스코 챔피언십과 LPGA 챔피언십, US 오픈에 우승했고, 이어 브리티시 오픈 우승컵까지 들어올리며 커리어 그랜드슬램 대기록을 달성했다. 세계 여자골프 역사상으로도 단 7명만이 이 기록에 도달했고, 한국 선수로는 박인비가 처음이었다.

나는 회사에 여자 골프 슈퍼 스타의 반열에 오른 박인비 프로가 출전하는 이벤트 대회를 만들자고 제안했다. 그동안 한국여자프로골프협회(KLPGA)가 주최하는 골프투어 대회의 운영대행사로 참여하여, 골프대회를 많이 치러본 경험을 바탕으로 이제는 더 이상 대행사로서가 아니라 회사가 직접 투자하여 골프 대회의 오너십을 갖는 이벤트 프라퍼티를 개발하자는 제안이었다.

나의 제안에 대해 회사의 CEO는 원론적으로는 동의하나, 대회 개최 비용이 상당할텐데 그 비용을 어떻게 충당하고 수익을 낼 수 있을지에 대한 우려감을 표명했다. 회사의 대표로서 당연한 반응이었지만, 나는 속으로 '골프 대행사 선정 PT에 참여하여 대행사로 선정되면 안전하게 업무를 진행할 수는 있겠지만 대행사업의 낮은 수익성으로는 회사의 지속적인 성장은 어렵다'고 생각했다.

아무런 리스크없이 사업을 진행하려면 투자없이 대행사업만 하면 된다. 하지만 대행사업의 내수율은 10% 내외, 어떤 경우엔 10% 이하로 수익성이 떨어질 때도 있었다. 나는 수익률은 악화되고 경쟁은 치열해지는 대행사업의 구조를 바꾸어야할 때라고 생각했다. 회사가 리스크를 안고 주도적으로 이벤트 사업을 추진하는 오너십 구조로 비즈니스 모델을 바꿔야 한다고 생각했다.

문제는 리스크를 누가 어떻게 책임질 것이냐 하는 것이었다. 회사의 대표가 "내가 책임질테니 적극적으로 한번 진행해보라"고 하면 모를까, "손해나면 안된다"는 것을 전제로 하면 선뜻 나서기 어렵다.

나는 박인비 프로와 유소연 프로 등 LPGA의 대표적인 선수들을 보유하고 있는 매니지먼트사로서, 이 시기에 이들 스타 플레이어들이 출전하는 골프대회를 기획하지 못한다면 앞으로도 영원히 회사가 오너십을 갖는 골프대회를 만드는 것은 불가능할 것이라고 강하게 주장했다.

결국 "한번 해보자"는 의견에 모두 동의했고 기본적인 대회의 컨셉을 '세계최강 대한민국 골프여제들의 세기의 대결'로 잡았다. 대회의 포맷은 기존의 남자 골프 대회인 프레지던츠컵(Presidents Cup)과 라이더컵(Ryder Cup)을 벤치마킹 하기로 했다.

골프대회 포맷 비교표에서와 같이 대진의 구조는 한국출신의 LPGA 선수 중 상금랭킹 최 상위권 선수와 국내 KLPGA의 상금랭킹 최 상위권 선수간의 맞대결로 잡았다. 즉 [LPGA vs KLPGA] 슈퍼매치를 기본 컨셉으로 잡았다.

[주요 국내외 골프대회 포맷 비교]

항목	Ryder Cup	Presidents Cup	Champions Trophy
주최	PGA/유러피언투어	PGA	와우매니지먼트그룹/박인비
첫 대회	1927	1994	2015
개최 주기	2년	2년(라이더컵과 격년)	매년
상금	상금없음, 참가선수는 20만불을 지급받아 유소년 육성, 공익프로그램에 기부 (현재 약 약 3,000만불 누적)	상금없음, 선수가 지정한 구호단체에 기부 (현재 약 5,000만불 누적)	10억(우승팀 6.5억, 준우승팀 3.5억) (상금의 5~10%를 선수들이 자발적으로 공익단체에 기부)
대진 구조	미국 남자대표팀 vs 유럽 남자대표팀	미국 남자대표팀 vs 인터내셔널 팀(비유럽팀)	LPGA 대표팀(한국선수) vs KLPGA 대표팀
선수 구성	팀당 12명(미국팀은 6명은 랭킹순, 6명은 단장이 추천, 유럽팀은 랭킹순으로 9명, 3명은 단장추천)	팀당 12명(팀당 10명은 랭킹순, 2명은 단장이 추천)	팀당 12명(팀당 10명은 랭킹순, 2명은 후원사 추천)
대진 방식	1일차 포섬 4경기, 포볼 4경기 2일차 포섬 4경기, 포볼 4경기 3일차 싱글매치 12경기	1일차 포섬 5경기 2일차 포볼 5경기 3일차 오전 포섬 4경기 오후 포볼 4경기 4일차 싱글매치 12경기	1일차 포볼 6경기 2일차 포섬 6경기 3일차 싱글매치 12경기
총 경기 수	28경기	30경기	24경기
승점 방식	경기당 승리시 1점, 무승부 0.5점, 패배시 0점	경기당 승리시 1점, 무승부 0.5점, 패배시 0점	경기당 승리시 1점, 무승부 0.5점, 패배시 0점
우승팀 결정	승점 14.5점 먼저 취득한 팀이 우승	승점 15.5점 먼저 취득한 팀이 우승	승점 12.5점 먼저 취득한 팀이 우승
명예 대회장	새무엘 라이더	개최국 대통령	주최사 대표

2015 시즌을 기준으로 TEAM LPGA에는 박인비, 유소연, 김효주, 김세영, 장하나, 신지은, 이미림, 이미향, 최운정, 박희영, 이일희, 백규정 등이 선발되었고, TEAM KLPGA에는 박성현, 고진영, 김해림, 이정민, 김지현, 조윤지, 배선우, 박결, 김보경, 안신애, 서연정, 김민선 등이 선발되었다. 이들 골프계의 슈퍼 스타들이 대거 출전한다면 미디어와 골프팬들의 관심을 끌기에 충분하다고 판단했다.

'챔피언스 트로피' 골프 대회의 탄생

우리는 이 대회의 타이틀(대회명)을 '챔피언스 트로피'(Champions Trophy)로 정했다. 그 의미는 LPGA와 KLPGA에서 챔피언(우승) 타이틀을 가진 선수들이 총출동한다는 것을 부각시키기 위함이었다.

그리고 국내 골프팬들 입장에서는 이 대회가 생기기 전에는 LPGA에서 활약하는 최고 스타 선수들의 플레이를 국내에서 직접 볼 수 있는 기회가 거의 없었다는 점도 대회의 가치를 높이는 중요한 포인트가 되었다.

이에 대한 후원사들의 반응은 뜨겁고도 빨랐다. ING생명(이후 신한금융지주가 인수하여 신한생명으로 사명이 변경됨)이 타이틀 스폰서로 참여하겠다는 의사를 밝혔고, 우리는 이에 고무되어 추가적인 서브스폰서와 갤러리 입장권 판매에 큰 기대를 걸었다. 앞서 얘기한바와 같이 스포츠 이벤트가 지속성과 사업성을 갖기 위해서는 입장권 판매를 통해 대회 전체 비용의 상당부분을 충당할 수 있어야 했다.

　국내에서 개최되는 대부분의 골프대회는 갤러리들을 무료로 입장시키고 있다. 오히려 갤러리 기념품까지 준비하여 많은 골프팬들이 대회장을 방문하도록 유도하고 있다. 즉 대회를 주최하는 타이틀 스폰서 입장에서는 한 명이라도 더 많은 갤러리를 유치하는 것이 대회의 성공적 개최와 직결된다고 보는 것이다.

　이러한 골프 대회의 관전문화를 잘 알고 있었음에도 우리는 챔피언스 트로피 골프대회의 입장권을 상당한 가격에 판매하여 유료 입장 문화를 만들어보기로 했다. 박인비, 유소연 등 세계적인 골프 스타들이 총 출동하는 대회라면 유료 입장권을 팔 수 있을 것이라 생각했다.

　금토일 3일간 진행되는 하루 입장권 가격은 금요일 3만 원, 토요일 4만 원, 일요일 5만 원으로 그리고 3일 전경기 관람 입장권은 10만 원으로 책정했다. 그리고 입장권 판매 목표를 6억 원 정도로 잡았다. 할인율을 감안하면 평균 3만 원짜리 입장권을 2만 장 정도 판매하면 가능한 수치다. 국내에서도 인기 있는 대회의 경우 2만 명 이상의 대규모 관람객을 끌어모으는 것은 불가능 한 것이 아니었다. 다만 관건은 하루 3만 원짜리 입장권을 매일 7천 장, 합계 2만 장 정도를 판매할 수 있느냐 하는 것이었다.

　결과는 참혹했다. 목표한 입장권 수입 6억 원의 고작 10%에 불과한 6천만 원 정도의 입장권 수입에 그쳤다. 목표에 미달한 입장권 수입금액만큼 운영 적자가 발생한 것이다. 대회가 끝난 후 나는 이 대회의 프로젝트 팀장으로서 한동안 괴로웠다. 회사에 5억 원

- **대회명:** ING생명 챔피언스 트로피 2015
- **타이틀 스폰서:** ING 생명
- **대회 일정**
  - 2015년 11월 25일(수): 공식 연습일, 공식 기자회견
  - 2015년 11월 26일(목): 프로암 대회
  - 2015년 11월 27일(금) ~ 29일(일): 본 대회
- **총 상금:** 10억원(우승팀 6.5억, 준우승팀 3.5억)
- **참가 자격(총24명 출전)**
  - LPGA 상금순위 상위 10명(한국 국적)
  - KLPGA 상금순위 상위 10명
  - 추천 선수: 각 투어별 2명
- **대회 방식**
  - 첫째날: 포볼 6게임
  - 둘째날: 포섬 6게임
  - 마지막날: 1대1 홀 매치 플레이 12게임
- **승점 규정**
  - 매 게임 승리시 1점, 무승부시 0.5점, 패배시 0점
  - 총 승점 24점 중 12.5점을 먼저 취득하는 팀이 승리
- **장소:** 베이사이드 골프클럽(부산시 기장군)
- **주관방송사:** MBC, MBC 스포츠플러스, iMBC

이상의 손실을 끼쳤다는 따가운 시선과 나 자신에 대한 무능감 때문이었다. '내가 왜 이 대회를 만들자고 했을까?' 하는 후회감이 밀려왔다.

이전에 성공적으로 진행했던 많은 프로젝트는 당연한 것으로 인식되는 반면, 한번 실패한 프로젝트에 대해서는 책임을 져야 하는 것이 샐러리맨들의 운명이다. 그래서 많은 직장인들이 리스크를 안고 적극적으로 업무를 추진하는 것을 꺼리는 것인지도 모른다. 다시 한 번 '한국 스포츠 문화속에서 입장권을 유료로 판매하는 것이 정말 어려운 일이다'는 현실적 장벽을 절감했다.

결과적으로 회사가 오너십을 갖는 대형 골프대회 이벤트는 첫해에 큰 적자를 기록했다. 하지만 반면교사로 배운 것도 많은 대회였다. 이후에 점진적으로 갤러리 입장권 판매 수입은 늘어나 1억 원을 돌파했고, 우리는 언젠가 입장권 수입이 2억 원을 넘어서게 될 것이라는 희망을 가졌다. 그리고 시간은 걸리겠지만 목표로 하는 6억 원의 입장권 수입 목표도 머지않아 달성될 것이다.

챔피언스 트로피 골프 대회는 2015년부터 2019년까지 5년 연속 개최되었고, 한국 골프 팬들에게 가장 큰 재미와 의미를 부여하는 골프대회로 자리잡았다. 세계 최강 태극낭자들이 해외파(LPGA)와 국내파(KLPGA)로 나누어 맞대결을 펼친다는 컨셉이 탁월했고, 프레지던츠컵과 라이더컵 포맷을 준용한 경기포맷도 색다르고 신선하다는 평가를 받았다.

2020년부터 2023년까지는 코로나19 펜데믹의 영향으로 대회가 취소되었지만, 다시 일상이 회복되면 그 스토리와 전통을 계속 이어나가게 될 것이다.

미국 스포츠 시장이 부러운 이유

미국 스포츠 시장을 바라보고 있노라면 마냥 부럽기만 하다. 한국의 스포츠 마케터가 바라볼 때 미국 스포츠 시장이 부러운 이유는 첫째, 경기장에 관중이 넘쳐난다는 점이고 둘째로는 TV 중계권 시장이 상상을 초월할 정도로 거대하다는 것이다.

스포츠 이벤트 사업을 운영함에 있어 입장권 판매 수입은 매우 중요한 의미를 갖는다. 입장권 수입 자체로서 뿐만 아니라 이것이 TV중계권료나 스폰서십 금액 그리고 경기장 광고료 책정의 기준이 되기 때문이다. 입장객이 많은 스포츠 이벤트는 스포츠팬들의 관심도가 높아 시청률이 높을 수밖에 없고, 또한 입장객이 많을수록 기념품 판매수입과 식음 판매수입이 커질 수밖에 없다. 마스터즈 토너먼트 골프대회의 대회 주간 입장권 판매 수입은 약 480억원에 달한다.

전세계 스포츠 종목에서 단일 경기 입장권 수입이 가장 큰 종목은 NFL이다.

미국 프로야구 MLB는 정규시즌에 2,430경기를 치르는 반면 NFL은 정규시즌에 32개팀이 팀당 17경기, 총 272경기밖에 치르지 않는다. NFL은 지난 2020년도의 경기방식 개정으로 플레이오프 진출팀이 12개팀에서 14개팀으로 늘었지만, 모두 단판 경기로 승부를 가리는 독특한 대진방식이어서 플레이오프에 12경기, 마지막 슈퍼볼 1경기를 합치면 정규시즌과 플레이오프 및 슈퍼볼 경기를 포함해서 한 시즌에 총 285경기를 치르게 되는 셈이다.

MLB의 10분의 1밖에 되지 않는 경기수다. 한마디로 희소성에 승부를 거는 컨셉인데, 이같은 NFL의 '최소경기수 정책'에 따라 NFL 팬들의 입장권 구하기는 하늘의 별따기다.

인기 구단인 그린베이 패커스의 경우 수용인원이 8만 명에 달하는 홈구장의 입장권은 향후 30년 분량이 모두 매진된 상태다. 정규시즌의 평균 입장권 고시 가격도 100달러가 넘는다. 100달러는 고시가격일뿐 입장권 유통 온라인 사이트에서 2차 거래를 통해 구입하는 가격은 200달러가 훨씬 넘는다. 경기장 수용규모와 입장권 판매 단가에 따라 조금씩 차이는 있겠지만 NFL의 정규시즌 1경기 입장권 판매수입은 80억 원에서 130억 원에 달한다.

코로나19 팬데믹 이전인 2019년 국내 프로야구 10개 구단이 정규시즌 전체 720경기 동안 벌어들인 입장권 수입은 약 600억 원으로 경기당으로 계산하면 8천만 원 정도. NFL의 경기당 입장권 수입 약 100억 원과 비교하면 125배의 차이가 난다. NFL의 플레이오프 입장권 판매가격은 평균 1,500달러 이상 치솟는 경우도 허다하다. 한 경기 입장권을 150만 원을 주고도 구매하기 어려운 것이다.

미국 프로 스포츠 시장에서 TV 중계권료는 천문학적이라 할 만큼 어마어마한 금액이다. 한국에서 TV 중계권료는 고작 몇 십억 원, 몇 백억 원 단위로 거래되고 있지만 미국에서 가장 인기있는 NFL,

[미국 주요 프로 스포츠 중계권료 계약 현황] 2023년 5월(단위:원), 환율에 따라 변동

종목	시즌 경기수	연간 평균	경기당
NFL	정규 272경기	14조원	514억
NBA	정규 1,230경기	3조 5천억	30억
MLB	정규 2,430경기	2조 6천억	11억

NBA, MLB는 기본적으로 연간 중계권료가 조 단위다.

미국 스포츠 시장에서 가장 큰 중계권료 수입을 창출하고 있는 프로스포츠 기구는 NFL이다. 경기수가 상대적으로 적은 반면에 연간 중계권료는 천문학적인 금액에 달한다. NFL의 플레이오프 결승전 격인 슈퍼볼 TV 생중계에 광고를 내보내려면 초당 2억 8천만원을 방송국에 내야한다. 중계 방송사가 비싼 중계권료를 지불하는 만큼 방송사 역시 높은 시청률을 기반으로 상상을 초월하는 광고수입을 올리고 있는 것이다.

[한국 주요 스포츠 중계권료 계약 현황] 2020년 5월 현재 (*는 추정 수치)

종목	시즌 경기수	중계 채널	연간 평균	경기당
KBO	정규 720경기	지상파3사, 통신, 포탈	760억원	1억 5백만원
K리그	정규 228경기	JTBC골프&스포츠, IB스포츠, SKY스포츠, 쿠팡 등	*120억원	*0.5억원
KLPGA	30개 투어	SBS골프	64억원	2.1억원(투어당)
KOVO	정규 252경기	KBSN	50억원	0.2억원
KBL	정규 270경기	SPOTV	약 30억원	0.1억원

이에 반해 국내 주요 스포츠 종목의 방송 중계권 수입은 프로야구(KBO)를 제외하고는 초라한 수준이다. 더욱이 경기당 중계권료를 따져보면 야구가 1억원 정도의 평가를 받고 있는 반면 축구와 배구는 경기당 5천만원 이하의 중계권료를 받고 있다. 다만 한국여자프로골프의 중계권료는 경기당 중계권료가 아니라, 투어당(매 투어 당 3~4일간의 경기일수) 중계권료이기 때문에 다른 종목의 경기당 중계권료와 동일선상에서 비교하기는 어렵다.

개인적으로 국내 프로스포츠의 TV 중계권 시장은 지금보다 훨씬 더 성장해야 한다고 생각한다. 다시 말하면 중계 방송사가 연맹, 협회에 지불하는 중계권료가 더 올라가야 한다는 것인데, 문제는 현재의 경제상황에서 국내 방송사들이 지불하는 중계권료와 중계제작비를 합친 금액(원가)보다 많은 광고수입과 콘텐츠 판매수입을 창출할 수 있느냐 하는 점이다.

실제로 2019년 5월 MBC 스포츠 플러스는 프로농구(KBL) 중계권을 반납했다. MBC 입장에서는 약 30억 원의 중계권료와 추가로 발생하는 중계제작비 등 한 시즌 60억 원의 투자금액을 방송 광고, 협찬판매 그리고 콘텐츠 판매 등 부가수입 창출을 통해 회수해야 하는데 그것이 불가능했기 때문이다.

발상의 전환이 필요한 한국 프로 스포츠와 아마 스포츠

방송 중계권 계약을 체결한 TV방송사가 중도에 중계방송을 포기했다는 것은 그 종목 단체의 입장에서는 참으로 가슴아픈 현실이다. MBC 스포츠 플러스는 2019년 5월 한국농구연맹(KBL)에 다음 시즌(2019~2020) 중계방송을 하지 않겠다고 선언했다.

저조한 시청률로 어려움을 겪고 있는 KBL.

MBC 스포츠 플러스와 KBL은 2016~2017시즌부터 2020~2021 시즌까지 5년간 중계권 계약을 체결했으나, 3시즌을 마친 시점에서 더 이상 프로농구 경기를 중계하지 않겠다고 결정한 것인데, 그 결정적인 이유는 저조한 시청률 때문으로 알려졌다.

KBSN이 중계권을 보유하고 있는 프로배구(KOVO)의 시청률이 1%(시청률 1%는 국내 프로 스포츠 종목의 입장에서는 '대박'에 해당하는 높은 시청률의 기준이다) 까지 치솟았던 반면 프로농구의 TV중계 시청률은 0.2% 안팎에 거쳐 방송사 입장에서는 광고유치에 어려움이 컸을 것이라고 추측할 수 있다.

1997년 KBL 출범 원년에 지상파 TV 생중계 시청률이 5~10%에 이르렀던 것을 생각하면 지금의 0.1~0.2% 시청률은 참담하다.

물론 미디어 환경이 급변한 탓이 크다. 90년대 후반만 해도 주요 TV 채널이 지상파 3사 중심이었지만, 지난 20년 동안 수백 개의 케이블 및 IPTV 채널이 생겨났고, 콘텐츠의 종류나 콘텐츠를 소비하는 매체도 다양해졌다. 한마디로 요즘은 스포츠 경기 시청률 1%가 대박의 기준이 되는 시대가 된 것이다.

변화에 직면하여 적절히 능동적으로 대응하지 못하면 위기를 피해가기 어렵다. 지난 20년간 미디어 환경이 급변했음에도 불구하고, KBL이 이에 대응하는 속도나 방법에 있어서는 후진성을 면치 못했던 것이 사실이다.

그러면 KBL을 포함해 비인기 종목은 이와 같은 위기에 대해 어떻게 대처해야 할까?

시청률이 급락하고 있는 종목이거나 비인기 종목의 마케팅 업무를 담당하는 스포츠 마케터가 제일 먼저 검토해봐야 할 사항은 해당 종목의 콘텐츠를 소비하는 고객에 대한 정의다. 누가 우리 스포츠 종목에 참여하고 시청하는가? 즉 '우리 종목의 고객은 누구인가?'라는 질문에서 시작해서 그 해답을 찾아내야 한다.

그 다음으로는 스포츠 콘텐츠의 유통 경로를 점검하는 일이다. 미디어 환경이 급변함에 따라 전통적인 지상파나 스포츠전문 케이블 TV에 집착할 필요는 없다. 지금은 SNS시대다. 수천만 원, 수억 원을 들여서 지상파나 스포츠전문 케이블TV를 통해 중계를 했는데 보는 시청자 수가 고작 몇백 명이면 무슨 소용인가? 유튜브 라이브 중계를 통해서도 몇만 명의 동시 시청자 수를 만들어낼 수 있고, 누적으로 수백만명의 시청자를 끌어모을 수 있는 시대가 되었다.

세 번째로는 그 종목의 스타선수를 발굴하고 육성하는 것이다. 스포츠 마케팅은 스타 마케팅이다. 스타가 없는 종목이 인기 스포츠로 관심을 끌어모으는 것은 매우 어렵다.

그리고 마지막으로 중장기적인 시각이 필요하다. 시청률이 바닥인 비인기 종목이 어느날 갑자기 한순간에 시청률이 올라가는 일은 없다. 진성 시청자(팬) 100명을 확보하는 것에서부터 작게 시작해야 한다. 100명이 1,000명이 되고, 1,000명이 다시 10,000명이 되기 위해서는 시간이 필요하다. 이에 필요한 시간을 견디는 인내력이 중요하다. 인내력을 가지고 꾸준히 진성 시청자(팬)를 늘려나간다면 언젠가는 티핑 포인트에 도달할 수 있다.

　결론적으로 스포츠 마케팅은 '우리의 고객은 누구인가?'에서부터 시작해서 스포츠 콘텐츠의 유통경로를 재정립하고, 인내심을 가지고 올바른 방향으로 꾸준히 나아갈 때 변화와 변혁의 지점에 도달하게 될 것이다.

좋은 이벤트 타이틀은 브랜드가 된다

스포츠 이벤트 타이틀의 중요성

성공적인 스포츠 이벤트 사업을 추진하기 위해서는 차별화되고 경쟁력 있는 이벤트 포맷이 중요하다. 그리고 이에 못지 않게 중요한 것이 '이벤트 타이틀'이다. 좋은 이벤트 타이틀은 그 자체만으로도 강력한 브랜드 파워를 갖는다. 좋은 대회명은 직관적으로 그 대회명이 어떤 성격의 대회인지, 어떤 포맷의 대회인지 순식간에 이해할 수 있게 해준다. 그리고 대회의 흥미도와 관심도를 극대화 하는데 큰 도움이 된다.

만약 어떤 대회를 기획하는데 기획의도와 내용, 포맷과 흥행 포인트 등에 대해 많은 시간과 비용을 들여 홍보를 해야 한다면, 그 대회는 성공하기 힘들다. 이런 측면에서 가장 직관적이면서도 임팩트 있는 이벤트 타이틀을 만들어 내는 것은 홍보와 마케팅 그리고 흥행과 직결되는 매우 중요한 첫 번째 스텝이다.

다음은 대회명으로 그리고 스포츠 이벤트 타이틀로 매우 잘 지었다고 생각하는 해외 및 국내 사례이다. 해외의 사례는 멜빈 헬리즈(Melvin Helizer)의 책《THE DREAM JOB》을 참고로 했다.

① 해외 사례

The Super Bowl

슈퍼볼은 1967년 1월 15일, NFL의 우승 팀과 AFL 우승 팀 간의 대결로 시작되었다.

슈퍼볼은 전세계 스포츠 이벤트 중에서 최고 중에 최고로 꼽힌다. MLB와 NBA의 플레이오프가 7전 4선승제로 열리는 것과 달리 단판 승부로 우승팀을 가린다. 하지만 시청률과 그 상업적인 가치는 가히 천문학적이다.

슈퍼볼 개최지는 2018년 이전에는 공개입찰을 통해 선정했으나, 최근에는 미국프로풋볼(NFL) 사무국이 특정 지역을 선택해 문의하고 해당 지역이 제안을 수락하면 이사회를 통해 최종 결정한다. 슈퍼볼을 개최하려면 최소 7만석 이상의 좌석을 갖춘 경기장을 보유하고 있어야 하고, 경기장 인근 1마일 이내에 최소 3만5000대 차를 세울 수 있는 주차장을 확보해야 한다. 또한 개최 도시의 날씨도 매우 중요한 고려 요소이다. 세계 최고의 스포츠 이벤트인 만큼 좋은 기후 환경에서 최상의 조건에서 플레이하는 것이 당연하기 때문이다.

슈퍼볼은 미국에서만 1억명 이상의 시청자가 지켜보며 텔레비전 광고료는 무려 30초당 650만달러(한화 약80억 원)에 달한다. 최근 현대기아차는 슈퍼볼 TV 광고에 전기차 CF를 방영하여 브랜드 이미지 제고에 큰 효과를 봤다. 2023년 슈퍼볼을 생중계한 NBC는 경기 중계 타임 동안 5억 7천만 달러의 광고수입을 창출했다. 명실공히 '슈퍼볼'은 전세계 스포츠 이벤트 중에서 최고의 브랜드로 자리잡았다.

NCAA FINAL FOUR

'NCAA 파이널 포'는 3월의 광란(March Madness)으로 잘 알려진 미국 대학농구선수권 토너먼트 대회의 최종 4강을 의미함과 동시에 4강전이 치르지는 챔피언십 주말을 뜻한다. '파이널 포'는 미국의 농구팬들뿐만 아니라 전 세계 농구팬들의 관심을 끌어모으기에 충분한 힘을 갖고 있는 이벤트 타이틀이다.

The Ironman Triathlon

'더 아이언맨 트라이애슬론'은 흔히 '철인 3종'경기라 불린다. 수영 2.4 마일, 사이클 112마일 그리고 마라톤 풀코스를 완주해야 하는 경기로 그야말로 지구상의 최강 철인을 가리는 경기다. '아이언맨' 이라는 말만으로도 참여자들의 흥분과 자존심을 끌어올리기에 충분하다.

The Grand Slam

'더 그랜드 슬램'은 프로골프투어와 프로테니스투어에서 1시즌 동안에 메이저 대회를 모두 석권하는 선수에게 붙여주는 타이틀이었다. 하지만 이 매력적인 타이틀은 골프와 테니스 이외의 종목에서도 급속하게 퍼져나가고 있다. 한국에서도 각 종목별 경기단체가 아시안게임, 올림픽, 세계선수권대회에서 모두 금메달을 획득한 선수에게 그랜드 슬래머라는 타이틀을 붙여주고 있다.

The Dream Team

'더 드림 팀'은 올림픽과 세계선수권 대회에 출전하는 미국 농구 국가대표팀을 일컫는 말이다. 92년 처음 구성된 제1기 드림팀 멤버엔 마이클 조던, 매직 존슨, 래리 버드, 찰스 바클리 등 미국 NBA 슈퍼스타들이 모두 포함되었다. 이후에 이 드림팀이라는 말은 각 국가별, 종목별로 최고의 기량을 갖춘 선수들로 구성된 '환상의 팀'을 의미하는 보통명사로 진화했다.

② **국내 사례**

천하장사(天下壯士) 씨름대회

'천하장사 씨름대회'는 한국씨름연맹에서 1983년부터 2004년까지 무려 22년간 개최한 씨름대회명이다. 천하장사 씨름대회는 80대와 90년대에 복싱 타이틀 매치와 함께 가장 인기 있는 국민스포츠 종목 중에 하나였다.

씨름이 2000년대 초반까지 큰 인기를 누릴 수 있었던 것은 이만기, 강호동과 같은 상품성 있는 스타 선수들의 탄생에 힘입은 바가 매우 크지만, 이에 못지 않게 '천하장사'라는 훌륭한 타이틀이 주는 직관적인 임팩트와 동경심을 빼놓을 수 없다. 그만큼 좋은 이벤트 타이틀은 그 네이밍 자체만으로 대회의 흥행에 크게 기여하는 요소가 된다.

'천하장사'는 그가 누구이든가에 상관없이, 지구상에서 가장 강하고, 훌륭한 씨름꾼 일 것이라는 확신을 갖게 하고, '천하장사'를 결정하는 씨름대회는 전세계에서 가장 크고 훌륭한 최고의 씨름대회일 것이라는 상상을 불러일으키기에 충분하다.

하지만 1997년에 프로농구(KBL), 2005년에 프로배구(KOVO)가 출범하였고, e-스포츠, 프로골프 등 다양한 프로스포츠 종목과 치열한 시청률 경쟁에서 '천하장사 씨름대회'는 서서히 밀려나기 시작했다.

그리고 같은 투기종목에 속하는 K-1, PRIDE FC, UFC 등의 격투기 종목의 시청률 약진과 해외 인기 스포츠 리그인 EPL, MLB, NBA 와의 치열한 경쟁속에서 그 명맥을 유지하기가 점점 더 어려운 상황이 되었다.

'천하장사'라는 이벤트 타이틀이 사라진다는 것은 한국 스포츠사의 중요한 자산이 소실되는 것이며, 씨름이 만들어온 영웅들의 감동적인 스토리가 역사의 뒤안길로 사라진다는 것을 의미한다. 이는 동시에 스포츠 마케터의 직무유기이기도 하다.

'천하장사 씨름대회'는 복원되어야 하고, 더 큰 대회로 부활해야 한다. 씨름연맹, 씨름협회가 뜻을 합쳐야 하고, 스포츠 마케터와 방송사, 후원사가 힘을 모아야 한다.

슈퍼 매치

국내에서 '슈퍼 매치'라는 타이틀은 현대카드가 메인 스폰서로 참여한 스포츠 빅이벤트 시리즈에서 사용되었다. 첫 번째 슈퍼 매치는 2005년에 여자 프로테니스의 슈퍼 스타였던 마리아 샤라포바와 비너스 윌리엄스 간의 대결이었다. 이후에 현대카드는 슈퍼 매치를 피겨, 스노우보드, 댄스스포츠, 골프 종목으로 확대했다. 지금은 축구 K리그 수원 삼성 블루윙즈와 FC서울간의 라이벌전을 흔히 '슈퍼 매치'로 부르기도 한다.

챔피언스 트로피

챔피언스 트로피 골프 대회는 2015년에 처음 열렸다. 미국 LPGA에서 활약하고 있는 한국선수 상위 12명과 KLPGA 상위 12명 간의 팀 대항전으로 기획되었다. 전 세계를 호령하는 최고의 한국 여자 프로골프 스타들이 총출동 한다는 것이 흥행 포인트다. 대회명에 출전하는 선수들이 모두 챔피언 타이틀 보유자라는 뜻이 포함되어 있다.

퍼펙트 큐

'퍼펙트 큐'는 프로당구 PBA 투어에서 단 한 번의 공격 기회에 세트 점수를 모두 획득해 세트를 끝내는 것을 일컫는 말이다. 골프에서 한 번의 샷으로 공을 홀컵에 넣어 그 홀을 끝내는 '홀인원'과 같은 성격의 용어다. '퍼펙트 큐'는 상대 선수에게 더 이상 공격 기회를 허용하지 않고, 완벽한 플레이를 펼친 최고의 프로 당구 선수에게 TS샴푸가 제공하는 시상 타이틀이기도 하다.

드림 콘서트

스포츠 분야가 아닌 엔터테인먼트 분야에서도 이벤트 타이틀이 중요하기는 마찬가지다.

'드림 콘서트'는 1995년에 시작된 K-POP 축제다. 이 콘서트는 한국연예제작자협회가 주최하는 연합 콘서트로 1980년대 말~1990년대 초 '환경 콘서트'라는 이름으로 진행되었다. '드림 콘서트'는 '환경 콘서트' 타이틀이 주지 못하는 강한 임팩트와 상품성을 보유하고 있으며, 전 세계로 성장해나가는 K-POP 콘서트의 최고봉으로 자리잡아 가고 있다.

똘똘한 스포츠 이벤트는 도시를 먹여 살린다

꿈의 이벤트 '마스터즈 토너먼트'

마스터즈 토너먼트 엠블럼

스포츠 이벤트에 큰 관심을 가지고 있는 스포츠 마케터에게 마스터즈 토너먼트는 벤치 마킹의 1순위 대상이다. 마스터즈 토너먼트는 PGA 메이저 대회 중 유일하게 협회가 아닌 골프클럽이 주최하는 대회이다. 이 대회를 주최하는 오거스타내셔널 GC(미국 조지아주)는 전세계 어떤 스포츠 단체나 기업보다 스포츠 마케팅을 제대로 하고 있다.

마스터즈 토너먼트에는 스폰서 기업이 없다. 그럼에도 마스터즈 토너먼트 대회의 수입은 천문학적이다.

[2022 마스터즈 토너먼트 대회 수입 내역] (환율 1,228원/달러 기준)

- 기념품 판매 수입	6,900만 달러 (약848억원)
- 입장권 판매 수입	3,900만 달러 (약479억원)
- TV 중계권료	2,500만 달러 (약307억원)
- 식음료 판매 수입	800만 달러 (약98억원)
- 기타 수입	100만 달러 (약12억원)
합 계	**1억 4,200만 달러 (약1,744억원)**

대회를 주최하는 오거스타 내셔널GC는 지금까지 한 번도 마스터스 골프의 손익계산서를 공개한 적이 없다. 위 자료는 2022년 4월 대회 종료 후 미국의 경제전문지 포브스를 인용해서 《골프위크》가 추산한 수치이다.

위의 수입구조를 보면 전체 수입 중에서 기념품 판매수입과 입장권 판매수입의 합계는 76%에 달한다. 중계권료 수입 역시 전체 수입에서 17.6%를 차지해 적지 않은 비중이지만 기념품 판매수입

마스터즈 토너먼트 기념품 컵

마스터즈 토너먼트 기념품 '놈' 인형 ⓒ성호준

과 입장권 판매수입이 절대적임을 알 수 있다.

스포츠 이벤트의 수입구조가 타이틀 스폰서와 주요 후원기업에 의존하는 비중이 클수록 스폰서에 의해 이벤트가 좌지우지될 가능성이 크다. 심지어 스폰서 기업의 경영이나 매출실적에 따라 이벤트가 취소될 수도 있다. 그런 측면에서 볼 때 마스터즈 토너먼트는 '이상적인 스포츠 이벤트 사업 구조'로 탄탄하게 뿌리내린 것으로 볼 수 있다.

오거스타 내셔널GC가 마스터스 치르는데 쓰는 비용은 크게 두 가지로 대회 코스 운영관리비와 상금이다. 코스 운영관리비로 약 6,000만 달러에서 7,000만 달러를 투입하고, 대회 총상금은 매년 조금씩 다르게 창출되는 수입규모에 따라 책정되지만 1,000만 달러에서 1,500만 달러 정도를 지출하고 있다.

이를 종합해보면 오거스타 내셔널GC는 매년 마스터즈 토너먼트 대회를 통해 5,000만 달러에서 6,000만 달러의 순익을 창출하고 있는 것으로 추산할 수 있다. 스포츠 이벤트 하나를 통해 매년 500억원에서 700억원을 벌어들이는 것이다!

스포츠 마케터 입장에서 마스터즈 대회를 배우고 본받아야 하는 이유는 이 대회의 어마어마한 수익성 이외에 또 다른 한 가지가 더 있다. 그것은 대회장이 위치해 있는 조지아주 오거스타 시(市)가 대회기간 중에 누리는 엄청난 경제적 파급효과이다. 마스터즈 토너먼트 대회 기간 중 인구 20만명 남짓의 소도시인 오거스타 시를 찾는 관광객은 시의 전체 인구보다 많은 20~30만명. 이들이 대회 기간 중에 먹고, 자고, 쇼핑하는데 뿌리는 돈은 1억 달러(약1,200억원)가 넘는 것으로 추산된다.

그야말로 대회 주최 측이나 지자체 측 모두 승자가 되는 셈이다. 대부분의 스포츠 이벤트는 특정한 장소에서 이루어지고, 그 장소에서 성공적으로 진행되기 위해서는 개최도시의 행정적인 지원이 매우 중요하다. 그것이 올림픽이든 월드컵 축구든 아니면 마라톤이든, 이벤트의 규모가 크면 클수록 지자체와의 협력은 더욱 중요해진다.

이런 측면에서 마스터즈 토너먼트는 스포츠 이벤트에 관심이 많은 스포츠 마케터들이 깊이 연구해볼 가치가 충분한 이벤트이다.

그러면 이토록 마스터즈 토너먼트가 눈부시게 성공한 이유는 무엇일까? 여러 가지 성공요인들이 있겠지만 몇 가지로 정리하면 아래와 같다.

① 프리미엄과 세계 최고를 지향하는 주최 측의 차별화 전략

골프를 사랑하는 사람이라면 죽기 전에 한번 가서 마스터즈 토너먼트를 직접 보고 싶어한다. 또 기회가 닿는다면 마스터즈 코스에서 골프 라운드를 한번 해보는 것이 버킷 리스트 1순위일만큼, 마스터즈 토너먼트 대회와 그 코스는 골퍼에게 있어서는 최고의 선망 대상이다.

하지만 마스터즈 토너먼트 입장권은 아무나 구입할 수 없다. 패트론(후원자)이라고 부르는 팬들에게만 경기입장권을 판매한다. 즉 마스터의 후원자가 되어야 입장권을 구입할 수 있다. 일반인들은 연습라운드 입장권을 살 수 있는데 그나마 이 입장권도 75달러에 달한다.

공식 경기 1일 입장권 가격은 115달러이고 4라운드 전 경기 관람권은 375달러인데 그마저도 패트론(후원자)이 아니 일반팬들은 암표를 사야하는데, 하루 입장권은 최소 1,500달러(약180만 원) 이상, 4라운드 입장권은 최소 5,000달러(600만 원)를 줘야 구입할 수 있다.

② 전통과 명예의 존중 그리고 희소성

마스터즈 토너먼트는 스폰서 기업에 의존하지 않는다. AT&T, 델타, IBM, 메르세데스 벤츠, 롤렉스, UPS 등의 후원사가 있기는 하지만, 이들 후원사가 내는 후원금은 방송제작 비용을 지원하는데 사용된다. 대신 방송사는 대회 주최 측이 제시하는 방송 가이드라인을 철저히 지켜야한다.

마스터즈 토너먼트 주최 측에서 후원사를 더 유치하고 후원금을 올려받기로 결정한다면 더 많은 후원금을 더 받아낼 수도 있지만, 주최 측은 중계방송 퀄리티 보장과 시청자에게 과도한 광고시청 부담을 주지 않기 위해 그렇게 하지 않는다.

마스터즈 골프대회엔 아무나 후원사가 될 수도 없고, 돈만 많이 지불한다고 해서 중계권을 살 수도 없다. 모든 결정은 마스터즈 토너먼트 주최측에서 결정한다.

마스터즈 토너먼트 대회의 가장 큰 수입은 기념품 판매수입이다. 대회의 기념품은 매년 갤러리 입장객수와 상관없이 전품목 전량 매진이다. 2022년 대회 기념품 판매수입은 약7천만 달러(약850억 원)으로 추산되는데, 기념품을 사기위해서는 먼저 입장권을 사야하고, 입장권을 샀다고 해도 아침 일찍부터 줄을 서야 한다. 하루 입장할 수 있는 갤러리 숫자는 45,000명으로 제한된다. 대회기간 중 갤러리 숫자가 20만명이든 30만명이든 이와 상관없이 기념품은 항상 매진이다. 단지 1인당 구매 객단가만 달라질 뿐이다.

③ 마스터즈 토너먼트의 풍부한 STORY

2022년 기념품 판매에서는 기존의 인기 기념품이었던 모자를 밀어내고 '놈(gnome)' 인형이 최고 히트 상품으로 떠올랐다. 미국 AP통신은 "놈 대란이 일어났다"고 대서특필했다. 놈은 뾰족한 모자를 쓴 남자 형상의 땅속 요정을 뜻한다. 대회 주최 측은 2016년부터 다양한 복장의 놈을 팔아왔는데 기념품 하나에도 스토리를 입혀서 의미를 부여한 것이다.

코스 관리비용으로만 연간 7,000만 달러(약840억 원)을 투자하는 골프 클럽 오거스타 인터내셔널의 회원은 300명 남짓, 이 중 여성은 고작 6명에 불과하다. 남성 중심으로 운영되어온 오랜 역사적 전통으로 인해 아직 여성 회원에 대해서는 보수적이다. 돈과 권력이 있다고 해서 이 골프 클럽의 회원이 될 수 있는 건 아니다.

회원 사망 등으로 결원이 생기면 초청 방식으로 회원을 모집하며 보충한다. 300여 명으로 추정되는 회원 선정 기준 역시 베일에

싸여 있다. 대통령이라고해서 다 회원이 되는 게 아니다. 골프광인 트럼프나 부시 전 대통령도 아직 회원가입을 못하고 있을 정도로 회원심사 자격이 엄격하기로 유명하다. 반면 전 미 대통령 중엔 유일하게 드와이트 아이젠하워가 회원 가입에 성공했었고, 마이크로소프트 창업주 빌 게이츠와 '오마하의 현인' 워런 버핏도 회원심사를 통과했다.

이밖에도 마스터즈 토너먼트 골프 대회가 만들어내고 있는 스토리는 수도 없이 많다. 우승자에게 입혀주는 그린 재킷의 유래, VIP 라운지에 해당하는 버크먼스 플레이스, 마스터즈 챔피언스 만찬, 창설자 바비 존스 이야기 등 역사와 전통이 오래된 만큼 그 세월 속에 녹아있는 역사적인 스토리 하나 하나가 전설이 되어 마스터즈 토너먼트에 대한 골프 팬들의 향수와 동경심을 유발하고 있다.

제5장

PBA투어를 만들다

"혁신은 거창하지 않다. 혁신은 작은 것으로부터 시작한다."
- 피터 드러커

PBA 탄생이야기

'게임의 법칙'을 바꾼 PBA

1995년부터 지금까지 30년 가까이 스포츠 마케터로 살아오면서 많은 프로젝트를 수행해왔다. 앞서 얘기한 김연아 선수 매니지먼트 이야기, 손연재 선수 매니지먼트 이야기, 양학선, 우상혁, 신유빈, 차준환, 팀킴 등 선수와 관련된 일들을 많이 했다. 그리고 선수가 스타 선수로 성장함에 따라 스타 선수가 출연하는 이벤트와 대회도 누구보다 많이 만들었다.

스포츠 스타와 스포츠 이벤트 이외에 연맹이나 협회의 마케팅 대행 업무도 참 많이 한 기억이 난다. 프로경기 단체인 K리그, KBL, KOVO, KLPGA 뿐만 아니라, 대한체육회를 비롯해 대한빙상경기연맹, 대한체조협회, 대한배드민턴협회, 대한탁구협회, 대한컬링경기연맹, 대학농구연맹 등 10여 개 이상의 아마추어 경기 단체의 마케팅 업무도 수행했다.

오랫동안 스타 선수와 경기단체의 마케팅 대행, 이벤트 대행 업무를 하면서 느끼는 아쉬운 점은 '아무리 잘 해도 결국 남의 일'이라는 것이었다.

소위 말하는 프라퍼티(property) 주인이 아니라 에이전시 역할이었기 때문에 계약기간 동안의 역할이 끝나면 마케팅도 이벤트도 끝이 난다는 한계가 있었다. 심지어 마케팅 대행 역할을 잘하면 잘 할수록, 어떤 종목의 마케팅 가치를 키우면 키울수록 그 다음 계약 기간의 대행 권리를 따내기는 더 어려워진다는 모순에 빠진다.

선수도 마찬가지다. 무명의 선수를 스타선수로 육성하면 매니지먼트 계약 기간 동안에는 수익률이 높아지지만, 계약이 끝나고 계약을 연장하는데 어려움을 겪게 된다. 이는 연예계도 마찬가지다. 무명가수가 스타가수로 성장하면 그 가수가 새로운 기획사를 찾아 떠나는 것은 자주 있는 일이다.

이것이 바로 스포츠 마케터의 딜레마(dilemma)이고, 이 딜레마에서 빠져나오기 위해서는 결국 오너십(ownership)이 있는 프라퍼티(property)를 개발해야만 한다. 선수도 계약 기간이 끝나면 떠날 수 있고, 마케팅 대행도 계약기간이 끝나면 남의 것으로 돌아가지만, 오너십이 있는 프라퍼티는 영원히 존속할 수 있다.

올림픽은 IOC가 주인이고 월드컵은 FIFA가 주인이다. 그리고 UFC는 프로모션 컴퍼니인 주파(Zuffa LLC)가 운영하는 격투기 이벤트이다. IOC와 FIFA는 연맹, 협회의 성격이고, UFC는 프로모션 컴퍼니가 이벤트 프라퍼티를 운영하고 있다.

미국 PGA투어의 4대 메이저 대회를 살펴보면, US오픈은 미국골프협회(USGA)에서 주관하고, PGA챔피언십(PGA Championship)은 PGA가 주관하는 반면, 브리티시오픈(The Open)은 R&A(The Royal & Ancient Golf Club)가 주관하고, 마스터즈 토너먼트는 오거스타 인터내셔널 골프 클럽(Augusta International Golf Club)이 주관하는 대회이다.

대회나 이벤트의 오너십 구조는 모두 비슷한 것으로 생각하기 쉽다. 하지만 어떤 대회는 아마추어 협회나 프로협회가 주관하고, 어떤 대회는 골프클럽이 그리고 어떤 대회는 개인의 주식회사가 모든 권리를 가지고 대회를 주관하기도 한다.

프라퍼티 주인을 꿈꾸다

오거스타 골프클럽이 마스터즈 토너먼트와 같은 세계적인 골프대회를 창설하여 운영할 수 있다면, 스포츠 마케팅 회사도 그와 같은 멋진 골프대회를 만들 수 있다고 생각하여 시작한 것이 앞서 설명한 챔피언스 트로피(Champions Trophy) 골프대회였다.

물론 제1회 대회에서 큰 손실이 발생하여 개인적으로 곤혹스러웠지만, 이후에 의미있는 대회로 성장을 계속했고, 코로나 팬데믹 종식 후에 챔피언스 트로피 골프 대회는 계속 이어질 것이다. 그 대회를 처음 기획하여 만들고 운영해온 프로젝트 매니저로서 매우 보람되고, 오랫동안 기억하고 싶은 개인적인 자산이다.

아이스쇼와 리듬체조 갈라쇼 역시 '한국형'으로 리모델링하여 큰 성공을 거두어 스포츠 마케터로서 보람되고 의미가 컸다. 하지만 타이틀 스폰서와 슈퍼 스타 선수 한명에 의존하는 비중이 너무 컸고, 그 스타가 은퇴를 하거나 매니지먼트 회사를 옮기게 되면 더 이상 지속가능하지 않다는 한계에 직면할 수밖에 없었다.

그래서 우리는 '성장성'과 '지속가능성'이 담보되는 스포츠 프라퍼티가 뭘까 하는 고민을 오랫동안 했다. 그리고 대한민국이 전 세계를 장악할 수 있고, 대한민국이 전 세계적인 경쟁력을 갖춘 종목 중에 프로화가 가능한 종목을 찾기 시작했다.

대한민국이 세계적인 경쟁력을 갖춘 종목은 언뜻 생각해도 태권도, 양궁, 쇼트트랙, 여자골프 등을 떠올릴 수 있다. 이 중에서 여자골프는 미국의 LPGA와 한국의 KLPGA라는 프로단체가 이미 존재하고 있었기에 뭔가 해볼 수 있는 것이 없었고, 양궁과 쇼트트랙은 세계적인 경쟁력은 있지만 종목의 배후에 용품이나 시설 그리고 산업규모가 너무 작았다.

태권도의 경우 한때 회사 내에 '프로태권도 추진 TFT'를 만들어 프로화의 가능성을 심도있게 타진하였지만, 태권도장을 중심으로 유아, 청소년기에 잠깐 체험하는 종목일 뿐 축구나 야구와 같이 성인이 되어서도 참여하고, 그리고 그 참여를 통해 용품 구매와 소비가 일어나는 종목은 아니라는 점에서 사업화하기에 어려움이 있었다.

또한 태권도의 경우 같은 투기 종목인 UFC, 복싱 등과 경쟁해야 하는데 경기방식이나 시청율 면에서 비교우위에 서기 어렵다는 분석에 도달했다.

당구 종목의 매력

그러다 눈에 들어온 것이 당구였다. 물론 당구는 새로운 종목도 아니었고, 우연히 잠재력과 매력을 발견한 종목도 아니었다. 스포츠 마케터라면 누구나 당구가 스포츠 마케팅 툴(tool)로서 적합한 종목이라는 것은 오래전부터 인지하고 있었다. 특히 높은 TV 시청률, 수백만명에 이르는 많은 동호인과 풍부한 선수자원, 전국 방방곡곡에 운영되고 있는 당구장 그리고 그 배후에 당구 테이블, 큐대, 당구공 등의 배후 산업이 포진하고 있다는 점에서 많은 스포츠 마케터들이 주목해왔던 종목이다.

실제로 1986년 대한프로빌리어드협회는 프로당구선수 선발전을 통해 선수를 선발하고 제1회 프로당구대회를 개최했다. 이 대회는 결국 5회 대회까지 명맥을 유지하다가 중단되고 말았다. 그리고 해외에서는 80년대 중반에 설립된 BWA라는 단체가 한동안 프로당구 투어를 개최했으나 2000년도 초에 문을 닫으며 글로벌 프로당구투어로 뿌리를 내리는데 실패했다.

1992년에 한국당구위원회는 SBS와 함께 '한국당구최강전'이라는 대회를 개최했는데 SBS 지상파 시청률이 30%를 웃돌아 당구 콘텐츠의 높은 시청률에 당구 팬들과 미디어 모두 깜짝 놀랄 정도였다. 지금은 TV채널이 워낙 많아서 1% 시청률이면 대박 프로그램이지만, 당시엔 TV 채널이 지상파 3사 중심이어서 높게 나올 수 있는 상황이었지만 그래도 30% 시청률은 대단한 것이었다. 그리고 2000년도부터 SBS 스포츠채널이 한국당구최강전을 개최하여 당구의 대중화에 크게 기여하며 미디어 스포츠로서의 가능성을 입증했다.

이와 같이 당구는 경기력과 시청률 측면에서 프로화의 가능성을 충분히 갖고 있었음에도 불구하고, 여러 번에 걸친 프로화의 시도는 모두 실패하고 말았다. 높은 시청률과 TV 등 미디어의 전폭적인 지원에도 프로당구화에 성공하지 못한 이유는 대회의 타이틀 스폰서를 유치하는데 실패했기 때문이었다.

당구계의 마이클 조던, 이상천

서양 속담에 "한 마리의 제비가 왔다고 해서 여름이 온 것은 아니다"는 말이 있다. 당구의 프로화 역시 한 번 시청률 높은 대회를 개최했다고 해서, 그리고 한 두 명의 스타가 출현했다고 해서 쉽게 이루어질 수 있는 것은 아니었다. 한국에 당구가 도입된 지 110여 년이 지났고, 그 과정에서 탄탄한 저변이 바탕이 되었다. 이 바탕위에 찬란히 빛나는 당구 스타들이 하나둘씩 탄생하기 시작했다.

한국 당구역사에서 가장 찬란한 별은 1954년 서울에 태어났다. 그의 이름은 이상천(李商天). 그는 이름처럼 살다갔다. 상(商)은 '별자리'라는 뜻이 있고, 천(天)은 '하늘'이라는 뜻이니, 그는 곧 하늘의 별이었고, 당구계의 슈퍼 스타로 일생을 살았다.

PBA에서 '당구의 신'(神)으로 불리는 프레드릭 쿠드롱(Frederic Caudron)이 1968년생이고, 스웨덴의 당구 황제 토브욘 브롬달(Torbjorn Blomdahl)이 1962년생이니 이상천은 쿠드롱보다 14살,

브롬달 보다는 8살이 많았다.

1994년 1월 9일은 한국당구 역사에 있어서 기념비적인 날이었다. 이날 40세의 이상천은 벨기에 켄트에서 열린 BWA 1993~1994 시즌 월드컵 투어 파이널 대회 결승전에서 벨기에의 신성(新星)

한국이 배출한 원조 당구 슈퍼 스타 이상천.
ⓒ빌리어즈 매거진

프레드릭 쿠드롱(당시 26세)을 물리치고 한국인 최초 월드컵 파이널 투어 우승을 차지했다. 동시에 이상천은 BWA 1993~1994 시즌의 종합 챔피언에 등극했다.

마지막 파이널 투어 직전까지 시즌 포인트 랭킹 1위를 달렸던 선수는 당시 삼십대 초반의 '젊은' 브롬달(당시 32세)이었는데, 이 대회직전까지 이상천의 누적 포인트는 130점, 그리고 브롬달은 210점이었다. 80점의 큰 포인트 차가 있어서 사실상 당구 관계자들은 역전이 불가능할 것으로 보았다. 하지만 누구도 예상하지 못한 기적이 일어났다. 파이널 투어에서 브롬달이 16강전에서 탈락한 반면, 이상천이 결승전에서 쿠드롱을 이기고 우승포인트 90점을 추가하면서 결국 종합 포인트에서 10점을 앞서 극적으로 시즌 챔피언에 등극하게 된 것이었다.

1994년 1월 이상천의 세계당구 제패는 그 후 10년간 한국당구가 발전하는데 큰 자양분이 되었고, 한국의 젊은 당구 선수들이 세계적인 선수로 성장하는데 큰 자신감을 제공했다. 2004년, 오십의 젊은 나이에 그는 세상을 떠났지만, 그가 이룬 쾌거를 거름삼아 2007년에 수원시는 당구 월드컵 대회를 유치하는데 성공했다.

한국에서 매년 3쿠션 국제 대회가 열림으로써 한국의 당구 유망주들은 국내에서 세계적인 선수들과 겨룰 수 있는 기회를 가짐과 동시에 랭킹 포인트 획득에 유리한 발판을 마련하였고, 이런 토대 위에서 소위 '이상천 키즈'들이 탄생하게 된다.

이상천 키즈 중에 선두주자는 김경률이었다. 1980년생으로 2015년 35세의 짧은 생을 마감한 비운의 당구천재 김경률은 월드컵 대회의 주도권이 BWA에서 UMB로 넘어간 이후 한국인 선수로는 처음으로 2010년 터키 안탈리아 월드컵에서 우승을 차지했다. 이후에 1977년생인 최성원 선수가 2012년 터키 안탈리아 월드컵에서 다시 한 번 우승을 거두었고, 1980년생 동갑내기 강동궁과 조재호는 2013년 구리 월드컵 대회와 2014년 터키 이스탄불 월드컵 대회에서 우승을 일궈냈다.

2017년 세계 팀 3쿠션 선수권대회에서는 김재근-최성원이, 그리고 2018년 세계 팀 3쿠션 선수권대회에서는 최성원-강동궁이 우승을 차지하며 한국 당구의 자존심을 지켜냈다.

어떤 스포츠 종목이 프로화를 시도하는데 있어서 가장 중요한 요소 중에 하나는 그 종목의 국제경쟁력이다. 특정한 스포츠 종목이 국제적인 경쟁력을 가질 때 스포츠팬들의 마음속에 뿌리를 내릴 수 있고, 그 종목 선수들에 대한 존경심과 팬덤이 생길 수 있다.

대표적인 예로 한국 축구와 야구 그리고 여자골프는 국제적인 경쟁력을 가지고 있다. 축구는 FIFA 월드컵에 1986년 멕시코 대회를 시작으로 10회 연속 진출하는데 성공했다. 10회 연속 월드컵 본선에 진출한 것은 아시아 국가로서는 최초이며, 전 세계적으로도 브라질, 독일, 이탈리아, 아르헨티나, 스페인에 이어 세계 6번째에 해당할 정도로 대단한 기록이다.

야구역시 올림픽과 WBC에서 우승을 할 만큼 국제경쟁력을 확보했고, 한국 여자골프는 전 세계에서 가장 우수한 선수들을 화수분처럼 양성해내면서 KLPGA는 국내에서 가장 인기 있는 프로스포츠 종목으로 성장하게 되었다. 반면 한국 남자농구는 최근 올림픽 본선진출에 연속으로 실패하면서 국제적인 경쟁력을 유지하지 못해 스포츠팬들의 관심에서 점점 멀어지고 있다.

당구의 경우 이상천-김재근-최성원-김경률-조재호-강동궁으로 이어지는 스타 계보에서 보듯 꾸준히 국제적인 경쟁력을 유지해왔고, 최근에는 조건휘-신정주-김행직-조명우 등 영건들이 나타나 한국 당구의 미래를 더욱 희망적으로 만들고 있다. 뿐만 아니라 여자당구 쪽에서도 김가영-차유람-이미래-스롱피아비 등 실력있고 매력적인 선수들이 당구팬들의 열렬한 지지를 받고 있다.

'당구 프로화'에 승부를 걸었던 이유

한국 당구는 1980년대 중반에 대한프로빌리어드협회가 프로선수 선발전을 통해 프로선수를 선발하고, 프로당구투어를 출범시켰으나 결국 실패했다. 90년대에는 한국당구위원회가 SBS 한국당구

최강전의 성공을 바탕으로 프로화의 문턱에까지 갔으나 또한 프로화에는 실패했다. 그리고 2000년대에 와서는 2002년 부산 아시안게임에서 황득희-이상천의 금-은메달 동반 획득에 이어, 국내에 월드컵 대회를 매년 유치하면서 김재근, 최성원, 김경률, 조재호, 강동궁, 김행직, 조건휘, 조명우 등 국제적인 경쟁력을 갖춘 선수들이 대거 출현하였음에도 대한당구연맹(KBF)은 결국 프로화의 구슬을 꿰지는 못했다.

국내에서 당구 프로화의 시도가 본격적으로 그리고 체계적으로 진행되는 계기를 마련한 것은 당구전문 방송 채널의 탄생이었다.

24시간 당구방송을 표방한 빌리어즈TV가 개국을 하게 된 것이다. 이전에는 지상파 3사 계열의 스포츠전문 케이블 채널이었던, SBS 스포츠, MBC 스포츠 플러스, KBSN 스포츠 채널이 당구 생중계 또는 녹화 방송을 편성하여 간헐적으로 방송을 해왔었다. 즉 이들 스포츠채널이 당구라는 종목을 편성상의 '양념'으로 활용해온 반면, 빌리어즈TV는 24시간 당구 프로그램을 편성했다.

2014년 1월 14일 빌리어즈TV가 개국함으로써 당구는 확실한 콘텐츠 유통 채널을 확보했고 이것이 프로화의 기반이 되었다. 빌리어즈TV가 처음 세상에 모습을 드러냈을 때 스포츠 팬들은 과연 당구전문 채널이 성공할 수 있을까 하는 의심과 불안의 시선으로 바라보았다. 올림픽 종목이고, 당구보다 훨씬 많은 대회가 세팅되어 있는 탁구나 배드민턴도 전용 TV채널이 없는 상황이었다. 하지만 '24시간 당구전용 TV 채널'이 과연 통할 수 있을까 하는 불안한 시선을 이겨내고, 빌리어즈TV는 고정적인 시청자 확보에 성공했다.

그만큼 당구를 즐기고 경기를 시청하는 당구팬들이 많다는 것을 의미하는 것이었다.

　빌리어즈TV는 2014년초 개국한 이후, 이듬해인 2015년 초에 대한당구연맹(KBF)과 3년간 중계권 계약을 체결했다. 당구 경기 콘텐츠를 안정적으로 확보하는 것이 필요했기 때문이다.

　내가 KBF를 포함하여 당구인들과 처음 접촉했던 시기는 갤럭시아SM(이전의 IB스포츠) 재직시절이었던 2016년경 이었다. 스포츠 마케팅 업종의 유일한 상장회사이고, 연맹협회 마케팅 대행과 TV 중계권 사업을 주력으로 하고 있었던 갤럭시아SM은 경기단체의 입장에서 볼 때 매우 중요한 파트너였다.

　KBF의 부회장을 비롯한 임원진들은 갤럭시아SM이 KBF의 중계권을 구매해주고, KBF의 스폰서 유치에 도움을 줄 것을 요청했다. 그러나 2016년 당시 갤럭시아SM은 KBF 마케팅 대행이나 당구사업에 큰 관심이 없었다. KBF의 연간 스폰서십 규모나 중계권 사업 규모가 그렇게 크지 않았기 때문이었다. 2017년 3월에 나는 12년 동안 근무했던 회사를 떠나 새로운 회사로 이직했다.

　내가 새로운 회사로 이직한 후 2017년 6월에 KBF는 이전 회사인 갤럭시아SM과 마케팅 대행 계약을 체결했다. 하지만 우리는 아마추어 당구연맹인 KBF 마케팅에는 관심이 없었고 대신 회사 내에 '당구의 프로화를 위한 TFT'를 발족하고 본격적으로 프로당구 출범을 검토하기 시작했다.

　이희진 대표가 TFT를 총괄했고, 주로 심도 있게 논의한 것은 당구대회의 예산구조, 전 세계 당구 산업규모, 국내외 당구관련 단체의 수익구조, 당구 선수 현황, 국내 당구용품 브랜드 조사, 미디어 스포츠로서의 당구의 시청률 등 당구에 관한 거의 모든 분야를 망라했다.

약 6개월간에 걸친 TFT 운영을 통해 우리는 당구의 산업화, 당구의 프로화가 실현가능하다는 결론에 도달했다. 그러한 결론에 도달할 수 있었던 주요 근거는 다음과 같다.

전 세계 가장 많은 당구장을 보유한 한국 시장

코로나19 펜데믹 이전에 대한민국에는 약 22,000개의 당구장이 영업을 하고 있었다. 코로나 이후에 영업환경이 어려워져 2022년 상반기에는 17,000개 내외로 줄어들었지만, 대한민국의 당구장 인프라는 단연 세계 최고다. 동네마다 몇 개씩 경기장을 갖추고 있는 종목은 당구밖에 없다.

외국 당구선수들이 한국에 와서 가장 많이 놀라는 부분 중에 하나가 동네마다 운영되고 있는 많은 당구장 숫자였다.

충분하고 광범위한 당구 저변

당구를 즐기는 동호인 수 역시 그 어떤 종목보다 많다. 기존 아마추어 당구연맹에 등록한 선수 수도 많지만, 선수등록을 하지 않은 아마추어 고수급 선수들도 헤아릴 수 없을 정도로 많다. 1990년대에 스타그래프트 게임이 선풍적인 인기를 끌기전에 대학을 다닌 사람들은 모두 당구를 즐긴 세대라고 해도 과언이 아닐 것이다.

그리고 한국의 인구구조가 고령 사회를 넘어 초고령 사회로 진입하고 있는 2020년부터 2030년 사이에는 70~80년대에 대학을 다녔던 베이비붐 세대들이 은퇴를 하면서 당구장엔 더 많은 고객들이 몰릴 것으로 분석을 했다. 향후 10년간 당구장 비즈니스는 매우 활성화 될 것이라는 판단의 근거였다.

당구전문 TV 채널과 높은 시청률

2014년에 개국한 빌리어즈 TV는 비교적 높은 시청률을 유지하고 있었다. 탁구나 배드민턴 그리고 테니스와 같은 주요 종목도 그 종목의 전문 TV채널이 없는 상황에서 당구 전문 채널의 존재는 당구 콘텐츠의 유

24시간 당구전문채널은 전세계에서 빌리어즈TV가 유일하다.

통 채널로서, 그리고 대회를 후원하는 기업의 홍보와 마케팅 툴로써 매우 유용했다. 기존 아마추어 당구 중계만으로도 어느 정도 자생력을 갖춘 TV 채널이라면, 프로당구투어가 출범할 경우 더 좋은 당구 콘텐츠로 시청자들에게 접근할 수 있을 것으로 분석했다.

배후 산업의 성장 가능성

태권도와 양궁 그리고 쇼트트랙 종목은 대한민국이 전 세계적으로 경쟁력을 갖춘 스포츠 종목이지만, 그 배후에 연관 산업이 미약했다. 하지만 당구의 경우 전국의 2만개 이상의 경기장에서 매일 200만 명 이상이 게임에 참여함으로써 당구장 이용료 시장만 연간

2조 원 이상의 시장규모를 형성하고 있었다. 그리고 당구 테이블, 테이블천, 당구공 시장이 존재하고 있었고, 당구채 시장은 매년 성장하고 있는 시장이라 당구용품 시장은 매우 매력적이라는 결론에 도달했다.

프로당구 출범을 향한 첫 걸음

프로당구 추진 TFT를 가동한지 6개월이 되는 2017년 9월 마침내 프로당구 출범을 향한 의미있는 첫걸음을 내딛었다. 프로당구추진 TFT는 2017년 9월 6일 이희진 대표가 중심이 되어 삼성동 코엑스 메가박스 영화관을 빌려 '당구의 프로화 및 산업화에 대한 구상 발표와 제언 경청'이라는 공청회를 개최했다.

'프로당구'라는 단어 하나만으로도 당구인들의 관심을 끌 수는 있었겠지만, 이날 공청회에 참석한 사람들은 당구 선수, 지도자, 동호인 및 당구 관계자를 합쳐 250명이 넘었다. 그만큼 프로당구화에 대한 목마름과 기대가 크다는 것을 실감했다.

이희진 대표는 지난 6개월 간의 연구와 자료조사 그리고 기본 방향에 대해 간략하게 브리핑했고, 향후 100억원을 투자해서 프로당구투어를 만들고 5년안에 BEP를 맞추겠다고 선언했다. 이희진 대표의 100억원 투자 발표는 당구계에 큰 파장을 불러일으켰다. 지금까지 당구인들 중심으로 추진된 프로당구의 청사진은 "스폰서 기업을 유치해서 프로당구투어를 운영하겠다"는 것이 핵심 내용이었다. 하지만 결국 스폰서 유치에 실패하였기 때문에 당구의 프로화는 번번이 수포로 돌아가고 말았다.

공청회에 참석한 당구선수들과 지도자들은 '기대 반 의심 반'이었다. 지금까지 수차례 시도된 프로당구의 추진이 모두 실패로 돌아갔던 기억이 되살아났고, 실제로 프로당구를 위해 100억원의 자금을 투자할 수 있을 것인지에 대한 의심이 가장 컸다.

자금의 확보 방안과 개최 대회 개수, 그리고 선수선발 방법과 상금 규모 등에 대한 질문이 이어졌지만, 구체적인 답변과 대안을 제시하지는 않았다. 아직 그럴 단계도 아니고 준비가 되어 있지도 않았다. 하지만 프로당구투어를 출범시키겠다는 이희진 대표의 선언과 향후에 100억원을 투자하겠다는 계획 발표만으로도 공청회를 개최한 효과는 충분했다.

2017년 9월 열린 프로당구 공청회. 이희진 대표는 '당구의 프로화와 산업화에 대한 구상'을 발표했다. 이 구상 발표를 시작으로 프로당구 출범이 본격화되었다.
ⓒ큐스포츠

말에는 힘이 있고, 힘이 실린 말은 신속하게 전 세계로 퍼져나갔다. 당구의 프로화는 공청회를 통해 공식화되었고, 당구선수를 포함한 모든 당구인들은 프로당구추진 TFT의 행보를 주시하기 시작했다. 기존 당구계를 장악하고 움직여왔던 KBF(대한당구연맹)와 UMB(국제3쿠션경기단체) 역시 의심의 눈초리로 프로당구 TFT를 경계하기 시작했다.

빌리어즈TV 인수로 당구인들의 마음을 얻다

프로당구추진 TFT는 프로당구 출범 구상을 처음 알린 2017년 9월의 공청회 이후 2018년 7월에 당구전문 채널 빌리어즈TV를 인수했다. 프로당구투어를 성공적으로 런칭하기 위해서는 빌리어즈TV는 꼭 필요한 존재였다. 많은 당구인들 역시 프로당구추진 TFT가 빌리어즈TV를 인수하자, 프로당구투어가 정말로 출범할 수도 있겠다는 긍정적인 시각을 갖기 시작했다.

반면 KBF나 UMB는 긴장하기 시작했다. 한국에서 당구붐을 다시 일으킨 주역도, 그리고 UMB 월드컵 중계권을 구입하여 국내에 UMB 경기의 인기를 끌어올린 주역도 빌리어즈TV 였다. 그리고 빌리어즈TV는 두 아마추어 경기단체의 재정을 떠받히는 든든한 젖줄임과 동시에 당구 컨텐츠의 최대 유통 채널이기도 했다. 그런 빌리어즈TV를 프로당구투어를 추진하는 세력이 인수를 했다는 것은 두 경기단체를 긴장시키기에 충분했다.

그리고 프로당구추진 TFT는 2018년 10월에 대규모 투자자금을 끌어모았다. 벤처 캐피탈과 증권사로부터 100원의 투자를 유치하는데 성공한 것이었다. 당구전문 채널인 빌리어즈TV 인수에 이어, 100억원의 실탄을 확보했다는 소식이 알려지자, 프로당구투어의 출범은 더욱 현실감 있게 당구인들의 마음을 흔들기 시작했다.

프로당구 투어 명칭 결정

2018년 하반기에 빌리어즈TV를 인수하고, 100억원의 투자자금을 유치한 이후부터 나는 한국에서 글로벌 프로당구투어를 런칭하기 위한 구체적인 업무에 집중하기 시작했다. 우선 첫 번째로는 프로당구투어의 명칭을 결정하는 문제였다. 글로벌 투어를 지향하는 만큼, 투어명칭에서 Korea를 의미하는 K는 사용하지 않기로 했다.

우리는 PGA(Professional Golf Association)와 LPGA(Ladies Professional Golf Association)처럼 거대한 글로벌 투어를 만들고 싶었다. 전 세계 남자 프로테니스 투어를 관장하는 ATP(Association of Tennis Professionals)와 여자 프로테니스 투어를 관장하는 WTA(Women's Tennis Association)의 브랜딩과 투어방식도 벤치 마킹했다.

전 세계 처음으로 한국에서 시작하는 당구 3쿠션 종목의 프로투어의 명칭에 대해 많은 고민을 했다. 처음엔 PBL(Professional Billiards League)이 긍정적으로 검토되기도 하였고, PBT(Professional Billiards Tour)도 유력한 브랜드 네임으로 고려하기도 했다.

결국 PGA 방식을 채택하기로 했다. 전 세계 글로벌 프로당구협회의 명칭은 PBA(Professional Billiards Association)로 정했고, PBA가 관장하는 투어 명칭은 PBA Tour로 확정했다.

우리는 PBA Tour가 향후 100년 이상 지속될 글로벌 프로당구 투어가 되기를 진심으로 기원했다. 그리고 그 명칭에 대한 브랜딩 작업을 조항수 前 KAKAO 프렌즈 대표에게 맡기기로 했다. 조항수 대표는 우리가 추구하는 PBA와 PBA투어에 대한 지향점을 명확하게 이해했다. 그리고 매우 직관적이며 가독성 있게 PBA와 PBA투어 브랜딩 작업을 성공적으로 잘 해주었다.

모든 시작은 어렵다

프로당구와 아마추어 당구 단체 간의 갈등

어떤 종목이든 프로화의 과정에서는 진통이 따른다. 프로화를 주도하는 세력과 아마단체로 남는 세력 간의 알력과 갈등이 필연적으로 발생하기 마련이다. 축구의 경우에는 대한축구협회(KFA) 중심으로 프로축구연맹(K리그)이 탄생했기 때문에 갈등이 크지 않았다. 그리고 대한축구협회와 프로축구연맹은 한 집안의 형제처럼 같은 빌딩에서 서로 유기적으로 잘 협력하면서 공존하고 있다.

하지만 농구나 배구 그리고 야구의 경우에는 프로화가 되는 과정에서 격렬한 갈등이 있었다. 그 이유는 이들 종목이 프로화가 된 이후에 아마 단체는 사실상 고사되었기 때문이다. 즉 프로농구, 프로배구, 프로야구가 탄생함으로써 아마농구, 아마배구, 아마야구는 사실상 존재감과 영향력을 상실함으로써 유명무실한 기구로 전락했다. 그래서 기득권을 가진 아마추어 경기단체와 새롭게 설립을 추진하는 프로단체 사이에는 항상 갈등이 발생할 수밖에 없었다.

당구의 경우엔 한국내의 아마추어 경기단체인 대한당구연맹(KBF)과 국제 3쿠션 경기단체인 UMB가 PBA와 힘겨루기를 할 수밖에 없는 상황이 만들어지게 된 것이다.

2017년 9월 프로당구 출범 공청회 이후 2018년 내내 프로당구 추진 TFT는 '프로당구투어에서 뛸 선수를 어떻게 확보할 것인가?' 그리고 '프로당구투어 출범 과정에서 기존 아마추어 경기단체와의 갈등을 최소화 할 수 있는 방법은 무엇인가?' 하는 문제에 대한 답을 찾는데 많은 시간을 보냈다.

가장 좋은 해법은 프로당구를 추진하는 쪽에서 KBF와 UMB의 마케팅 권리를 구매해주는 것이었다. 즉 KBF와 UMB의 TV중계권 권리를 포함한 마케팅 권리를 구매함으로써 두 경기 단체에 돈다발을 안겨주는 것이었다. 그리고 그 댓가로서 KBF와 UMB에 등록되어 있는 선수 자원을 PBA투어에 등록시키는 방안이었다.

실제로 이희진 대표는 이런 방식으로 모든 문제를 일괄 타결하기 위해 UMB와 협상을 벌였다. 하지만 문제는 돈이었다. UMB가 요구하는 마케팅 권리 비용이 너무 과도했다. 2018년에 수 차례에 걸친 UMB와의 미팅과 협상이 있었으나 결국 합의점에 이르지 못하고 해를 넘겼다. 할 수 없이 우리는 2019년 상반기에 역사적인 PBA 투어의 출범과 개막식을 진행하기 위해 우리의 스케줄대로 업무를 추진해나갔다.

PBA TOUR 설명회 개최

　2018년 하반기에 우리는 PBA와 PBA TOUR에 대한 브랜딩 작업을 진행했다. 동시에 프로당구추진 TFT는 '프로당구추진위원회'로 승격되었고, 추진위원회는 거의 매주 1회 회의를 개최하면서 PBA 투어의 경기방식과 경기 룰, 투어의 개수와 상금규모, 상금배분방식, 그리고 프로당구 선수 선발전인 PBA 트라이아웃(TRYOUT) 운영방안 등에 대해 집중적으로 논의했다.

　선수자원이 턱없이 부족한 여자프로당구투어(LPBA)는 어떻게 운영할 것인지, 승강제를 위해 필수적으로 요구되는 2부투어는 어떻게 운영할 것인지도 주요한 의제 중에 하나였다. 어떤 종목이든 프로리그나 프로투어를 띄우는데 있어서 제일 중요한 것은 실력있고 우수한 선수 자원을 확보하는 것이다.

　우리는 2019년 상반기에 PBA 투어를 성공적으로 런칭하고 우수한 선수 자원을 확보하기 위해 당구선수, 지도자, 그리고 용품기업 및 당구 관계자들을 대상으로 'PBA투어 설명회'를 개최하는 것이 필요하다고 판단했다. 아울러 PBA투어의 공식적인 출범을 대내외에 선포하기로 했다.

　2019년 2월 21일 프로당구추진위원회의 주최로 서울 구로구 신도림 씨네큐 영화관에서 프로당구 출범 선포식을 개최했다. 이날 선포식에는 300여명의 선수 및 당구 관계자들이 참석하여 성황을 이루었다. 2017년 9월의 프로당구 출범 공청회는 "향후에 프로당구투어를 출범시키겠다"는 선언적인 행사였다. 반면 이번의 출범 선포식은 경기방식과 룰, 그리고 대회 규모와 상금배분방식, 프로 선수 선발방안 등 프로당구투어의 운영 골격에 대해 구체적인 플랜을 제시했다. 이날 발표를 맡았던 장상진 PBA부총재는 "2019년 6월에 역사적인 개막 투어를 진행하고, 첫 시즌이 끝나는 이듬해 3월까지 6개의 투어를 개최하겠다"는 구체적인 일정을 확정해서 발표했다.

역사적인 프로당구 PBA 출범

2019년 2월에 진행했던 프로당구 PBA투어 설명회는 성황리에 진행되었다. 그만큼 프로당구 출범에 대한 당구인들의 기대와 염원이 컸다는 것을 반증하는 것이었다. 하지만 모든 일이 순조롭게 진행되지는 않았다. 일부 스타급 당구 선수들이 PBA투어에 출전하지 않을 것이라고 선언했다. 이에 발맞추어 대한당구연맹(KBF)은 PBA대회에 출전하는 선수들에게는 KBF 선수등록말소라는 중징계를 내리겠다고 엄포를 놓았다. 프로당구 선수가 되면 사실상 아마추어 선수로서의 생명이 끝나는 것을 의미하는 것이었다.

프로당구가 출범하면 아마추어 당구연맹의 입지가 줄어들 것을 우려한 조치였다. 내가 26년전인 1997년에 KBL에서 프로농구를 출범시키는 업무를 맡았을 때도 상황은 비슷했다. 90년대 당시 이충희, 김현준, 허재, 강동희, 이상민, 문경은, 서장훈, 현주엽, 전희철 등이 활약했던 농구대잔치는 시청률이나 관중흥행 면에서 모두 최고의 인기를 누리고 있었다. 실업 농구팀 감독이나 대학 농구팀 감

2019년 2월. 장상진 PBA 부총재는 프로당구 출범 선포식에서 PBA Tour의 구체적인 비전과 전략을 제시했다. ©PBA Photo

독 입장에서는 굳이 프로농구리그를 만들어야 할 이유가 없었다.

 1997년 2월 프로농구는 출범했으나 농구계는 프로 찬성파와 프로 반대파로 분열했다. 이후 프로농구가 수준높은 경기력과 화려한 플레이를 선보이자, 농구대잔치는 쇠락했고 프로를 반대했던 농구인들은 설자리가 좁아졌다. KBL의 경우 출범 3년 만에 뿌리를 내렸고, 농구인들 간의 힘겨루기는 프로 찬성파의 손쉬운 승리로 끝났다.

 나는 당구 종목에서도 상황은 비슷할 것으로 예상했다. 프로당구가 성공적으로 출범하여 뿌리를 내리면 아마추어 당구연맹과의 갈등은 끝날 것이고, 이후부터는 프로단체는 프로투어를 운영하고 아마추어 단체는 유소년 육성, 국가대표의 관리 운영 등 그 본연의 업무에 충실하게 될 터였다.

하지만 PBA투어 출범 초창기의 프로와 아마 간의 갈등은 격렬했다. KBF는 PBA투어에 선수 등록을 한 선수 전원에게 선수등록 말소 조치를 취했다. 이에 부당함을 느낀 선수들은 법적 소송에 들어갔다. 이런 어수선함 속에서 PBA는 프로당구 출범식을 거행했다.

2019년 5월 7일 남산 아래 힐튼호텔에서 진행된 프로당구 출범식은 성대하게 진행되었다. 전 문체부 장관이자 2014 인천아시아경기대회 조직위원장을 역임하신 김영수 총재가 초대 PBA 총재로 취임했다. 장상진 대표가 실무 부총재를 맡았고 나는 사무총장 직을 맡게 되었다.

이로써 PBA는 지난 2017년 초부터 준비해온 프로당구투어의 출범을 공식화했다. 이제는 돌이킬 수도 연기할 수도 없는 상황이 되었고, 6월엔 약속한바 그대로 개막 투어를 시작해야 하는 상황이 되었다.

하지만 6월에 개막투어 첫 경기를 하겠다고 발표는 했지만 개막투어 30일을 남겨둔 상황에서도 개막투어에 대한 타이틀 스폰서는 아직 미정 상태였다. 여러 기업을 만나고 다녔지만 최초의 PBA 투어 경기를 후원하는데 따른 리스크를 지겠다고 선뜻 나서는 기업이 없었다. 우리 입장에서야 프로당구 투어의 개막을 알리는 '역사적인' 개막전이라고 강조를 했지만, 타이틀 스폰서를 맡아야 하는 기업 입장에서는 그만큼 위험 부담이 큰 것이 사실이었다.

김영수 총재님도 불안한 마음이기는 매 한가지 였다. 일주일에 여러 번 후원사 유치 진행상황을 체크하셨고, 그 때마다 답보 상태인 것에 대해 우려의 마음을 표시하셨다. 솔직히 PBA투어를 준비하

2019년 5월 프로당구 출범식. 김영수 전 문체부장관이 PBA 초대 총재에 취임했다. ⓒPBA Photo

면서 이때만큼 마음이 불안하고 답답한 적이 없었다. 우리는 매일 매일 최선을 다했고, 나는 개인적으로 개막전 타이틀 스폰서를 구하지 못하면 스폰서 없이 PBA 비용으로 대회를 치르는 수밖에 없다고 생각했다.

　우리는 대회 스폰서를 구하기 위해 열심히 노력했지만 프로당구 투어의 출범을 반대하는 쪽에서는 열심히 방해를 놓았다. 우리가 만나고 제안하는 기업을 어떻게 알아냈는지, 프로당구를 반대하는 쪽에서는 우리가 만나고 있는 기업을 대상으로 PBA투어에 후원하지 말 것을 요청했다. 모든 것을 새로 세팅하면서 앞으로 나아가는 데도 힘에 부치는데, 발목을 잡는 반대편의 사람들이 야속하고 원망스러웠다.

　상황이 이렇게 되자 우리는 후원사 영업을 철저히 대외비로 진행했다. 타이틀 스폰서가 확정되어 공식적으로 발표하기 전까지는 후원사 후보기업의 이름을 절대로 노출하지 않는 것을 철칙으로 삼았다. '비밀은 없다'는 말처럼 비밀을 유지하는 것은 매우 힘들었지만 최대한 비밀리에 후원사 영업을 진행했다.

글로벌 기업이 PBA 개막투어의 스폰서를 맡다

좀처럼 개막투어의 타이틀 스폰서를 구하지 못해 애를 태우다 개막 10일을 앞두고 드디어 스폰서 기업을 확정했다. 글로벌 기업 파나소닉(Panasonic)이 PBA투어 원년인 2019~2020 시즌 개막전 타이틀 스폰서로 참여하게 되었다는 소식은 당구계를 깜짝 놀라게 했다. PBA가 개막전 스폰서의 자격기준으로 삼았던 '이름만 들어도 알만한 대기업' 조건에도 잘 부합했다. 처음에 파나소닉 코리아는 당구가 글로벌 브랜드인 파나소닉의 이미지에 부합하지 않는다고 난색을 표했다.

하지만 장상진 부총재는 두 번 세 번의 거절에도 포기하지 않았다. 나는 이때의 경험을 통해 많은 것을 배웠다. 상품을 팔기위해서는 상품도 좋아야 하고, 언변이나 영업력이 좋아야겠지만 더 중요한 것은 거절당하는 것에 좌절하거나 포기하지 않는 인내심이다. 故 정주영 회장의 말처럼 "좋은 상품은 팔기가 쉽다" 아니 좋은 물건은 팔려고 할 필요도 없이 잘 팔려나간다. 그 상품을 사기 위해 장사진을 치고 밤을 새우기도 한다.

문제는 상품이 덜 좋거나 그보다 못하다고 평가받을 때 어떻게 할 것이냐 이다. 장상진 부총재는 처음 제안을 해서 거절을 당하면 다음에 두 번째 제안을 하고, 그리고 또 거절을 당하면 세 번째 제안을 했다. 웬만한 사람은 한두 번 거절당하면 더 이상 제안하기가 쉽지 않다. 상대방에게 부담을 주는 것도 불편하다. 장상진 부총재 역시 한두 번 그리고 세 번까지 제안을 했는데도, 상대방이 관심을 보이지 않으면 마음 속으로는 많이 힘들었을 것이다. 하지만 정말 우리에게 중요하고 그리고 상대에게도 좋은 상품(여기서는 주로 스폰서십 제안)이라면 포기하지 않고 네 번, 다섯 번 제안하는 것을 주저하지 않았다.

만약 장상진 부총재가 세 번째 제안에서 포기했다면 PBA는 파나소닉이라는 글로벌 기업을 역사적인 개막 투어의 타이틀 스폰서로 영입하지 못했을 것이다. 처음에 파나소닉이 PBA투어의 타이틀 스폰서 제안을 정중히 거절한 이유는 파나소닉의 글로벌 브랜드 이미지와 당구의 이미지가 서로 맞지 않았기 때문이었다. 하지만 우리는 파나소닉 코리아의 마케팅 활동 영역은 한국영토이고, 적어도 한국에서는 당구를 즐기는 인구가 수백만명에 달하고, 그리고 당구를 즐기는 세대가 파나소닉 코리아의 주력상품 중에 하나인 안마의자와는 타겟 고객이 일치한다는 점을 부각했다.

나는 우리의 마케팅적 설득이 성공했기 때문에 파나소닉이 PBA 개막투어 타이틀 스폰서로 참여했다고 생각하지 않는다. 그보다는 새로운 종목을 프로화 해보겠다고 호기롭게 나선 우리의 열정에 파나소닉이 공감해주었다고 생각한다. 그리고 야구, 축구, 농구, 배구, 골프 등의 고전적 스포츠종목이 아닌 당구라는 마이너 종목의 프로화가 갖는 의미에 더 마음이 끌렸을 것이라고 생각한다.

파나소닉 코리아와 프로당구 개막 투어 타이틀 스폰서 조인식을 마친 후 10일 이내에 우리는 모든 것을 준비해야 했다. 대회장인 소노캄고양 호텔 대관계약 체결, 대회 엠블럼, 광고물, 홍보물 제작 그리고 생중계를 위한 방송 중계권 계약 등을 일사천리로 진행했다.

나는 역사적인 프로당구 개막전에 파나소닉이라는 글로벌 브랜드가 타이틀 스폰서로 참여하게 되었다는 사실만으로 신바람이 났다. 그리고 PBA라는 새롭게 출범하는 프로당구 투어에 서광이 비치고 행운의 여신이 찾아오고 있다는 느낌을 강하게 받았다.

신의 한수 PBA 팀리그

우연하게 탄생한 PBA 팀리그

　PBA 팀리그는 우연히 만들어졌다. 2019년 6월 PBA 투어의 개막을 준비할 때만 해도 우리의 마음속에 PBA 팀리그는 없었다. 애초에 우리는 테니스의 ATP와 WTA, 그리고 골프의 PGA와 LPGA를 벤치마킹 해왔기 때문이다.

　우연히 발견되거나 만들어졌지만 그것이 역사를 바꾼 사례는 의외로 많다. 알프레드 노벨의 다이나마이트가 그랬고, 인류 최초의 항생제 페니실린도 우연히 발견되어 무수히 많은 생명을 살렸다. 3M 사(社)의 히트 상품 포스트잇은 접착력이 약해 실패한 제품으로 폐기하려다, 그 약점을 역이용하는 특허 상품으로 진화했다. 다국적 제약사 화이자의 비아그라는 발기부전을 치료하기 위한 목적으로 만들어진 제품이 아니었다. 협심증 치료 목적으로 개발하는 과정에서 임상에 참여한 남성들의 성기가 발기되는 부작용이 발생했고, 이 부작용(副作用)을 주효능(主效能)으로 전환시킨 제품이 비아

그라다.

하지만 역사를 바꾼 이 '우연한 행운'은 아무에게나 찾아오지는 않는다. 전문적인 식견이 있거나, 아니면 오랫동안 꾸준히 해답을 찾기 위해 극도의 집중력을 유지해오던 중 어느 순간 '유레카!'를 외치게 된 것이 대부분이다. 즉 전문가적인 식견을 가지고 끈질기게 질문을 물고 늘어졌기 때문에 가능했던 것이다.

그런 행운이 우리에게도 찾아왔다. PBA 팀리그의 최초의 팀은 신한금융투자 프로당구팀이다. 신한금융투자는 PBA투어 원년 시즌에 파나소닉에 이어 두 번째 대회의 타이틀 스폰서 였다. 2019년 7월 22일부터 7월 26일까지 잠실 롯데월드호텔에서 열린 〈신한금융투자 PBA/LPBA 챔피언십〉 대회는 가장 주목받는 대회 중에 하나였다.

강남에서 가장 호화롭고 비싼 호텔에서 열린 당구 대회라는 점도 있었지만, 이 대회의 우승자는 약관 24세의 신정주. 최연소에 해당하는 어린 나이였고, 더욱 주목을 받은 것은 그의 훤칠한 키와 잘 생긴 얼굴이었다.

신정주의 우승 파급효과는 의외로 컸다. 어린 나이에 잘생긴 외모가 시너지 효과를 내면서 많은 언론사가 기사를 내보냈고 이때부터 신정주의 닉네임은 '당구 아이돌'이 되었다. 당구 대회를 하면서 기대 이상의 홍보효과를 거둔 신한금융투자는 대만족이었고, 2019년 12월에 신한금융투자는 신정주를 포함하여 준우승자 조건휘, 오성욱 그리고 김가영 선수 등 4명의 선수를 후원하는 계약을 체결했다. 다음년도 대회를 앞두고 미리 유망 선수를 확보해 후원 계약

웰컴저축은행이 PBA 팀리그 타이틀 스폰서로 참여하면서 팀리그는 뿌리를 내리기 시작했다.
©PBA Photo

을 체결함으로써, 대회후원과 선수후원을 결합한 시너지 효과를 창출하고자 하는 의도였다.

여기서 중요한 것은 최초의 프로당구팀 신한금융투자는 팀 리그를 염두에 두고 팀을 결성한 것이 아니었다는 점이다. 대회후원 효과를 극대화하기 위해 유망선수 후원을 연계시켰을 뿐이었다.

개막시즌 세 번째 대회의 타이틀 스폰서는 웰컴저축은행이 맡았다. 웰컴저축은행이 후원한 투어는 2019년 8월에 열렸고 이 대회에서도 후원사는 후원효과에 대해 크게 만족했다. PBA투어 스폰서의 홍보효과가 확실하게 인정을 받는 대회가 되었다. 웰컴저축은행도 신한금융투자와 마찬가지로 선수후원에 대한 관심을 표명했다.

대회를 개최하면서 동시에 유망 선수를 후원하기를 원했다. 그래서 웰컴저축은행은 대회가 끝난 후 2020년 1월에 당구황제 프레드릭 쿠드롱을 포함하여 서현민, 비롤 위마즈, 한지승 그리고 차유람 선수를 후원하는 계약을 체결했다. 이때도 마찬가지다. 대회의 홍보효과를 극대화하기 위해 선수를 후원한 것이지 팀리그를 염두에 두고 선수 후원을 결정한 것은 아니었다.

대회의 타이틀 스폰서 기업이 대회를 후원하면서 동시에 정상급 실력의 선수들을 후원하는 것이 관행으로 잡아가면서, 2019년 9월과 12월에 대회를 개최했던 TS샴푸와 SK렌터카도 선수 후원에 적극적인 관심을 보였다. TS샴푸는 그 다음 해에 김병호, 정경섭, 김남수, 로빈슨 모랄레스 그리고 이미래 선수를 후원하기로 결정했고, SK렌터카는 자사 후원 대회 우승자 강동궁을 비롯해 에디 레펜스, 김형곤, 고상운, 임정숙, 김보미 선수를 후원하기로 결정했다.

PBA가 팀리그에 대한 구상을 하기 시작한 것은 신한금융투자, 웰컴저축은행, TS샴푸, SK렌터가 등 4개의 투어 후원 기업이 당구 선수들을 동시에 후원하면서 팀의 형체를 갖추어 갈 2020년도 초 무렵이었다.

처음 PBA 팀리그의 구상에 대한 의견을 제시한 사람은 장상진 부총재였다. 그리고 이후에 PBA 팀리그의 성공을 이끄는데 결정적인 역할을 한 사람도 장상진 부총재였다. 장 부총재는 4개팀으로 팀리그를 운영하기는 어렵고, 6개팀 정도는 돼야 하지 않겠냐고 했다. 나는 우선 4개팀으로 팀리그를 시작해보는 것도 가능하다고 의견을 냈다. 동시에 나는 우려도 표명했다. PBA투어도 아직 확실하게 자리를 잡지 못했는데, 팀리그까지 운영할 경우 집중력이 떨어질 수 있기 때문이었다. 그래서 나는 PBA 투어가 완전히 성공적으로 정착한 이후에 팀리그를 추후 단계적으로 추진하자는 의견을 제시했다.

하지만 장상진 부총재는 무섭게 밀어붙였다. 기어이 크라운해태와 블루원리조트를 찾아가 프로당구팀을 만들자고 제안했고, 기적과도 같이

PBA 팀리그를 처음 구상한 장상진 부총재.

추가로 두 팀의 창단을 성사시켰다. "번갯불에 콩 구워먹는다"는 속담처럼, 신속하게 그리고 신기하게 6개팀이 만들어졌다. 즉 대회를 개최하는 후원사 기업 6개가 모두 팀을 창단하기로 결정한 것이다. 지금 생각해도 기적 같은 일이고 놀라운 일이다! 나는 다시 한 번 장상진 부총재의 놀라운 설득력과 영업력에 놀라지 않을 수 없었다. 그리고 다른 한편으로는 "안 될 일은 어떻게 해도 안 되고, 될 일은 결국 된다"는 것을 실감했다.

팀리그의 묘미 남녀 혼합복식

PBA 투어보다 1년 늦게 출범한 PBA 팀리그 2020~2021 시즌엔 신한금융투자, 웰컴저축은행, TS샴푸-JDX, SK렌터카, 크라운해태 그리고 블루원리조트 6개팀으로 출범했다. 경기방식은 라운드별

풀리그로 진행하되, 6라운드를 마친 후 성적순위로 상위 4개팀이 포스트시즌을 겨루는 방식이었다.

팀리그 경기 7세트 중에 당구 팬들이 가장 큰 관심을 갖는 세트는 단연 남녀 선수가 함께 출전하는 혼합복식 경기였다. 남녀가 한 쌍이 되어 상대팀과 겨루는 방식인데, 남자가 공격을 성공시키면 같은 팀의 여자선수에게 공격권을 넘겨주고, 여자선수의 공격이 성공하면 다시 같은 팀의 남자 선수에게 공격권을 넘겨주는 방식이었다. 남녀 두 선수의 팀웍이 좋아야 혼합복식 세트를 승리할 수 있었다. 문제는 남녀 선수 간의 기량의 차이가 커서, 남자 선수가 공격을 성공시키고 그 다음 같은 팀 여자 선수에게 얼마나 좋은 포지션으로 공격권을 넘겨주느냐 하는 것이 승리의 관건이었다.

유튜브 채널을 시청하는 시청자 수를 분석해보면 혼합복식 경기에 가장 많은 동시접속자가 몰린다는 것을 알 수 있었다. 당구 팬들이 가장 큰 관심과 흥미를 가지고 지켜보는 경기가 남녀가 함께 출전하는 혼합복식이었던 것이다.

그리고 여자 단식 경기도 많은 관심을 끌었는데, 시청자들은 여자 선수들의 경기력이 수준이하라는 혹평을 쏟아냈다. 여자 선수들의 경기력이 남자 선수들에 비해 크게 떨어지는 것은 사실이었다. 하지만 시청자 수나 시청률이 남자 선수 경기 못지않게 점진적으로 상승하는 것을 지켜보면서 LPBA 경기의 상품성과 성장가능성에 더욱 주목하게 되었다.

골프에서도 절대적인 경기력 측면에서는 남자프로골프(KPGA)가 앞서지만, 시청률이나 상품성에 있어서는 여자프로골프(KLPGA)

가 훨씬 높은 것처럼 머지않은 장래에 LPBA의 인기가 PBA를 넘어설 수도 있겠다는 생각을 했다.

승부치기, 관중을 열광시키다

처음 PBA 팀리그를 시작할 때는 7세트가 아니라 6세트중 4세트를 먼저 획득하는 팀이 승리하는 것으로 경기를 진행했다. 경기시간을 단축하고, 방송편성을 용이하게 하기 위해서다. 하지만 세트 스코어 3대3 무승부 경기가 너무 많이 발생했다. 그래서 우리는 팀리그 첫 시즌 정규시즌이 끝난 후 포스트 시즌에 승부치기를 도입했다. 양 팀의 세트 스코어가 3대3이 되었을 경우 무승부로 처리하지 않고, 양 팀이 경기 전에 제출한 팀당 5명의 승부치기 명단과 순서에 따라 승부치기를 진행하여 승부를 가리는 방식을 도입한 것이었다.

승부치기에는 각 팀의 남자선수 4명과 여자선수 1명 등 5명이 출전했다. 각 팀의 1번 선수들이 뱅킹을 통해 선공과 초구 배치를 결정하고, 선공을 결정한 팀의 첫 번째 선수가 공격을 먼저하고 득점에 실패하면 상대팀 선수가 순번에 따라 승부치기에 한번씩 참여하는 방식이었다. 양팀의 5명의 선수가 모두 공격을 마치면 양 팀의 합산 점수로 승부를 가렸다.

승부치기의 관전 포인트는 양 팀에서 누가 1번으로 나와서 많은 득점을 하게 할 것인가, 그리고 마지막 5번째 어떤 선수를 배치해서 역전을 노릴 것인가 하는 것이었다. 승부치기를 진행하는 선수나, 지켜보는 당구 팬이나 모두 심장이 두근거리는 순간이었다. 평상시에 아무리 좋은 경기력을 보여준 선수라 하더라도 결정적인 순간에 단 한번 자신의 차례에서 성공을 시켜야 한다는 부담감이 큰 변수로 작용했다.

예상하지 못한 일이었지만 결과적으로 혼합복식 세트와 승부치기 방식은 PBA 팀리그의 중요한 흥행 요인이 되었다. 팬들 사이에 PBA 투어보다 PBA 팀리그가 더 재미있다는 얘기가 여기저기서 흘러나왔다.

PBA 팀리그에서의 승부치기가 당구 팬들로부터 큰 호응을 얻게 되자, 우리는 2021년 9월에 열린 'TS샴푸 PBA 챔피언십' 개인투어 예선전에도 승부치기 제도를 확대 적용했다. PBA투어 128강전과 64강전 경기방식이었던 4인 서바이벌 경기를 폐지하고, 4전 3선승 세트제로 전환했다. 4세트 중에서 3세트를 먼저 따면 승리하는 방식이었고, 세트 스코어 2대2가 되면 그 경기의 초구 배치를 놓고 승부치기를 하는데 양 선수가 단 한 번의 공격을 통해 다득점 선수가 승리하는 방식이었다. PBA 팀리그에 이어 개인투어에서도 승부치기는 박진감 넘치는 승부를 연출하며 당구팬들을 끌어들이는데 큰 흥행요소로 작용했다.

PBA 팀리그는 그야말로 '세상에 없던 당구'를 PBA가 전 세계에서 최초로 만들었다. 하지만 완전한 무에서 유가 창조될 수는 없다. 당구계에는 없었지만 탁구계에는 그 원형이 이미 존재하고 있었다. 탁구에는 개인전도 있고 단체전도 있다. 단체전에는 단식도 있고,

블루원 리조트 엔젤스는 팀리그 세번째 시즌 챔피언결정전에서 우승을 차지했다. ©PBA Photo

(동성 간의)복식도 있으며 혼합복식도 있다. PBA 팀리그는 이미 탁구에 존재하고 있었던 경기방식을 PBA의 현실에 맞게 창의적으로 만든 것이었다.

PBA가 잘한 것은 당구계에 없었던 것을 새롭게 해보자는 용기(勇氣)를 낸 것이었다. 그리고 용기와 더불어 그것을 당구계 현실에 맞게 잘 변화 발전시킨 점이다. 방송분량에 맞게 세트 점수와 세트 수를 정했고, 당구팬들의 관심을 끌도록 세트 순서를 정했으며, 승부치기라는 긴장감 넘치는 승부결정 방식을 'PBA 방식'으로 잘 만들어 운영했던 것이 주효했다.

팀리그의 지속적인 혁신

우리는 PBA 팀리그의 경기방식을 매년 조금씩 바꾸어 나갔다. 그 변화의 방향성은 시청자(당구 팬)를 향했다. 당구 팬들은 더 긴장감 넘치고 재미있는 경기를 원했다. 그리고 우리가 처음 계획한 팀리그의 운영방안은 완성된 체계라기보다는 완성된 체계로 나아가는 변화발전의 과정이었다.

프로야구와 프로축구는 지난 40년간 리그를 운영해오면서 지금의 방식을 만들어 왔다. PBA 팀리그 역시 2~3년 만에 완성도 높은 운영방식을 만든다는 것은 불가능했다. 향후 최소 10년에 걸쳐서 문제를 찾아내고 개선하고, 그리고 개선한 방안의 문제점을 다시 찾아내고 개선하는 것을 반복해야 어느 정도 안정궤도에 진입할 것이다.

팀리그가 3번째 시즌(2022~2023 시즌)을 시작하기 전에 우리는 또 한 번의 큰 모험을 시도했다. 6전 4선승 세트제를 7전 4선승 세트제로 바꾸었고, 승부치기를 폐지하기로 하였다. 지난 두 시즌을 통해 승부치기가 팬들의 많은 사랑을 받았지만 세트 스코어 3대3 무승부 경기가 너무 많이 발생했고, 변수가 많이 작용하는 승부치기가 흥미요소 이기는 하지만 변별력을 떨어뜨린다는 문제점을 노출했다.

7전 4선승제로 바꾸면서 경기시간이 30분 정도 늘어나는 문제를 해결하기 위해 우리는 세트에 설정된 점수를 줄였다. 15점 세트를 11점으로 하향하는 방식으로 경기시간이 늘어나는 문제를 해결했다.

그리고 6라운드 단일 리그제를 전기리그(3R)와 후기리그(3R)로 나누었다. 전기리그에서 우승팀과 준우승팀을 가리고, 후기리그에도 별도의 우승팀과 준우승팀이 나올 수 있도록 변화를 주었다. 전기리그 최하위를 차지한 구단이 후기리그에서 열심히 할 수 있는 동기를 부여해주고, 6라운드 단일리그의 지루함을 극복해보자는 취지에서 였다.

팀리그 3번째 시즌의 가장 큰 변화는 여자복식 세트의 신설이었다. 기존에 여자 선수가 출전하는 세트는 여자단식과 혼합복식 두 개 세트였지만, 여자복식이 추가되면서 여자 선수들의 비중이 한 세트 더 늘어났다. 즉 1세트 남자복식 세트를 시작으로, 2세트 여자복식, 3세트 남자단식, 4세트 혼합복식, 5세트 남자단식, 6세트 여자단식 그리고 마지막 7세트 남자단식 순서로 경기가 진행되었다. 여자 선수들이 출전하는 2세트, 4세트, 6세트의 승패가 전체 경기의 승패에 큰 영향을 미쳤다.

일부 구단과 선수들은 이에 반대했다. 남자 선수들에 비해 상대적으로 기량이 떨어지는 여자 선수들의 비중이 너무 높다는 것이 반대의 이유였다. 하지만 우리는 시청률 데이터를 가지고 설득에 나섰다. 여자 선수들이 출전하는 여자복식, 혼합복식 그리고 여자단식 경기에 더 많은 시청자가 몰렸다. 그리고 당구 팬들과 시청자들은 여자복식 세트의 신설에 대해 매우 긍정적인 평가를 내렸다.

결론적으로 PBA가 여자복식 경기를 추가한 것은 팬들로부터 좋은 반응을 얻어냈다. 여자 선수들이 남자 선수들에 비해 상대적으로 더 젊고 패셔너블하다는 점도 크게 어필한 것으로 분석됐다.

계명대 최종렬 교수는 PBA 팀리그에서 여자 선수의 역할과 활약에 대해 사회문화적 관점에서 그 의미를 분석하기도 했다.

그는 "스포츠계에서 특히 당구계에서 여성은 주류가 아니다. 하지만 PBA 팀리그에서 여성은 기량적인 측면보다는 역할적인 측면에서 남성에 못지않은 중요한 위치를 점하고 있다"고 한 신문사 칼럼에 썼다. 우리가 비록 의도한 바는 아니었지만(의도는 시청률을 올리고 더 많은 팬들의 관심을 받는 것이었다), 여자 복식 세트의 신설이 우리 사회에서 여성의 역할과 중요성을 부각하는 결과를 초래하고 그로 인해 남성과 여성이 힘과 기술의 우열로 차별되는 것이 아니라, 각자의 고유한 장점과 역할로 어우러질 수 있다면 이 또한 큰 의미가 있는 것이라 생각했다.

4년만에 PBA가 '스포츠산업대상'을 받다

PBA는 2022년 1월 5일 출범 4년 만에 국가로부터 그 공로를 인정받아 스포츠계에서 가장 큰 상을 받았다. 문화체육관광부가 주최하고 국민체육진흥공단이 주관하는 '대한민국 스포츠산업대상'은 스포츠산업 발전에 공헌한 우수 스포츠산업체를 발굴하고 스포츠를 통한 국가 경쟁력 제고를 위해 제정되었다. 스포츠 분야에서 가장 권위가 높은 스포츠산업대상 시상에서 PBA가 최고 권위의 대상(국무총리상)을 수상한 것이었다. 나는 너무나도 기뻤다. 초대 PBA 집행부의 사무총장을 맡아서 일해온 것이 자랑스러웠고 큰 보

PBA는 문화체육관광부가 주최하는 제18회 대한민국 스포츠산업대상 시상식에서 영광의 '대상'을 수상했다. ⓒPBA Photo

람을 느꼈다.

지난 4년간의 일들이 그야말로 주마등처럼 뇌리를 스쳐 지나갔다. 아무것도 준비된 것이 없는 상태에서 PBA라는 스포츠기구의 이름을 정하고, 사무국 직원을 채용하고, 투어의 경기방식을 설정하고, 심판진과 경기운영진을 구성하고, 프로당구선수를 선발하고, 매번 대회장을 세팅하고 생중계를 만들어 내보내고, 투어를 언론에 홍보하고, 1부와 2부 승강시스템을 만들고, 팀리그를 만들어온 이 모든 것이 사실상 백지상태에서 하나하나 그림을 그린 것이고 그것이 실체를 갖추었다.

PBA가 스포츠산업대상에서 영광의 대상을 수상할 수 있었던 것은, 당구를 프로스포츠로 만들었다는 점과, 프로당구 선수라는 직업의 창출 그리고 국산 당구대와 당구볼, 당구천을 공식경기용품으로 채택해 국내 당구산업 발전에 기여했다는 점이 주효했다. 그리고 팀리그라는 창의적인 스포츠콘텐츠를 새로 만들어냈다는 점도 높이 평가받았다.

운도 따랐다. 지난 4년간은 코로나 팬데믹이 정점을 통과하는 위기의 시기였다. 이 위기를 PBA는 철저히 기회로 활용했다. 철저한 방역관리와 비대면 경기진행, 줌(ZOOM)을 이용한 원격 온라인 응원, 미디어 콘텐츠적 요소 강화, 지상파 3사 계열의 스포츠전문 방송 채널과 유튜브, 네이버 등 온라인 중계 플랫폼의 활용 극대화를 통해 다른 경쟁 스포츠가 코로나로 주춤할 때 오히려 PBA는 큰 걸음으로 내달았다.

하지만 아직 안주할 때는 아니다. 오히려 코로나 팬데믹이 공식적으로 끝난 지금 PBA는 다른 메이저 프로스포츠와 더 치열한 경쟁을 해야 하는 위기의 국면을 맞이하고 있다.

5년만에 PBA 전용경기장을 건립하다

내가 본격적으로 PBA 전용경기장 건립 업무를 추진하기 시작한 시점은 PBA 출범 후 2시즌이 지난 2021년 8월경이다. 코로나19 팬데믹 비상사태가 2020년 1월 30일 선포되었고, 3년 4개월이 지난 2023년 5월에 비상사태가 해제되었으니, PBA 전용경기장은 코로나19 팬데믹이 정점에 있을 무렵에 구상하기 시작한 것이다.

사실 PBA는 코로나19 팬데믹의 수혜를 입었다. 코로나 감염병으로 호텔에서 열려왔던 세미나, 컨퍼런스, 국제회의, 결혼식 등이 모두 취소되었기 때문에 PBA 투어 경기장으로 사용했던 호텔 그랜드 볼룸의 예약이 텅텅비어 거의 50% 할인된 대관료로 경기 장소를 임대할 수 있었던 것이다. PBA투어는 철저한 방역관리하에 무관중으로 개최되었다.

하지만 코로나19 팬데믹이 끝나면 호텔 대관료는 급격하게 올라갈 것이고, 미뤄왔던 각종 호텔 행사가 다시 재개되면 PBA투어는 개최 장소를 대관하기가 더 어려워질 것이 뻔했다.

2021년 8월 나는 PBA투어 사무국 내에 'PBA 전용경기장 건립 TFT'를 운영하겠다고 장상진 부총재에게 보고하고 재가를 받았다. 그리고 TFT 전문위원으로 정희윤 스포츠경제연구소 소장을 선임하고, 프로당구협회와 와우매니지먼트 실무자들을 TFT에 포함시켰다. 나는 이 TFT 운영을 통해 2022년 상반기 안으로 '전용경기장 운영 마스터플랜'을 완성하고, '전용경기장 부지선정 및 건립조건 타결'까지 마치겠다고 보고했다.

PBA 전용경기장 TFT를 구성하고 TFT가 제일 처음 미팅을 진행한 지자체는 고양시였다. 우연하게도 2019년 6월 역사적인 개막투어를 고양시 소노캄호텔에서 개최한 이후, 시즌 전체 일정의 50% 이상을 소노캄 호텔과 고양시 빛마루방송센터에서 소화를 하고 있었기 때문에 자연스럽게 고양시가 PBA 전용경기장 후보지 1순위가 되었다. 고양시도 적극적이었다. 고양시는 세계태권도연맹의 본부를 고양시에 유치하는 것을 추진하고 있었는데, 그 부지에 PBA 전용경기장을 함께 건립하는 방안으로 추진하자고 의견이 모아졌다. 하지만 이 추진방안은 세계태권도연맹 본사 유치 프로젝트가 취소되는 바람에 더 이상 추진하지 않고 폐기되었다.

이후에 고양시를 포함해 의정부시, 안산시 등 서울인근 지자체와 민간 체육시설 부지를 여러 군데 실사를 하였지만, PBA 전용경기장이 들어설 자리로 마땅한 곳이 없었다. 안산시의 경우 안산시 지자체 뿐만 아니라 신안산대학 내에 전용경기장을 건립하는 것에 대해 심도 있게 논의하였으나 결국 성사되지는 않았다.

전용경기장 TFT 회의에서 전국에 우후죽순 격으로 건립된 e스포츠 전용경기장이 제대로 활용되지 못하고 있다는 이야기가 제기되어 우리는 서울, 대전을 포함한 지자체에 건립된 e스포츠 경기장 실사를 했다. 하지만 모두 PBA투어 경기장으로 사용하기엔 적합하지 않다는 결론을 내렸다.

이후에도 충남 도청소재지인 홍성시, 광명 테이크호텔, 빛마루 방송센터 등의 장소에 대해 심도있는 검토를 하였으나 결론을 내리지 못했다.

그러다 2022년 1월 고양시 이용우 국회의원실에서 연락이 와서 킨텍스내의 공간을 보러 가게 되었다. 나는 내심 킨텍스 내에 10개의 전시관 중에 1개 공간을 빌려서 전용경기장을 구축하면 금상첨화일 것이라고 생각했다. 전용경기장이 들어서기 위해서는 층고가 최소 6미터 이상, 바닥면적이 300평 정도는 되어야 하는데 킨텍스 전시관 1개의 면적이 1500평에 달해 1개 전시관의 1/5 정도만 부분적으로 쪼개서 임대하는 방안도 생각했다. 막상 킨텍스와 미팅을 해보니 정식 전시관은 엄두도 내지 못할 상황이었다.

우여곡절 끝에 제2전시장내 아파트 모델하우스로 사용하는 공간을 제안받아 실사를 하게되었는데, 공간이 협소하고, 층고가 낮아서 PBA 전용경기장으로 사용하기엔 불가능하다는 판단을 내리고 돌아왔다.

전용경기장 건립 TFT 구성을 통해 PBA 전용경기장을 구축하는 데 필요한 면적과 필수적으로 포함되어야 하는 시설에 대한 분석, 그리고 향후 운영을 통한 수익창출방안 등을 포함하는 마스터 플랜은 완성되었지만, 정작 이 마스터플랜을 실행할 부지를 찾지 못해 답답해하며 2022년 상반기를 다 흘려보냈다.

전용경기장 TFT를 만들면서 2022년 상반기까지 부지를 확정하고 구체적인 건립조건을 확정하겠다고 보고했지만 별다른 성과가 없어서 답답한 차에 2022년 5월경에 킨텍스 내 주택분양관으로 사용했던 공간을 다시 한번 보기로 하고 현장에서 장상진 부총재와 함께 2차 미팅을 했다.

킨텍스 제2전시장내 주택분양관으로 사용하던 공간의 문제점은 그 공간이 밀폐된 공간이 아니라 천정이 트여 있어 2층에서 1층 임대공간을 내려다볼 수 있고, 2층에서 지나가는 사람들의 소음이 1층에서 들린다는 점이었다. 그리고 밀폐된 공간이 아니다보니 난방과 냉방에 취약점이 발생하게 될 경우 경기운영에 큰 지장이 발생할 수 있다는 점도 해결해야 할 문제였다.

그래서 장상진 대표와 나는 3차 미팅에서 킨텍스 측에 주택분양간 공간의 4면에 벽면을 세워 2층 천정까지 올려 밀폐된 공간을 만들 수 있게 해달라고 요청을 했다. 킨텍스 측의 1차 회신은 4면에 벽을 설치할 경우 기존에 설치된 방화벽 작동을 방해하기 때문에 소방법상 문제가 발생해 불가능하다는 것이었다. 하지만 우리는 4면의 벽을 설치할 경우 그 벽 자체가 방화벽 역할을 하기 때문에 기존의 방화벽은 사용하지 않아도 되고 그렇게 되면 소방법을 위반하지 않는다는 것을 알아냈고, 이것을 설득하는데 성공했다.

나는 킨텍스의 공간에 4면에 벽을 설치하여 공간을 밀폐하면 소음이나 층고확보의 문제, 그리고 난방, 냉방의 문제가 모두 해결될 수 있을 것으로 기대했다. 그리고 2022년 하반기에 전용경기장의 방송제작상의 적합성 검토를 위해 빌리어즈TV 제작팀, 경기운영팀, 와우매니지먼트 마케팅본부 등 전용경기장에서 함께 협업해야 할 주체들을 모두 불러모으고 종합 실사 작업을 진행했다. 실사 결과 방송제작팀은 방송제작 공간으로서 적합하지 않다는 결론을 내렸고, 경기, 이벤트 진행팀도 장소가 협소할 뿐만 아니라 냉난방 문제가 예상되고, 특히 인근 전시장에서 콘서트나 대형 전시행사를 진행할 경우 스피커의 울림이 경기운영과 생방송 중계제작에 큰 방해가 될 것이라는 의견을 내놓았다.

나는 답답하고 화가 났다.

2021년 8월에 전용경기장 TFT를 구성하고, 1년 6개월간 전국을 돌아다니며 전용경기장 부지를 물색했지만 여의치가 않았다. 코로나 팬데믹이 끝나면 PBA는 더 이상 대회할 장소를 임대하기 조차 어려운 것이 뻔한데… 차선책을 놓고 문제를 개선해서 최대한 보완할 생각은 하지 않고, 좁고, 불편하고, 시끄럽고 등등 온갖 부정적인 점을 들어 모두 반대만하고 있는 것에 대해 크게 실망했다. 문제점이 있으면 해결방안을 찾는 노력을 하는 것이 중요하다. 최선의 선

아파트 분양관으로 사용했던 공간을 PBA 전용경기장으로 추진하는데 많은 어려움이 따랐다.

택이 어려우면 차선의 선택을 고려해야 한다. 완벽하지 않더라도 일단 진행해보고 문제가 발생하면 대처방안을 찾으면 된다.

어려움과 문제점이 예상되어 한발짝도 움직이지 않는다면 할 수 있는 것은 아무것도 없다. 전용경기장 건립 업무에 있어서 뿐만 아니라 모든 업무추진이 그렇다. 어떤 업무를 추진하더라도 문제는 발생한다. 반대자가 있기 마련이고, 일이 계획대로 안되면 반대파들로부터 비난과 공격을 당하기 십상이다.

나는 장상진 부총재와 함께 킨테스 전용경기장 구축 프로젝트를 밀어부쳤다. 조금 춥거나 더워도 그리고 조금 시끄러워도 보완을 해나가기로 했다. 이렇게 해서 PBA 전용경기장은 조금씩 모습을 갖춰가기 시작했다. 처음 PBA 전용경기장 부지를 살펴본 사람들의 대부분은 그 부지가 전용경기장 부지로 적합하지 않다고 판단했다. 하지만 다른 선택의 여지가 별로 없고, 시간만 촉박하게 흘러

고양시 킨텍스 PBA 전용경기장은 와우매니지먼트 그룹의 적극적인 투자와 9개 구단의 전폭적인 지원으로 탄생하게 되었다. ⓒPBA Photo

가는 답답한 상황에서 나는 상상력을 발휘했다. 상상속에서 2층에 4면으로 벽을 세우고, 트러스와 조명을 설치하고, 그 아래 경기용 테이블과 관람석을 세웠다. 한겨울에는 얼마나 추울지, 한여름에는 또 얼마나 더울지, 외부의 소음이 방송제작에 얼마나 큰 방해를 줄지, 관람석 규모는 얼마나 크게 할지, 관람석 좌석의 형태는 어떤 것으로 할지 등에 대해 마음 속에 그려보았다.

내가 내린 마음속의 결론은 최악의 경우엔 한겨울에 경기를 진행하기 어려울 정도로 추울 수도 있고, 한여름엔 경기를 진행하기 어려울 정도로 더울 수도 있다는 것. 즉 여름 한 달과 겨울 한 달 전용경기장을 사용하기에 적합하지 않을 수도 있다는 것이었다. 나는 최악의 경우 혹서기 한달과 혹한기 한달 동안은 다른 장소를 찾으면 된다고 생각했다.

1년 동안 대부분의 기간에 전용경기장을 사용할 수 있다면, 우리가 직면하게 될 위험이 그렇게 크지는 않을 것이라고 생각했다. 반면에 완벽하지는 않지만 킨텍스 전용경기장을 확보하지 못하면,

PBA는 전용경기장을 확보함으로써 안정적인 경기운영의 기반을 마련했다. 2023년 7월 22일 역사적인 전용경기장 개장식. ⓒPBA Photo

PBA투어와 PBA팀리그를 운영할 수 있는 장소를 찾기 어려울 것이라는 것은 쉽게 예상할 수 있는 일이다. 그리고 어렵게 호텔 그랜드볼룸 같은 장소를 확보하더라도 그 대관비용은 코로나 팬데믹 시절에 지불했던 비용의 2배 이상을 지불해야 한다는 것도 쉽게 예상 가능한 일이었다. 그리고 전용경기장이 확보되면 무엇보다 매번 장소를 옮겨가며 경기장을 세팅하고, 해체하고, 이동하는 수고로움과 그로 인한 비용을 절약할 수 있다.

지난 4시즌 동안 매 투어마다 경기장 세팅과 해체하는데 들인 비용이 얼마인가? 전용경기장이 없어서 길바닥에 낭비한 돈만 계산해도 연간 10억원, 4년간 40억원은 족히 넘을 것이다. 만약 PBA가 전용경기장 없이 10년간 떠돌이 투어를 지속한다면 100억원 이상이 공중으로 사라지게 되는 셈이다. 투어 수와 경기일수가 계속 늘

PBA 전용경기장에서 열린 첫번째 PBA투어 개막식에서 인사말을 하고 있는 하나카드 이호성 대표.
ⒸPBA Photo

어나고, 대관비용과 인건비 등 제반비용의 상승요인을 감안하면 향후 10년간 200억원 이상이 비용이 휘발성으로 사라지게 될 수도 있다.

우리는 PBA 전용경기장의 완공 타이밍을 2023년 5월로 잡고 모든 업무를 추진했다. 예상한 것은 아니지만 절묘하게도 세계보건기구 WHO는 2023년 5월에 코로나19 팬데믹의 종식을 선언했다. PBA 전용경기장은 예정보다 2개월이 늦어진 2023년 7월에 공식 오픈했다. 이제 PBA투어를 위해 더 이상 떠돌아다니지 않아도 된다는 안도감에 한숨을 돌릴 수 있었다.

지금의 '고양 킨텍스 PBA 스타디움'은 완벽하지 않다. 공간도 협소하고 시설도 부족하다. 하지만 적어도 향후 5년간은 안정적으로 투어를 운영할 수 있는 환경을 만들었고, 5년 안에 완벽한 공간과 시설을 갖춘 진정한 PBA 전용경기장을 확보하면 되는 것이다.

　PBA 전용경기장 공식 개장식 날 나는 누구보다 기뻤다. 사막에 두바이 도시를 건설하듯, 횡뎅그레하고 삭막한 공간에 아무도 상상하지 못했던 시설과 공간이 들어섰고, 월세 살이를 청산하고 내 집을 마련한 가장처럼 뿌듯하고 행복했다.

PBA의 성공 전략

PBA 이전에 진행된 프로화의 시도가 번번이 실패할 수밖에 없었던 가장 큰 이유는 대회 스폰서 유치가 제대로 되지 않았기 때문이었다. 프로당구가 성공적으로 뿌리를 내리기 위해서는 든든한 스폰서 기업을 유치하는 것이 관건이었다.

당구라는 종목이 미디어 친화적인 스포츠이고, 이에 따라 후원 기업의 광고효과가 뛰어나다는 사실은 이미 많이 알려져 있었다. 그럼에도 당구 종목에 기업 스폰서 참여는 매우 저조했다. 우리는 그 이유가 당구의 부정적인 이미지에 있다고 보았다.

나는 스포츠 마케터로서 내가 PBA를 위해 해야 하는 일의 90%는 당구에 대한 부정적인 이미지를 긍정적으로 바꾸는 것이라고 생각했다.

① 대기업 후원사 유치로 당구의 이미지를 바꾸다

과거 당구에 대한 부정적인 인식과 이미지 때문에 특히 기업 이미지를 중요시하는 대기업이 후원에 참여하기를 꺼려했다. 그래서 우리는 '당구의 이미지를 바꾸기 위해 가장 필요하고 중요한 것은 무엇인가?'하는 질문을 스스로에게 던졌다. 정답은 나와 있었다. 이름만 들어도 알만한 대기업을 PBA의 스폰서로 유치하는 것이었다. 하지만 문제는 PBA 개막투어, 즉 첫 번째 PBA투어의 타이틀 스폰서로 참여하는 것에 대해 많은 기업들이 부담감을 느끼고 꺼려한다는 점이었다. 당구의 시청률과 스폰서 홍보효과는 이미 검증이 되었지만, 기업들은 PBA 투어의 스폰서로 참여하는 것을 망설였다.

마치 아프리카 초원의 수천마리의 물소가 악어 떼가 우글거리는 강을 건너야 하지만, 선뜻 강으로 뛰어드는 한 마리의 용기 있는 물소가 나타나지 않아 애를 태우는 상황과 비슷했다. 이런 안타까운 상황에서 PBA의 명운(命運)을 결정하는 한 가닥 희망의 빛이 비추기 시작했다. 글로벌 기업 파나소닉(Panasonic)이 개막전 첫 타이틀 스폰서로 참여하기로 결정을 해준 것이다. PBA가 글로벌 기업 파나소닉을 개막전의 타이틀 스폰서로 영입한 것은 PBA의 매우 큰 행운이었고, PBA 역사에 있어서 결정적인 한 장면이다.

파나소닉이 '첫 번째 물소' 역할을 해주자, 이후에 신한금융투자, 웰컴저축은행, TS샴푸, 메디힐, SK렌터카 등 이름만 들어도 알만한 기업들이 연이어 원년 시즌의 타이틀 스폰서로 참여했다. 대기업을 PBA투어의 타이틀 스폰서로 영입하여 당구의 이미지를 바꾼다는 전략이 적중한 것이다.

② 경기 규정을 흥미롭게 바꾸다

기존의 관행을 바꾼다는 것은 생각보다 어렵다. 리스크가 따르기 때문이다. 그러나 큰 보상은 리스크를 감수했을 때 얻을 수 있다. 우리는 많은 것을 바꾸기로 했다.

우리는 PBA출범 전에 시장조사를 위해 아마추어 당구 단체인 KBF와 UMB가 주최하는 당구대회를 여러 번 관람했다. 한결같이 재미가 없었다. 그리고 지루했다. 심지어는 관람석에서 졸고 있는 관중도 여럿 보았다. 전 세계 프로스포츠의 중심인 미국에서 왜 3쿠션 당구 종목의 흥행이 부진한지 알 것 같았다. 그리고 같은 당구종목이지만 포켓볼이 상대적으로 큰 인기를 누리고 시장을 형성하고 있는 이유도 알게 되었다.

나는 미국 스포츠팬들이 기존의 아마추어 3쿠션 당구 경기를 보면 어떤 느낌일까 하고 상상해봤다. 크게 두 가지 측면에서 미국 스포츠팬들은 3쿠션 당구 경기를 이해할 수 없을 것이라고 생각했다. 첫 번째는 경기를 하기에도 그리고 관전하기에도 경기방식이 너무 어렵다는 점이고, 두 번째는 그 어려운 종목을 2시간이고 3시간이고 지루하게 계속 반복해서 한다는 점일 것이다.

✓ 40점제를 세트제로 바꾸다

PBA 이전에 아마추어 당구연맹의 경기 룰은 40점제 였다. 40점을 먼저 득점하는 선수가 이기는 방식이다. 문제는 40점을 득점하는데 걸리는 시간이었다. 어떤 선수는 1시간 만에, 어떤 선수는 2시

PBA 팀리그 '세상에 없던 당구'를 표방하며 당구의 팀스포츠로서의 가능성을 증명했다.
ⓒPBA Photo

간 만에, 그리고 어떤 선수는 3시간 만에 40점을 득점해서 승부를 끝냈다. 이런 경기방식으로는 TV 방송편성이 어려웠다. 축구 경기는 전후반 45분 방식이라 방송 편성이 매우 용이하다.

하지만 야구는 9회 말까지 걸리는 시간이 일정하지 않아 경기 종료 시까지 TV 생중계하는데 많은 어려움이 있다. 만약 축구 경기를 어느 한 팀이 2골을 먼저 넣을 때 승리하는 방식으로 바꾼다면 어떻게 될까? 경기가 언제 끝날지 몰라서 생방송 편성이 어려울 것이다.

아무리 좋은 경기라고 해도 TV 중계를 통해 당구 팬들에게 보여줄 수 없으면 의미가 없다. 그래서 우리는 지루하고 따분한 기존의 40점제(이후 UMB는 50점제로 규정을 변경하여 경기를 더 지루하게 만들어 PBA 흥행에 도움을 주었다) 경기를 15점 세트제로 변경했다. 선수의 경기 집중도는 높아졌고, 팬들의 관전 몰입도 역시 크게 높아졌다. 박진감 넘치는 경기로 변모하기 시작했다. 그리고 세트와 세트 휴식 시간에 방송사는 광고를 내보낼 수 있는 시간을 확보했고, 관중들이 이벤트에 참여하고 화장실을 갔다 올 수 있는 여유를 가질 수 있도록 했다.

아마추어 경기 단체는 15점 세트제가 우수한 선수가 패배하는 의외성을 낳는다고 비판했다. 아마추어적인 발상이다. 어떤 특정한 선수가 매번 우승하고, 잘하는 선수와 못하는 선수가 정해져있다면 스포츠팬들이 그 경기를 왜 보아야 하는가? 세트제로 바꾸면서 의외의 승부, 역전승이 속출했다.

✔ 뱅크 샷 2점제를 도입하다

PBA가 파격적으로 개정한 경기 룰 중에 하나는 뱅크 샷 2점제 방식이다. 뱅크 샷은 제1목적구를 맞추기 전에 쿠션을 먼저 맞추고 득점에 성공하는 샷이다. 기존 아마추어 연맹에서는 모든 공격의 성공 시 획득하는 점수는 획일적으로 1점이었다.

PBA는 농구의 3점슛 제도를 당구에 도입하기로 한 것이다. 뱅크 샷 2점제는 오랫동안 대한민국의 '동네당구'에서 해왔던 '전통있는 방식'이기도 하다. 이에 대해 아마추어 경기단체는 국제 룰이 아니기 때문에 PBA 뱅크 샷 2점 제도를 비웃었다. 그리고 많은 당구인들이 반발했다. 농구의 3점슛은 3점슛 라인 밖에서 성공시키기가 어려우니 3득점으로 인정할 수 있지만 당구의 뱅크 샷은 1점짜리 샷보다 쉽게 성공시킬 수 있는 경우가 많다는 것이 그 이유였다.

실제로 어떤 포지션의 뱅크 샷은 아주 쉽게 성공시킬 수 있다. 샷의 난이도 측면에서 2점으로 인정하기 어렵다는 주장의 근거였다. 그럼에도 PBA는 뱅크 샷 2점제를 채택하기로 결정했다. 4년이 지난 지금에 와서 PBA의 뱅크 샷 2점제는 흥행의 가장 큰 포인트 중에 하나가 되었다.

세트제로 인해 승부의 변수가 많아진 상황에서 뱅크 샷 2점제 도입은 점수 차가 큰 상황에서도 언제든지 역전이 가능한 긴장의 상황을 연출했다. 야구 경기의 하이라이트는 홈런이다. 홈런 중에서도 가장 극적이고 짜릿한 것은 9회 말 역전 홈런이다. 야구보는 맛의 절정이고, 이런 짜릿함 때문에 더 많은 팬들이 야구장으로 모이는 것이다.

우리는 농구의 3점슛처럼 시원하고, 야구의 홈런처럼 짜릿한 것이 무엇일까를 고민했고, 그 고민의 해답 중에 하나가 뱅크 샷 2점제였다. 처음에 많은 비난과 비웃음속에 채택한 제도였지만 뱅크 샷 2점제는 단조롭고 밋밋한 당구경기의 활력소가 되었다.

✔ 공격제한 시간 단축과 후구제 폐지

그리고 공격제한 시간도 기존의 40초에서 30초로 줄였다. 신속한 경기진행을 위해 도입한 것이다. 이후 아마추어 경기단체에서도 공격제한시간을 PBA방식으로 줄이는 데 동참했다.

후구제의 폐지에 대해서도 말들이 많았다. 후구제는 아마추어 경기단체에서 오랫동안 지켜온 경기방식인데, 우리는 이 후구제가 당구라는 스포츠종목의 흥행을 방해하는 가장 재미없는 규정 중에 하나로 보았다.

두 선수가 40점 먼저 득점하는 선수가 이기는 것으로 경기를 시작했다고 하자. A선수가 선공(先攻)으로 시작된 경기에서 1시간 후 A선수가 40점을 먼저 득점하였고 그때 B선수의 득점이 35점이었으면 A선수의 승리로 끝나는 것이 상식적이다.

하지만 A선수가 선공을 했기 때문에 비록 점수가 40점에 먼저 도달했지만, B선수에게도 마지막 공격 기회를 주어야 한다는 것이 후구제의 요지다. 두 선수에게 공격기회를 동일하게 준다는 형평성에는 맞지만 프로스포츠의 흥행 측면에서 보면 재미없기 그지없는 방식이다. A선수가 먼저 40점에 도달해도 승리의 세러머니를 할 수 없다는 것은 프로스포츠의 경기 룰로는 적합하지 않다고 판단하여 후구제를 과감하게 폐지했다.

PBA는 후구제를 폐지하면서 대신에 누가 선공을 할 것이냐를 결정하는 방식을 좀 더 어렵게 만들었다. 선공 결정방식('뱅킹'을 통해서 결정한다)에 난이도를 주고, 선공결정 방식 자체를 이벤트화 한 것이다. 후구의 기회를 제공하지 않는 대신에 선공을 차지하기 위해 치열한 경쟁을 유도한 것이었다.

그리고 초구 포메이션도 새롭게 바꾸었다. 기존에는 하나의 통일된 초구 포지션을 놓고 늘 같은 방식으로 경기를 시작했다. 우리는 매 경기마다 뱅킹 경합을 통해 선공을 차지한 선수에게 초구 포지션을 추첨할 기회를 주었다. 9개의 볼 포지션에 대해 3개의 볼 위치를 번호 추첨으로 볼 포지션을 결정하기 때문에 27개의 다양한 포지션 중에 어떤 초구 형태가 나올지도 흥밋거리가 되었다.

　PBA가 경기 룰을 바꾼 것 중에는 지지를 받은 것도 있고, 혹평을 받은 것도 있다. 그러나 중요한 것은 재미없는 경기방식을 '바꾸기로 결정했고' 그것을 '실행했다'는 점이다. 그것도 많은 비난을 감수하고 말이다. 언제나 그렇듯이 기존의 방식을 유지하는 것은 쉬운 일이고, 바꾸기로 결정하는 것은 위험한 일이다. 위험을 감수하고 성공을 만들어냈을 때는 그만큼 성공의 보상도 크다. 아무런 변화를 시도하지 않는다는 것은 아무런 보상을 기대할 수 없다는 것과 같은 의미이다.

③ 눈에 보이는 것을 새롭게 바꾸다

　앞서 얘기한 바와 같이 당구의 이미지를 바꾸는 것은 매우 어렵다. 당구의 이미지는 눈에 보이는 것이 아니라 사람의 마음과 뇌리 속에 자리 잡고 있는 것이어서 인식을 바꾼다는 것은 그만큼 어려운 일이다. PBA는 대기업을 스폰서로 유치함으로써 당구의 이미지를 개선해 나가기 시작했다.

　우리는 그 다음으로 바꾸어야 하는 것은 눈에 보이는 것 중에 프로답지 못한 요소들이라고 판단했다. 눈에 보이는 것을 바꾸는 것은 즉각적인 효과를 나타낸다. 모양을 바꾸거나 색깔을 바꾸게 되면 사람들은 기존의 것들과 달라졌다고 인지하기 때문이다. PBA는 외관상 눈에 보이는 것들을 과감하게 바꿈으로서 기존의 아마추어 당구 경기 모습과 다른 세련된 PBA 경기 모습으로 차별화하는데 성공했다.

✔ 경기장을 바꾸다

기존의 아마추어 당구 대회는 주로 실내 체육관에서 진행했다. 텅빈 실내 체육관에 당구대를 설치하고 진행하는 경기를 TV나 사진으로 보면 썰렁하기 그지없다.

PBA는 고급스러운 호텔의 그랜드볼룸이나 컨벤션 공간을 대회장으로 활용했다. 여기에 관람석과 선수석 그리고 조명, 음향, 트러스를 설치하되, TV 중계 카메라의 위치와 각도를 고려하여 경기장을 맞춤식으로 조성했다. 당연히 PBA 경기는 TV화면이나 사진에 화려하고 세련된 모습으로 보일 수밖에 없다. 당구를 좋아하는 시청자 입장에서 TV중계 화면만 봐도 PBA 경기인지 아마추어 경기인지 바로 구별할 수 있다.

✔ 경기복을 바꾸다

프로당구의 출범을 준비하면서 아마추어 당구 대회장을 찾았을 때 가장 후진적인 이미지로 보이는 것은 당구 선수들의 경기복이었다. 검정색 바지와 검정색 조끼에 나비넥타이! 나는 이 모습이 전혀 스포츠답지 않다고 생각했다. 답답하고 고리타분하게 느껴졌다.

프로 테니스 선수나 프로 골프 선수와 비교가 되었다. 나는 '정장에 나비넥타이 또는 넥타이를 착용하고 승부를 겨루는 스포츠가 있을까?' 하는 의문이 들었다. 아무리 생각해도 그것은 아니라는 결론에 이르렀고, PBA 투어 경기에서는 검정색 조끼와 나비넥타이 착용을 금지해야 한다고 생각했다.

그리고 다른 종목의 프로스포츠 선수들의 모습을 생각해봤다. 축구, 야구, 농구, 배구, 골프 등 모두 그 종목의 최고스타는 훌륭한 신체적인 조건을 가지고 있었다. 물론 키가 작고 왜소하거나 뚱뚱한 선수들도 있었지만, 운동선수다웠다.

우리는 조끼와 나비넥타이를 벗고, 나이키나 아디다스 등 스포츠웨어를 착용할 것을 선수들에게 권장했다. 처음엔 선수들이 골프웨어를 많이 입었다. 협회에서 골프웨어를 권장하기도 했거니와 딱히 당구선수들이 입을 만한 기능성 스포츠웨어가 없었기 때문이었다.

김영수 PBA 총재는 뛰어난 경륜과 인품으로 신생 프로단체인 PBA를 성공적으로 이끌었다. ©PBA Photo

그리고 일각에서 당구선수들이 골프웨어를 착용하는 것에 대한 문제제기를 했다. 내가 생각해도 당구선수들이 골프웨어를 입고 경기에 출전하는 것이 썩 보기에 좋지는 않았다. 결국 당구전문 의류브랜드가 나와야 하는데, 시간이 걸릴 것이다. 프로당구가 출범한지 4년이 지난 시점이다. 나는 추가로 4년이 끝나기 전에 당구전문 의류 브랜드가 나올 것으로 기대하고 있다.

PBA 프로 당구선수들이 나비넥타이를 벗고 스포츠웨어를 착용하면서 TV중계 화면이 좀 더 밝아졌고, 이전보다는 훨씬 스포츠답다는 이야기가 많이 나왔다. 여자 선수들의 경기복 패션은 남자 선수들에 비해 상대적으로 빨리 세련되었다. 당구 대회장의 풍경이 화사하고 패셔너블하게 바뀌는데 그렇게 많은 시간이 걸리지 않았다.

PBA가 경기복을 화려하게 바꾸어가는 동안에도 한동안 아마추어 당구연맹은 검정색 조끼에 나비넥타이 전통을 고수했다. 이것은 상대적으로 PBA을 더욱 돋보이게 했다. 그러나 PBA 출범 후 2년쯤 지났을 때 그들도 고리타분한 나비넥타이를 벗고, 스포츠웨어 착용으로 정책을 바꾸기 시작했다. PBA의 결정이 옳았음을 증명하는 것이다.

✓ 당구 공과 테이블 천을 바꾸다

당구 공을 바꾸는데도 많은 어려움이 있었다. 기존의 무늬 없는 노란색, 빨간색, 하얀색 당구공에 익숙해져 있던 당구인들이 반대했기 때문이다. 나는 한걸음 더 나아가 PBA 공식 당구공 공급업체에 PBA투어 로고를 당구공에 새겨줄 것을 요청했다. 당구공에 대해 문외한이었던 나는 당구공 표면에 로고 프린팅을 하면 되는 줄 알았다. 알고 보니 쉬운 공정이 아니었다. 하지만 그렇게 요청했고 당구공 업체에서 요청을 수용함으로써 PBA 공식 사용구 헬릭스가 탄생하게 되었다.

당구공의 컬러역시 전통적 색상인 빨간색, 노란색, 하얀색 일변도에서 군청색을 추가함으로써 화려함과 새로움을 더했다. 당구 테

PBA 공식 사용구 헬릭스. PBA는 과감한 컬러공으로 차별화를 시도했다.

이블의 천도 공의 색깔에 따라 그리고 타이틀 스폰서의 메인 컬러에 맞춰 녹색, 핑크 등 다양한 색상을 선보였다.

눈에 보이는 것을 바꾸는 것은 쉽지 않은 일이지만, 눈에 보이는 것이 바뀌면 새로운 것으로 바라보는 것이 세상의 이치다.

④ 용기를 내서 새로운 것을 시도하다

치열한 경쟁이 벌어지고 있는 판에 뉴 페이스가 합류하여 경쟁에서 승리하기 위해서는 남다른 전략이 필요하다. 별다른 전략없이 기존 플레이어들이 하는 방식으로 경쟁에 뛰어들었다가는 백전백패하기 십상이다.

PBA는 후발주자다. 이미 프로 스포츠 판에 터줏대감으로 자리잡고 있는 프로야구, 프로축구, 프로배구, 프로농구, 프로배구와 맞짱을 뜰 체력도 없고, 기량도 부족했다. 기존 프로스포츠 종목에 대해 경쟁력이 크게 떨어질 뿐만 아니라, 거의 같은 시기에 프로화를 선언한 탁구나, 이미 프로 종목으로 자칭하는 볼링도 경쟁 상대다.

게다가 대한체육회 산하에는 77개의 스포츠 종목이 등록되어 있다. 61개의 정회원 종목, 6개의 준회원 종목, 그리고 10개의 인정 종목이 있다. 프로와 아마 종목을 합쳐 80여개의 스포츠종목이 팬들의 관심과 시청률 그리고 언론의 지면을 놓고 치열한 경합을 해야 하는 것이다.

언제나 그렇듯 경쟁에서 승리하기 위한 가장 효과적인 전략은 차별화(差別化)다. 차별화는 경쟁상대와 '다르게 하는 것'이다. PBA 투어의 운영과 마케팅 분야에 있어서 '다르게 한다는 것'은 경쟁자가 하지 않고 있거나 못하는 것을 하는 것이다. 다르게 보인다는 것은 위험한 일이기도 하다. 자칫 잘못하다가는 웃음거리가 될 수도 있고 비난의 대상이 될 수도 있다.

경기단체가 경기운영과 마케팅을 차별화 한다는 것은 일정 정도의 웃음거리와 비난의 위험을 감수하는 것을 의미한다. 위험을 감수하기 위해서는 용기(勇氣)가 있어야 한다. 나는 기존의 프로스포츠 종목과 아마추어 당구연맹이 위험을 감수하기는 매우 어렵다는 것을 잘 알고 있었다.

거의 30년간 스포츠 판에서 경력을 쌓아오면서 어떤 스포츠 단체가 어느 정도의 위험 부담을 안고 투어를 운영할 수 있을 지는 경험적으로 그리고 본능적으로 이해하고 있었다.

손자는 손자병법에서 "지피지기(知彼知己) 백전불태(百戰不殆)"라고 했다. 전쟁에서 뿐만 아니라 마케팅 전략의 수립에 있어서도 경쟁자와 자신에 대한 냉철한 분석이 중요하다.

✔ 당구 대회장에 치어리더를 투입하다

PBA 경기장에 치어리더의 등장은 아직도 끊임없는 논란을 만들어내고 있다. "당구대회장에 웬 치어리더냐?", "당구에는 치어리더가 어울리지 않는다!"는 주장이었다. 내가 PBA투어 경기에 치어리더를 투입해야겠다고 생각한 이유는 분명했다. 기존의 아마추어 당구대회가 너무 조용하고, 정적이고, 졸리었기 때문이었다. 크고 신나는 음악이 있고, 치어리더의 댄스가 있으면 적어도 졸리지

PBA 치어리더. 팬들은 PBA 치어리더를 '프바걸'로 부른다. 프바걸은 PBA 팬들에게 즐거움을 제공하는 또 하나의 관전거리가 되었다. ⓒPBA Photo

는 않겠다고 판단했다. 그리고 또 하나의 이유는 차별화였다. 경기복에서 나비넥타이를 사라지게 한 것도, 프로당구 선수들과 아마추어 선수들과의 차별화를 위해서였다. 지금은 대부분의 당구 팬들이 PBA와 아마추어 경기를 쉽게 구분할 수 있다. 경기장의 풍경이 너무 다르기 때문이다.

당구 팬들은 이제 신나는 음악이 있고 치어리더의 댄스가 있는 당구경기는 PBA투어로 인식한다. 아마추어 당구 단체가 PBA를 따라 나비넥타이를 벗는데 2년이 걸렸다는 것을 감안하면 당구대회장에 치어리더를 투입하는 데는 그보다 더 오랜 시간이 걸릴 것이다.

✓ SPP와 장내 아나운서를 운영하다

SPP는 스포츠 프리젠테이션의 약자다. 경기장 내에서 장내방송, 정보, 영상, 음악, 애니메이션, 그래픽, 조명, 응원, 이벤트, 엔터테인먼트 등 다양한 연출을 통해 경기장을 찾은 관중에게 경기에 대한 이해, 집중, 상호커뮤니케이션, 즐거움을 제공하는 서비스를 뜻한다.

SPP의 매체는 주로 경기장의 전광판이 되고, SPP 콘텐츠의 중요한 전달자는 경기장내의 아나운서다.

PBA는 출범부터 경기장내에서 SPP 서비스를 제공하기로 했다. 기존의 절간같이 조용한 경기장 문화로는 열광적인 프로스포츠 콘텐츠를 생산하는데 한계가 있다고 보았다. 아마추어 당구대회에서는 선수는 조용히 당구를 치고, 관중은 조용히 바라본다. 마치 바둑 기사가 조용히 바둑을 두고, 관람객이 바둑의 한수 한수를 지켜보는 것과 같았다.

나는 1996년에 NBA FINAL을 관람할 기회가 있었다. 마이클 조던의 시카고 불스와 숀 켐프의 시애틀 슈퍼 소닉스가 플레이오프 최종전인 챔피언결정전에서 맞붙은 경기였다. NBA가 경기장 중앙 천정에 고정된 4면 입체 전광판을 통해 관중들과 재미있게 그리고 효율적으로 커뮤니케이션 하고 있는 것이 매우 인상적이었다. 그리고 1997년초 프로농구 주관단체인 한국농구연맹(KBL)이 출범할 때 SPP를 적극적으로 도입활용하자고 제안했다. 지금은 대부분의 프로농구장, 프로배구장, 야구장, 축구장 등에서 SPP를 운영하고 있다.

PBA 경기장에서 SPP를 운영하는 것은 치어리더의 도입만큼이나 새롭고 파격적인 시도였다. PBA가 SPP와 장내아나운서를 운영하자, 많은 당구팬들은 SPP와 장내아나운서 멘트가 경기관람과 시청을 방해한다고 하소연하기도 했다. 하지만 4년이 지난 지금 PBA 투어 경기장에 SPP와 장내 아나운서가 없다면 경기는 너무 심심하고 재미없게 느껴질 것이다.

경기장을 찾은 관중을 염두에 두고 시작한 SPP가 코로나19로 인해 그 목적과 의도가 바뀌었다. 코로나 바이러스로 인해 무관중으로 경기를 진행하라는 방역당국의 지침에 따라 PBA도 관중없이 경기를 진행할 수밖에 없었고, 이에 관중과의 커뮤니케이션 목적을 위해 진행했던 SPP는 중단해야 할 수밖에 없는 상황에 처했다.

하지만 PBA는 SPP를 계속 진행하기로 했다. 관중이 없기 때문에 썰렁한 경기장 풍경을 보다 화려하게 바꾸기 위해 경기장 전광판이나 SPP 콘텐츠 운영을 계속하기로 한 것이다. 그리고 경기장 전광판을 비대면 원격 응원 이벤트의 도구로 사용했다. LED 전광판 상에서 줌(ZOOM)을 통해 전세계 당구팬들을 연결시킨 것이었다.

역설적이지만 PBA는 코로나19 팬데믹의 정점에서 가장 빠르게 성장했다. 팬데믹으로 다른 프로스포츠가 중단하거나 주춤한 상황에서, 오히려 PBA는 철저한 방역조치 하에서 그 틈새를 잘 활용했다.

코로나 19로 인해 KBO 10개팀은 한동안 입장권을 판매하지 못하고 무관중으로 경기를 진행했다. 프로야구가 팀당 100억원에 달하는 연간 입장권 판매 수입이 사라지는 고통을 겪는 동안에도 PBA의 시청률은 상승곡선을 그렸다. 그리고 당구의 경우 경기장이 작고 관람석도 소규모라 입장권 판매 수입이 전체 투어의 운영수입에서 차지하는 비율이 극히 미미했다. 무관중 경기로 인한 매출감소 타격을 가장 적게 받았다.

코로나 19 팬데믹의 종식이 선언되었고 PBA경기장에 다시 관중들이 모여들면, SPP는 PBA와 관중들이 함께 호흡하는 중요한 매개체가 될 것이다.

⑤ 다(多) 채널 미디어 전략

프로 스포츠가 산업으로 성장하는데 있어서 TV는 결정적으로 중요한 역할을 하고 있다. 프로 스포츠를 중계하는 TV 채널이 없다

2023~2024시즌 신생팀 SY바자르. 개막식에서 시타를 성공시킨 홍성균 구단주. ⓒ빌리어즈 매거진

면, 아무리 재미있고 멋진 경기를 개최하더라도 그 경기는 시청자(또는 스포츠팬)에게 도달하기 전에 사라진다.

현대 스포츠 비즈니스의 핵심은 스포츠 콘텐츠를 얼마나 많은 시청자에게 전달할 수 있느냐 하는 것이다. 즉 스포츠 종목의 시청자가 많을수록(시청률이 높다는 의미와 거의 동일한 잣대로 볼 수 있음) 더 많은 중계권료를 받을 수 있다. 또한 이것은 경기장 광고 판매 단가가 올라간다는 의미이고, 경기장 입장권 수입이 증가하는 것을 의미한다.

물론 미국의 NFL이나 MLB 그리고 NBA와 같이 전통적으로 인기종목이면서 시청률이 높은 종목은 모든 TV방송사에서 서로 중계권을 확보하기 위해 줄을 선다. 올림픽이나 FIFA 월드컵과 같은 메가 스포츠이벤트 역시 TV 중계권을 확보하기 위해서는 치열한 경쟁을 해야 한다. 하지만 당구나 탁구, 테니스, 배드민턴, 볼링 등 소위 마이너 종목의 경우에는 반대로 중계권사를 찾기가 매우 어렵다. 그러다보니 중계권을 판매하기는커녕 오히려 중계제작비를 방송사에 지불하고 편성시간을 사야 하는 딱한 처지에 몰리게 된다.

최근 탁구가 프로리그의 출범을 선언했지만, 좀처럼 뿌리를 내리지 못하고 있다. 가장 큰 요인은 탁구경기를 중계하는 전문 TV 채널을 확보하지 못하고 있기 때문이다. 물론 축구나 야구처럼 지상파 3사와 지상파 계열의 스포츠전문 채널과 중계권 계약을 추진할 수는 있다. 하지만 KBSN 스포츠, MBC 스포츠 플러스, 그리고 SBS 스포츠 채널은 프로야구 KBO 중심으로 중계편성을 하고 있다. 볼링도 마찬가지다. 프로볼링을 표방하고 경기를 운영하고 있지만, 볼링 경기를 메인 콘텐츠로 중계방송을 하는 TV채널이 없어서 어려움을 겪고 있다. PBA가 출범할 당시, 빌리어즈TV라는 당구전문 채널이 이미 존재하고 있었다는 것은 큰 행운이었다.

PBA 투어의 역사적인 개막은 2019년 6월이었지만 3년전부터 프로당구투어를 준비하면서 제일 중요하게 그리고 우선적으로 진행했던 것은 당구전문채널인 빌리어즈TV의 인수였다. 다시 말하면 PBA투어를 안정적으로 중계할 수 있는 채널부터 먼저 확보를 하고 당구의 프로화를 추진한 것이다.

PBA의 초창기 TV중계권 정책은 프로당구 콘텐츠 유통을 최대한 확대한다는 것이었다. 빌리어즈TV를 핵심 채널로 가져가면서 MBC 지상파, MBC 스포츠 플러스, KBSN 스포츠, SBS 스포츠와 중계권 계약을 체결하였고, 여기에 SNS채널로 유튜브(YOUTUBE), 네이버 스포츠, 카카오TV, 아프리카TV 등 생중계로 시청할 수 있는 채널이 무려 8개에 이르렀다.

한마디로 스포츠팬들이 선택할 수 있는 대부분의 스포츠 채널에서 PBA투어를 볼 수 있는 콘텐츠 유통구조를 만든 것이다. 그래서 "TV를 틀면 PBA가 나온다", "PBA가 대세"라는 말이 나오기 시작했다. 이런 PBA의 미디어 전략은 PBA가 빠른 시일내 시청자들의 눈과 관심을 사로잡는데 성공하는 원동력이 되었다.

PBA의 미래 비전

PBA의 미래는 변화와 혁신에서 찾아야 한다. 그 변화와 혁신은 거창한 것에서 시작하는 것이 아니라 작고 사소한 것에서부터 시작해야 한다. 변화와 혁신을 하겠다는 마음가짐이 되어 있을 때 작고 세세한 것들이 눈에 들어오고, 그래야 인식하고 개선해 나갈 수 있다. 지난 4년간이 PBA의 기초 그림을 만들고, 뼈대를 만드는 시기였다면 새로운 4년은 살과 근육을 붙여야 하는 시기가 되어야 한다. PBA의 뼈대가 더욱 단단해지고, 근육이 탄탄해지기 위해서는 아래의 우선적인 과제가 추진되어야 한다.

① 당구저변 확대를 위한 PBA 아카데미 설립

PBA 출범으로 젊은 당구 팬들이 많이 늘어났다. 시청자 연령 분석을 해보면 알 수 있다. 그리고 여성 팬들도 많이 늘어났다. 이것은 PBA가 보편적인 스포츠로 자리잡아 가고 있음을 나타낸다. 하지만 당구 경기에 직접 참여하는 사람들의 수는 정체해 있다.

지금 당구장에서 당구 게임을 즐기는 주류 세대는 70년대와 80년대 그리고 90년대 초반에 대학을 다녔던 세대들이다. 이들의 나이는 40대 후반부터 70대에 이르는 중장년, 그리고 노년층이다.

문제는 90년대 중반 이후 대학을 다녔던 세대들은 당구보다는 PC방에서 게임을 즐겼던 세대들이라 소위 MZ세대(20세~40세)들의 당구에 대한 관심이 떨어진다는 점이다. 70년대와 80년대에 대학을 다녔던 세대들에게 당구는 가장 친숙하고 재미있는 스포츠이며 취미생활이었다.

하지만 90년대 이후 학번들은 PC방, 노래방, K-POP, K드라마, 멀티플렉스 극장, 모바일, 온라인 게임 등 즐길 장소와 즐길 거리가 다양하게 넘쳐났다. 한마디로 당구팬들의 인구구조는 연령이 낮아질수록 급격히 줄어드는 역피라미드 형이 되어버린 것이다.

소위 잘 나가가는 스포츠, 그리고 미래 전망이 밝은 스포츠는 노년-장년-중년-청년으로 나이가 어려질수록 저변이 더 탄탄한 피라미드 형태를 하고 있다. 지금 아무런 조치를 취하지 않으면, 10년 그리고 20년이 지나면 당구장을 찾는 사람들이 크게 줄어들지도 모른다. 당구를 즐기는 참여자들이 줄어들면, 당구장의 영업은 어려워지고, 문을 닫는 당구장이 많아지면 당구대나 그리고 당구볼 산업도 흔들릴 수밖에 없다.

PBA가 출범한 가장 큰 이유 중에 하나는 국내 당구산업을 활성화시키자는 것이었다. 최근 골프 참여 인구가 급격히 늘어나면서 골프 장비, 골프 의류, 골프 공, 골프장 등 관련 산업이 초호황을 누리고 있다. 당구 역시 관련 산업이 꽃을 피우기 위해서는 당구 종목의 참여자가 점진적으로 늘어나야 가능하다.

다행히 PBA가 흥행에 성공하면서 당구에 대한 관심이 조금씩 늘기 시작했다. 이런 당구 붐을 당구저변을 확대하는 좋은 기회로 삼아야 한다. 그런데 문제는 당구라는 스포츠가 쉽게 배울 수 있는 종목이 아니라는 점이다. 처음 입문할 때 시작하는 4구 종목이나 어느 정도 실력을 쌓아야 칠 수 있는 3쿠션 당구 모두 재미를 느끼고 게임에 참여하기까지는 많은 연습과 상당한 시간이 걸린다.

소위 70~80 학번들은 대학에 입학하면 의례히 당구를 치는 것이 하나의 대학 문화였기에 당구를 배우고 즐기는데 어려움이 없었다. 하지만 2000년대 이후 학번들은 대학생활의 여가 문화로서 당구보다는 게임에 더 익숙한 세대들이다. 그렇다면 어떻게 해야 다시 어린이, 청소년, 대학생 등 젊은 층들이 당구를 치게 만들 수 있을까? 쉬운 일은 아니지만 PBA가 공식적인 당구 아카데미를 설립하여 운영하는 것이 그 시발점이 되어야 한다. 남녀노소 누구나 쉽게 그리고 체계적으로 당구를 배울 수 있는 프로그램을 만드는 것이다.

"천리 길도 한걸음부터"라는 속담이 있다. 그만큼 첫걸음을 떼는 것이 중요하다는 말이기도 하고, 장대한 프로젝트를 시작하는데 있어서 첫 삽을 뜨는 것이 얼마나 어려운 것인지를 말해주는 속담이기도 하다. 도무지 앞이 보이지 않는 상황에서, 어떻게 해야 할지 난감한 상황에서, 올바른 방향으로 한걸음 나아가는 것은 결정적으로 중요하다. 하지만 많은 사람들은 그렇게 하지 않는다. 그 첫걸음이 너무나 초라하고 작게 보이기 때문이다. 그래서 초라하고 미천한 시작을 하기 보다는 단번에 물줄기를 바꿀 수 있는 획기적인 일을 하고 싶어 한다. 하지만 처음부터 위대한 성과를 만들어내는 것은 매우 어렵다. 아니 나는 불가능하다고 생각한다.

　PBA의 당구 아카데미 사업의 시작은 매우 초라하고 미천하게 보일 것이다. 하지만 거대한 강물의 흐름도 알고 보면 물방울 하나로부터 시작된 것이다. 물방울 하나하나가 쌓이고 쌓여서 거대한 강물을 이룬 것처럼, PBA의 공식 아카데미 1호점을 시작으로 수십 개, 수백 개의 아카데미가 만들어 질 것이다. 그리고 PBA 아카데미를 통해 당구를 배운 많은 사람들이 가까운 동네 당구장을 찾을 것이고, 그렇게 되면 전국의 당구장은 다시 영업에 활기를 띠게 될 것이다.

　내가 PBA 이름을 단 PBA 공식 아카데미 사업을 기획하면서 방향성으로 삼은 키워드는 '편안하고, 즐거운 당구 커뮤니티'다. 나는 대학시절에 당구를 거의 치지 않았다. PBA 사무총장 직을 수행하다보니 자연스럽게 당구를 쳐야 하는 상황이 자주 발생했다. 개인적으로 당구를 배우면서 가장 어려운 점은 현재의 당구장이 초보가 당구를 배우기에 매우 불편하다는 점이었다. 특히 3쿠션 전용 당구클럽에서 초보자가 당구를 배우고 치기에는 너무 주변 시선이 부담스러웠고 불편했다. 침묵이 흐르는 조용한 당구장 분위기도 부담스럽게 느껴졌다.

　그리고 '군림하는 단골손님, 시중드는 당구장 주인'의 분위기도 개선해야 할 점이다. 당구장 주인은 좋은 서비스를 제공하고, 손님은 행복하게 즐기는 것이 이상적인데, 단골손님은 소위 '갑'이고, 당구장 주인은 일방적으로 '을' 같이 느껴지는 것도 나로서는 바람직하지않아 보였다. 당구장이 좀 더 편안했으면 좋겠고, 당구장 주인과 손님이 당구라는 스포츠를 통해 건전한 공동체를 만들어 갈 수 있어야 한다.

PBA 아카데미를 통해 당구를 재미있게 그리고 행복하게 배우는 사람들이 많아져야 한다.

② 스포츠토토 종목 편입을 통한 재정 확대

PBA가 안정적인 성장을 해나가기 위해서는 스포츠토토 발매 대상 종목으로 지정되는 것이 중요하다. 현재 한국 프로스포츠 종목 중에서 스포츠토토 발매 대상 종목으로 편입된 프로야구(KBO), 프로축구(K리그), 프로농구(KBL) 등은 스포츠토토로부터 연간 100억 원이 넘는 경기주최단체 지원금을 배분받고 있다.

2021년 회계연도의 한국프로축구연맹 경영공시 내역은 다음 표와 같다.

경영공시 자료에서 알 수 있는 바와 같이 K리그의 연간 수입 360억원 중의 1/3에 해당하는 120억원이 스포츠토토로부터 지원 받는 수입이다. 출범 4시즌이 지난 PBA가 스포츠토토 상품 발매 종목으로 지정이 된다면 향후 3년 이내에 상당한 지원금을 받을 수 있을 것으로 기대된다. 물론 스포츠토토 종목으로 지정되는 순간 발생하는 비용도 있다. 스포츠토토가 원활하게 발매될 수 있도록

(단위: 백만원)

구분	실적	비고
수입	36,474	
중계권	11,249	
대회 협찬금	3,181	
공식 후원금	2,690	
체육진흥 투표권	12,236	스포츠토토 주최단체 지원금
기타 사업비	3,231	
사업외 수입	3,887	
지출	35,315	
리그 운영비	7,986	K리그, 주니어리그
광고/마케팅	18,027	구단광고사용료 및 프로모션 등
저변확대/리그활성화	4,497	유소년 육성사업, 시상식 등
교육 사업비	167	아카데미(PR, 마케팅, 축구산업 등)
기구 운영비	342	구단광고사용료 및 프로모션 등
일반 관리비	3,943	
사업외 비용	352	법인세 등
손익	1,159	

*출처: 한국프로축구연맹

경기운영과 심판관리 시스템을 잘 유지관리해야 하며, 선수를 비롯하여 PBA투어 참여자들에 대한 철저한 교육을 통해 불법 베팅이나 승부조작 같은 부작용이 발생하지 않도록 해야 한다.

 PBA는 지난 4년간 선수들을 대상으로 매년 한 두 차례 정기적으로 4대 금지사항에 대해 지속적으로 교육을 해왔다. 승부조작과 불법베팅, 금지약물복용, 음주운전 그리고 성폭력 방지 교육이 그것이다. 스포츠토토 종목에 편입되기 위해서는 선수를 포함하여 투어 참여자 전원을 대상으로 더욱 체계적이고 엄격한 교육을 실행하고,

감시 모니터링을 강화해야 할 것이다.

PBA가 스포츠토토 종목으로 편입되어, 경기주최단체 지원금을 배분받을 경우 유소년 육성, 심판교육강화, 경기운영시스템 고도화 등에 지속적인 투자가 이루어질 것이고, 이것은 다시 탄탄한 저변과 프로다운 경기운영 체계를 갖추게 해 투자-성장-재투자의 선순환 고리가 완성될 것이다.

③ 스타선수 발굴 육성

처음 PBA를 마케팅하는데 있어서 가장 큰 장벽은 당구에 대한 부정적인 이미지였다. 그 다음으로 극복해야 할 난관은 스타선수의 부재(不在)였다. 솔직히 말해서 나의 개인적인 스포츠 마케팅 히스토리의 핵심은 스타 마케팅이었다. 그 속에는 김연아도 있었고 손연재도 있었다. 그리고 안현수, 심석희, 이승훈 같은 빙상 스타가 있었고, 팀킴과 같은 컬링 스타도 있었다. 내가 다시 탁구나 육상 종목의 마케팅 일을 맡는다고 해도 그 업무의 중심에는 탁구 유망주 신유빈이나 육상스타 우상혁이 있을 것이다. 나는 PBA 마케팅 업무를 처음 진행하면서 나 자신에게 물었다.

"당구종목의 스타 선수는 누구인가?"

4년 전에 내가 위의 질문을 던졌을 때 나는 쉽게 답을 얻지 못했다. 물론 프레드릭 쿠드롱이나 강동궁, 조재호 같은 선수들은 세계적인 당구실력을 갖춘 선수다. 하지만 일반 스포츠팬들에게 가장

LPBA에는 이미래, 용현지, 한지은 등 젊고 유망한 선수들이 지속적으로 유입되고 있다.
ⓒPBA Photo

많이 알려진 선수는 여자 포켓볼 선수 차유람 이었다. 그리고 한 시즌 늦게 합류했지만 캄보디아 출신의 여자 선수 스롱 피아비가 가장 대중적인 인지도가 높은 선수였다.

"이가 없으면 잇몸으로 씹는다"는 말과 같이 우리는 아직 슈퍼스타 선수가 없는 상황에서 대중에게 가장 인지도가 높은 차유람, 김가영, 스롱 피아비 등의 여자 선수들을 내세워 경기홍보와 스폰서십 마케팅을 추진했다. 정말 쉽지 않은 일이다.

스포츠업계에 거의 30년 가까이 종사해오면서 뼈저리게 느낀 것 중에 하나는 "스타가 없는 스포츠 종목은 마케팅이 어렵다"는 사실이었다.

대중과 미디어 그리고 스폰서 기업은 스타에 대해 즉각적으로 반응한다. 스타는 눈사람을 만들기 위해 눈뭉치를 굴릴 때 처음 만드는 단단한 코어 눈뭉치와 같은 역할을 한다. 코어의 눈뭉치가 만들어지고 나면 이후부터는 그야말로 눈덩이처럼 눈뭉치가 불어나고, 눈사람을 만드는 일은 매우 쉽게 진행된다.

다행히 차유람, 김가영, 스롱 피아비와 같은 선수들은 PBA 흥행에 큰 역할을 해주었다. 그리고 탁월한 실력을 보유한 프레드릭 쿠드롱은 PBA투어의 격을 높여주었으며, 다비드 사파타와 같은 선수는 현재까지 PBA가 배출한 가장 젊고 유망한 선수로 쿠드롱 이후의 PBA를 짊어지고 갈 소중한 자산이다.

출범 후 4년이 지나는 동안 많은 스토리가 축적되고 있는 것도 PBA 마케팅에 큰 보탬이 되고 있다. 강동궁과 조재호 두 선수는 PBA 최대 라이벌 구도를 형성하면서 흥행카드가 되었고, 강민구, 김재근, 이미래, 김가영, 스롱 피아비, 임정숙은 매 경기마다 새로운 이야기를 만들어 내며 팬들의 관심을 사로잡고 있다.

그리고 다니엘 산체스, 세미 사이그너, 최성원 선수가 새로 합류하여 팬들의 관심을 끌어모으고 있다. 김보미, 김예은 등 젊고 재능 있는 선수들의 합류는 PBA, LPBA 투어의 새로운 활력소가 되고 있다.

하지만 향후 새로운 4년 동안에는 새로운 스타가 더 많이 탄생해야만 한다. 더 젊고 매력적인 PBA, LPBA 스타가 투어를 이끌어 가야 한다. 투어 사무국과 PBA팀 그리고 선수를 매니지먼트하는 마케터가 모두 힘을 합쳐 시대가 요구하는 스타플레이어에 대한 청사진을 그리고 그 청사진에 부합하는 스타를 육성해내야 한다.

④ LPBA는 PBA의 미래

2019년 6월에 PBA가 글로벌 프로당구 투어를 처음 출범할 때 LPBA는 크게 주목받지 못했다. PBA에 비해 실력이 크게 떨어졌기 때문이다. 실제로 초창기 LPBA 투어는 프로 투어라고 하기에는 부족한 점이 많았다. 하지만 다섯 번째 시즌을 맞이하는 지금 LPBA는 경기력이 급상승했고, 시청률과 흥행에 있어서는 PBA와 대등한 수준으로 성장했다.

물론 LPBA가 세계 최고의 남자 프로 당구선수들의 총집합인 PBA의 경기력에는 미치지 못한다. 하지만 여자 3쿠션 당구 리그만 놓고 볼 때 LPBA는 세계 최강이며 유일무이한 프로 투어이다. 전 세계 어디에도 LPBA와 같은 여자 3쿠션 프로투어는 존재하지 않는다. 물론 UMB와 KBF가 여자 3쿠션 대회를 진행하고 있지만, 출범 5년만에 LPBA는 전 세계에서 가장 강한 여자 3쿠션 프로투어로 성장했다.

대한민국 내에서 여성이 가장 눈부신 활약을 펼치고 있는 프로 스포츠 종목은 한국 여자프로골프 투어를 운영하는 KLPGA이다. KLPGA 투어는 미국 LPGA의 아성을 위협할 만큼 경쟁력을 갖췄고, 매년 세계적인 여자 프로골프 선수들을 화수분처럼 길러내고 있다. KLPGA는 한국 남자프로골프협회인 KPGA 투어보다 상금과 시청률 측면에서 앞서가고 있다.

2023년에 창립 45주년을 맞이한 KLPGA는 이미 창립 55주년을 맞이한 KPGA보다 10년 늦게 출범했다. 이것은 KLPGA가 KPGA의

울타리속에서 KPGA의 자양분을 흡수하면서 성장했음을 의미한다. 하지만 청출어람(青出於藍)이라는 말과 같이 KLPGA는 KPGA보다 더 빠른 속도로 성장하면서 한국골프의 세계화와 대중화를 견인하고 있다.

LPBA도 마찬가지다. 지금의 LPBA의 주축선수들은 PBA에서 활약하고 있는 선수들로부터 당구를 배우며 성장했다. 하지만 LPBA는 PBA의 자양분을 밑거름 삼아 성장했지만 PBA와는 다른 독특하고 매력적인 여자 프로스포츠로 성장해나갈 것이다.

PBA가 전 세계 남자 3쿠션 프로리그의 프리미어 리그(Premier League)라고 한다면 LPBA는 전 세계 여성 프로 스포츠 중에 가장 특색있고 흥미로운 리그가 될 것이다.

다시 말해 PBA는 최고(the best)의 남자 프로당구 투어가 될 것이고, LPBA는 독특함(uniqueness)을 가진 전 세계 유일한(the only) 여자 3쿠션 프로 투어가 될 것이다.

따라서 프로당구협회는 독특함과 유일성을 보유하고 있는 LPBA의 차별적 우위점을 더욱 부각시키는데 주력해야 한다. 그러기 위해서는 지속적으로 LPBA 투어의 상금을 증액하고 LPBA 투어에 입문하는 어린 여성 선수들을 체계적으로 가르칠 수 있는 PBA 공식 아카데미를 시스템화하는 것이 필요하다.

LPBA에는 매년 재능 있고 상품성 있는 새로운 선수들이 합류하고 있다. LPBA 투어 원년 시즌 최고의 스타였던 이미래에 이어 전애린, 용현지, 김보미, 백민주, 권발해 장가연, 한지은 등이 가세해서 투어의 활력소가 되고 있다.

지금의 속도대로 LPBA가 꾸준히 성장한다면 그리고 협회와 구단이 체계적으로 유망선수들을 스타선수로 육성할 수 있다면 LPBA는 전 세계 여성 프로스포츠 중에 가장 빛나는 종목이 될 것이다. LPBA는 PBA의 미래다.

⑤ 당구 산업의 육성과 당구장 영업 활성화

PBA를 처음 기획하고 출범을 준비할 때 가장 큰 설립 목적 중에 하나는 국내 당구산업의 육성이었다. 한국은 사실상 전 세계 3쿠션 당구 산업을 견인해 나가고 있는 가장 큰 시장이다.

전국에 1만 5천개의 당구장이 운영 중에 있고, 이 당구장에서 테이블, 당구공, 테이블천, 큐 등의 용품을 소비하고 있다. 지구상 어느 나라에도 대한민국보다 많은 당구장을 보유한 나라는 없다. 24시간 당구를 방송하는 당구전용 TV 채널도 한국에만 있다. 상금이 가장 큰 대회도 한국에서 열리고, 스폰서 기업도 대부분 한국의 기업들이 맡고 있다.

그럼에도 불구하고 한국의 당구시장을 주도하는 당구 용품들은 대부분 수입제품이다. 가브리엘 당구대와 아라미스 당구공, 그리고 시모니스 당구천은 모두 벨기에 제품이고, 롱고니 큐는 이탈리아 제품이다. 한국이 전 세계 3쿠션 시장을 사실상 먹여살리고 있음에도 국산 당구용품은 찬밥신세를 면치못하고 있는 실정이다.

PBA는 한국에서 탄생한 전 세계 3쿠션 당구계의 유일한 글로벌 프로당구 투어다. 그래서 PBA는 출범 초기부터 국산 당구 테이블과 국산 당구공을 PBA 공식 경기용품으로 선정해왔다. 아직은 미약하지만 이들 국산 당구용품은 PBA와 함께 전세계 시장으로 수출시장을 확대해 나가고 있다. 골프의 타이틀리스트, 테일러메이드 같은 세계적인 용품 브랜드가 한국 당구 산업에서도 탄생해야 한다. 그리고 그런 세계적인 당구용품 브랜드가 탄생하기 위해서는 PBA와의 협력과 더불어 전국에 분포되어 있는 당구장의 영업활성화를 통해 실현될 수 있다. 당구장의 영업이 활성화되어야 당구테이블, 당구공, 큐와 같은 용품 소비가 일어나고, 다시 이 소비는 당구산업을 활성화 시키는 젖줄이 된다.

아직 한국 당구장 영업은 매우 영세하고 영업이익율은 매우 낮은 편이다. PBA와 당구 전문채널 빌리어즈TV 그리고 스포츠 마케팅 전문회사가 머리를 맞대고 전국의 당구장 영업 활성화를 위한 '신의 한 수'를 찾아낼 때 당구산업의 밝은 미래가 펼쳐질 것이다.

⑥ PBA의 글로벌 확산과 브랜드 차별화

PBA는 처음 출범할 때부터 "국내 프로 스포츠의 한계를 벗어나겠다"고 선포했다. 그래서 K를 뺀 PBA가 되었다. K리그, KBO, KBL, KPGA, KLPGA는 코리안(Korean) 리그이고 코리안 투어(Korean Tour)이다. 하지만 PBA는 글로벌을 지향하고 있다. 지난 4년간 10여개 국가, 20여명의 해외 선수들이 한국에 체류하며 PBA, LPBA 투어를 뛰었다. 새로운 4년 동안에는 PBA 출범 시에 선포한 바와 같이 글로벌 투어로 성장하기 위해 해외에서도 투어를 개최할 계획이다.

　3쿠션 당구종목의 인기가 높은 베트남, 튀르키에, 벨기에, 스페인, 미국, 콜롬비아 등에서 PBA투어를 개최함으로써, PBA 종주국인 한국의 국위를 선양하고 비즈니스 영역을 확대하는 전략이 필요하다.

　최우선적으로 추진하고 있는 해외투어 첫 개최국은 베트남이다. 베트남에는 당구저변이 한국만큼이나 탄탄하고, 당구산업이나 당구장 문화가 잘 성장하고 있는 나라이다. 베트남 출신의 PBA 스타 마민 껌은 이미 우승 트로피를 거머쥐었고, 프엉린, 응오 딘나이는 결승에 진출하여 준우승까지 차지한 실력자다. 응유엔 꾸억은 출중한 실력을 바탕으로 팀리그에서 눈부신 활약을 보여주고 있다. 이들 베트남 선수들은 꾸준히 상위권을 유지하면서 우승에 도전하고 있다.

　PBA의 글로벌 투어는 단순히 PBA 투어 중에 일부를 해외에서 개최하는 것 이상의 의미를 가지고 있다. PBA 공식 경기용품으로 채택된 당구테이블, 당구공, 천, 큐대 등 국산 당구용품의 글로벌 진출이라는 의미도 있다. 그리고 PBA 투어의 TV중계권 판매를 전 세계 시장으로 확대함으로써 한국에서 처음 탄생한 PBA투어라는 K-당구 문화가 전 세계로 확산하는 계기가 될 것이다.

　그리고 PBA는 출범 4년 만에 하나의 스포츠 브랜드로 자리 잡았다. PBA는 국내 프로축구(K리그), 프로야구(KBO), 프로농구(KBL), 프로배구(KOVO), 프로골프(KPGA)와는 두 가지 측면에서 성격이 다르다.

우선 PBA는 국제 스포츠의 위계질서에 있어서 상위단체의 간섭과 통제에서 자유롭다. 국내축구의 경우 FIFA(국제축구연맹, FIFA 월드컵의 주최 단체)의 규정과 통제를 받는다. 만약 K리그가 전후반 45분 경기제도를 20분 4쿼터로 운영하겠다고 하면 FIFA가 허용할까? K리그는 프로 스포츠 단체이기 때문에 강행하겠다고 하면 할 수도 있겠지만 사실상 불가능하다. 대한축구협회(KFA)와 프로 축구팀, 그리고 선수들이 반대할 것이기 때문이다.

KBO도 마찬가지다. KBO가 9회 말 경기제도를 10회 말로 바꾸거나, 3아웃 공수교체를 4아웃 공수교체로 하기는 어려울 것이다. 이와 달리 PBA의 경우 PBA가 가는 길이 곧 세계 3쿠션 당구 종목이 가는 길이다.

그래서 PBA는 출범하면서부터 기존 아마추어 당구 경기 룰을 전면 원점에서 다시 검토하고 혁신적으로 개선했다. PBA 팀 리그는 아예 세상에 존재하지 않았던 당구 콘텐츠다. PBA가 다른 국내 프로 스포츠와 달리 국제적인 상급 경기단체의 눈치를 보지 않아도 된다는 것은 PBA의 자율성과 창의성이 무한대로 열려있다는 것을 의미한다.

두 번째로 PBA는 경기력 측면에서 전 세계 최고 정점에 있다는 점이다. 국제 3쿠션연맹(UMB)은 상위권에 있는 일부 선수들의 기득권 유지를 위해 그들의 대회에서 상위 14위 이내에 랭크되어 있는 선수들에게는 예선을 면제해주고 있다. 프로 골프 투어에서 1, 2 라운드 예선을 면제해주고 본선 라운드에 먼저 올려주면 어떻게 될까? 올림픽에서 유도, 레슬링, 탁구와 같은 종목에서 특정 선수를 16강에 먼저 진출시켜 주면 어떻게 될까? 불공정하다.

이런 불합리한 경기제도는 UMB를 소위 '고인물'로 만들었고, 새로운 유망주들이 성장하는데 결정적인 걸림돌이 되었다. 그래서 스페인의 다비드 사파타나 다비드 마르티네즈와 같은 '영건'들이 PBA를 선택하고, PBA의 차세대 스타로 성장하는 계기가 되었다. 이로 인해 UMB는 몇 년 안에 '고령자 투어'로의 전락할 위험에 봉착해있다. UMB의 상위권 선수들인 트브욘 브롬달과 마르코 자네티가 1962년생으로 환갑을 이미 넘어섰고, 1965년생 딕 야스퍼스 역시 육십의 나이를 앞두고 있다.

이에 비해 PBA와 LPBA의 경우 모든 선수들에게 공평한 경기운영 규정을 적용함으로써 젊고 유망한 신예들이 계속 합류하고 있다. 특히 LPBA의 경우 전 세계 유일무이한 여자프로당구 투어로, 그 성장세가 매우 가팔라 머지않아 세계에서 가장 매력적이고 상품성 높은 '여성 스포츠 콘텐츠'가 될 것이다.

따라서 PBA는 국내 프로 스포츠 시장을 넘어 EPL, MLB, NBA와 같은 브랜드로 성장해야 한다. 그리고 축구, 야구, 농구와 같은 종목이 전통적 스포츠로서 '안정성'을 바탕으로 현상유지에 주력하는 틈을 이용해 PBA는 변화와 혁신을 거듭해야 한다.

변화와 혁신을 추구하는 데는 의지가 필요하다. 출범 초기부터 거의 모든 것을 새롭게 바꾸어온 PBA의 '혁신 DNA'는 미래에도 간직해 나가야 할 PBA의 소중한 자산이다. 용기를 잃지 않고 끊임없이 혁신을 추구해 나가는 것만이 PBA의 살길이다.

⑦ 협업과 '공통의 신화'에 대한 믿음

《사피엔스》의 저자 유발 하라리(Yuval Noah Harari)는 호모 사피엔스가 지구의 지배종으로 생존할 수 있었던 비결은 역설적이게도 그의 '나약함'에서 비롯되었다고 썼다. 신체적으로 나약했던 호모 사피엔스는 집단을 이루어 협업을 함으로써 포식자의 공격으로부터 살아남을 수 있었다.

오늘날 전 세계 스포츠계의 최상위 포식자는 EPL, NFL, MLB, NBA, UFC, PGA, ATP 등이다. 시장을 국내로 좁혀도 PBA는 프로야구, 프로축구, 프로배구, 프로골프 등과의 경쟁에서 아직 뒤질 수밖에 없다.

하지만 호모 사피엔스는 자신들보다 더 큰 체격과 더 강한 근육을 보유한 네안데르탈인과의 경쟁에서 승리했다. 자신들의 나약함을 인식하고 집단을 형성하고 서로 돕고 협력했기 때문에 가능했다.

PBA 투어에 참여하는 협회, 구단, 선수, 후원기업, 방송, 심판, 경기원 등 모든 구성원들은 똘똘 뭉치고 협력해야 한다. 만약 협회는 협회대로 선수는 선수대로 각자 다른 생각을 가지고 다른 길을 가고자 한다면 PBA는 더 강한 포식자에게 잡아먹히고 말 것이다.

2019년에 처음 PBA가 출범할 때 많은 사람들이 PBA 투어는 실패할 것이라고 생각했다. 하지만 PBA는 예상과 달리 대성공을 거두었다. PBA가 성공을 거둘 수 있었던 것은 김영수 총재를 중심으로 장상진 부총재, 이희진 대표, 윤석환 대표, 장재홍 사무총장, 이

병철 전무, 배상봉 본부장, 박재민 국장, 김영민 국장, 최현종 대표 등 스포츠 마케팅 전문가들의 기획력과 자금력 그리고 실행력이 밑받침 되었기에 가능했다.

그리고 PBA 초대 이사회 멤버로 참여한 방기송 이사, 김종률 이사, 임정완 이사, 김병옥 이사 등의 희생과 봉사가 없었다면 PBA는 시작도 못했을 것이다. 남도열, 김영헌, 이태호, 김종희, 임정철, 류연식, 황득희, 현지원, 이완수 등 많은 당구인들은 흔쾌히 PBA 투어 운영에 헌신해주었다.

또한 PBA 성공 출범의 원동력과 차별성은 PBA 팀리그를 이끌어가는 구단에 있다. 대한민국의 어떤 프로리그에도 PBA 구단처럼 리그 전체의 발전을 위해 희생하고 양보하는 구단은 없다. 기존의 프로리그는 구단 이기주의에서 벗어나기가 매우 힘들다. 하지만 PBA 팀리그에 소속되어 있는 구단은 PBA 개인 투어를 후원하고 이끌어가는 주체임과 동시에 팀리그의 구성원으로서 리그 전체의 발전을 위한 큰 틀에서 움직이고 있다.

웰컴저축은행, 블루원리조트, 크라운해태, 휴온스는 하나의 구단을 넘어 PBA 투어와 팀리그를 처음부터 함께 만들어 가고 있는 중요한 주체이다. 그리고 하나카드, NH농협카드, SK렌터카는 한국의 일류 기업으로서 보유하고 있는 경영과 운영의 노하우를 PBA에 전수해주고 있다. 가장 최근 합류한 하이원리조트와 에스와이는 PBA 투어의 활력소가 되고 있다.

PBA의 강점은 협회와 마케팅사 구단과 선수, 방송, 후원사, 경기 심판 모두가 PBA라는 소중한 옥동자를 키우기 위해 헌신하고 협력할 자세가 되어있다는 점이다.

유발 하라리는 그의 책에서 호모 사피엔스의 경쟁력은 "유연하게 협력하는 유례없는 능력"에 있다고 했다. 그리고 이 협력을 가능하게 하는 강력한 힘은 "공통의 신화"를 믿는데 있다고 했다.

PBA 구성원 모두는 지난 4년간 "세상에 없던 당구"라는 신화를 함께 써 왔다. 많은 사람들이 불가능하다고 한 것을 가능하게 만들어 온 주역들이다.

따라서 PBA의 미래 비전은 "세상에 없던 당구"의 신화를 믿는 모든 구성원들이 똘똘 뭉쳐 전 세계 스포츠계에서 유례가 없는 "협력"을 만들어 가는데 있다.

제6장

꿈의 스포츠 마케팅

"어떤 삶의 고비에도 쓰러지지 않고 꿈을 향해 달리고 싶다면
지금 당장 책을 펼쳐라."
- 사이토 다카시, 《독서는 절대 나를 배신하지 않는다》 中

이 책의 서두에서 말한 바와 같이 책의 제목을 《꿈의 스포츠 마케팅》으로 한 것은 스포츠 마케팅 이라는 영역에서 거품을 조장하거나 환상을 심어주기 위한 의도는 아니다. 오히려 그 반대로 '열악한' 스포츠 마케팅 현실에서 성공을 이루어 내기 위해서는 '꿈꾸는 능력'이 필요하다는 의미이다.

　물론 스포츠 마케터로 성공할 경우엔 '꿈같은' 일들이 일어날 수 있다. 김연아, 손흥민, 김연경, 박인비, 손연재, 추신수 등과 같은 슈퍼 스타와 함께 동행하며 전 세계 주요도시를 누비고 특급호텔에서 식사하며, 일반인들이 근접할 수도 없는 세계적인 경기장의 라커룸까지도 자유롭게 드나들 수 있는 특권을 누릴 수 있다.

　만약 그가 야구를 좋아해서 프로야구팀의 프런트에서 일한다면 시즌 내내 제일 좋은 자리에서 돈 한 푼 안내고 경기를 볼 수 있고, 리그의 최고 스타를 언제든지 만날 수도 있고 그와 이야기하고 그와 사진을 찍고 그의 사인을 받을 수도 있다. 스포츠 매니아 입장에서는 그야말로 환상적인 일이고 꿈의 직업이 될 것이다.

하지만 현실적으로 프로리그나 프로구단에 입사하는 것은 쉬운 일이 아니다. 그리고 세계적인 슈퍼 스타의 에이전트나 매니저가 된다는 것은 전 세계에서 극소수만이 누릴 수 있는 특권이다.

대부분의 스포츠 마케터들은 열악한 조건에서 고군분투 하고 있다. 경기장이 텅 빈 프로구단 마케팅 담당자는 어떻게 입장권을 매진시켜 경기장을 꽉 채울 것인가 하는 고민에 빠져있고, 아직은 스타 반열에 오르지 못한 유망선수를 매니지먼트하고 있는 에이전트는 어떻게 유망주를 슈퍼 스타로 키울 것인가에 골몰하고 있다.

한마디로 현실과 이상 사이의 간격이 너무 큰 것이다. 바로 이 대목, 즉 우리의 현실이 목표와의 간격이 너무 클 때 '꿈꾸는 능력'이 필요하다. 여기서 말하는 '꿈꾸는 능력'은 '상상하는 능력'과 동일한 의미이다.

상상력은 지식보다 더 중요하다

천재 물리학자 알베르트 아인슈타인은 "상상력이 지식보다 더 중요하다"고 했다. 그가 말하는 상상력이란 무엇일까? 일반적으로 상상(想像)은 긍정적인 면보다 부정적인 면이 더 크게 느껴진다. "쓸데없는 상상은 그만해", "상상은 자유니까", "상상 속에 빠진 사람", "몽상가", "꿈같은 얘기", "허무맹랑한", "황당한" 이라는 뜻이 진하게 내포되어 있다. 상상은 뭔가 비현실적인 사람을 수식할 때 흔히 등장한다.

하지만 '현실적인 것'이 현실이 되는 것은 지극히 당연한 일이지만, 비현실적인 것이 현실이 될 때 우리는 그것을 기적이라 부른다. 상상력은 현실과 비현실의 경계에서 작동한다.

천재 과학자들의 천재성은 수치적으로 높은 지능(知能)에서 발휘되는 것이 아니라 그의 뛰어난 직관력과 풍부한 상상력에서 나오는 것으로 봐야 한다.

우리가 그 표면에 붙어서 개미처럼 작은 존재로 살고 있는 이 지구는 시속 약 1600km의 속도(적도 기준)로 자전하고 있다. 그리고 지구는 태양을 중심으로 시속 11만km의 속도(1초에 30km의 속도)로 공전하고 있다(상상이 되는가?). 국제선 항공기가 시속 800km로 비행한다는 사실을 감안하면 지구는 항공기보다 137배나 빠른 속도로 태양의 주위를 돌고 있는 것이다. 지구가 총알보다 빠른 속도로 우주공간을 날아가고 있는데 우리는 어떻게 지구의 표면에 붙어서 아무런 현기증도 없이 살아갈 수 있을까?

이에 대한 해답을 17세기의 과학자이며 수학자인 아이작 뉴튼(Isaac Newton)은 그의 뛰어난 상상력으로 풀어냈다. 사과는 왜 땅으로 떨어지는가? 하늘의 달은 왜 지구로 떨어지지 않는가? 뉴튼은 결국 모든 물체 사이에는 서로 끌어당기는 힘이 작용할 것이라는 상상을 하게 되었고, 그 상상력은 '만유인력의 법칙'을 발견해내는 원동력이 되었다.

지구에서 태양까지의 거리는 약 1억 5천만km인데 빛의 속도(초속 30만km)로 날아갈 때 8분 30초 가량 걸리고, 항공기를 타고 가면 20일 정도 소요된다. 태양을 중심으로 수성, 금성, 지구, 화성, 목성, 토성, 천왕성, 해왕성이 공전하고 있는데 태양으로부터 해왕성까지의 거리는 45억km로 항공기로 쉬지 않고 날아갈 경우 600일이 걸린다.

태양계는 우리은하에 속해 있는데 거대한 우리은하 전체에서 태양계가 차지하는 것은 하나의 점보다 더 작다. 그리고 우리은하는 전체 우주의 크기와 비교하면 사막에서의 작은 모래 한 알보다 더 작다.

148억년전의 빅뱅으로 오늘날의 우주가 탄생했다는 빅뱅 이론도 처음에 누군가의 상상으로부터 시작되었다. 먼지보다 더 작은 인간이라는 존재가 생각과 상상의 힘으로 '상상하기 힘든 상상'을 해냄으로서 천체 물리학이 빛을 보게 된 것이다.

아인슈타인의 일반 상대성 이론은 중력에 관한 것으로, 중력은 시공간을 왜곡시키고 이로 인해 중력이 강한 곳에서는 시간이 천천히 흐르고, 중력이 약한 곳에서는 시간이 빨리 흐른다는 것이다. 평지는 높은 산보다 중력이 더 강한데 그 강한만큼 평지에서는 시간이 천천히 흐르고 산에서는 시간이 빠르게 흐르기 때문에 산에서 사는 사람이 평지에 사는 사람보다 더 빨리 늙게 된다고 한다.

'시공간이 중력에 의해 왜곡된다'는 일반상대성이론 역시 아인슈타인의 상상력에서부터 시작되었다. 지구 밖 우주로 나가보지도 않은 뉴튼이나 아인슈타인이 상상을 초월하는 거대우주에서 작동하는 중력의 법칙이나 상대성이론을 발견할 수 있었던 것은 그들의 탁월한 상상력 덕분이었다.

전쟁에서의 상상력

스포츠 경기에서 승리하기 위해서는 전략이 필요하다. 전략(戰略)은 전쟁 용어이고, 글자 그대로의 뜻은 전쟁에서 승리하기 위한 계획과 지략이다. 그래서 스포츠에서의 승리전략과 전쟁에서의 승리전략은 유사한 면이 많다.

손자병법을 쓴 손무(孫武)는 2400년 전 춘추전국시대의 뛰어난 병법가였다. 시계편(始計篇)에서부터 시작하여 용간편(用奸篇)에 이르는 손자병법의 내용은 주로 전쟁에서 승리하기 위한 지략과 계획에 관한 내용이다. 하지만 전쟁에서도 지식보다 중요한 것은 상상력이다.

정유재란이 일어난 1597년(선조 30년) 7월 15일 원균이 이끄는 조선 수군은 거제도 칠천량 해전에서 일본수군에 크게 패했다. 말이 패배지 사실상 조선 수군은 궤멸당했고 재건이 어려운 상황에서 선조는 백의종군하라 내쳤던 이순신을 다시 수군통제사로 임명했다. 왜군은 승리의 여세를 몰아 거제, 여수, 해남을 지나 서해안을 따라 한양으로 진격할 태세였다. 이때 이순신은 완파당한 조선 수군을 모아 적의 대군을 맞이하게 되는데, 그 역사적 장소가 해남과 진도 사이의 바다 울돌목(명량)이다.

이순신은 왜군이 배를 타고 해안선을 따라 한양으로 진격하기 위해서는 반드시 울돌목을 지나야 함을 알고 있었다. 13척의 배로 적선 130척을 맞이해야 하는 이순신은 해남 우수영에서 울돌목 앞바다를 바라보며 앞으로 벌어질 전투에 대해 수도 없이 많은 관찰과 상상을 했을 것이다.

아침과 저녁으로 물결의 흐름이 달라지고, 바람이 일어나고, 바람의 방향이 바뀌고, 안개가 피어나고 사라지고, 대규모 적선을 코앞에 두고 일자진도 그려보고 학익진도 그려보고, 동요하는 병사들의 마음도 예측해보고 어떻게 통솔할 지를 상상하고 또 상상했을 것이다.

백척간두의 위기에서 생생한 상상력은 이순신 장군에게 절대적으로 불리한 전황을 한 번에 뒤집을 수 있는 묘책을 떠올리게 했다.

김훈의 소설《칼의 노래》에는 이 당시 이순신 장군의 심정이 아래와 같이 잘 묘사되어 있다.

"물이 운다고, 지방민들은 이 물목을 울돌목이라고 불렀다. 우수영 언덕에서 내려다보면 해남반도에서 목포 쪽으로 달려가던 북서해류는 돌연 거꾸로 방향을 바꾸어 남동쪽으로 몰려가는데, 해협은 하루에 네 차례씩 이 엎치락뒤치락을 거듭했다.

물길이 거꾸로 돌아서는 사이사이마다 바다는 문득 기름처럼 고요해졌고, 그 고요한 잠시가 끝나면 물살은 다시 거꾸로 돌아섰다.

명량에서는 순류(順流)와 역류(逆流)가 따로 있는 것이 아니었고, 함대가 그 흐름에 올라탄다 하더라도 마침내 올라탄 것이 아니었다. 때가 이르러, 순류의 함대는 역류 속에 거꾸로 처 박힌 것이었다. 명량에서는 순류 속에 역류가 있었고, 그 반대도 있었다. 적에게도, 그리고 나에게도 여기는 사지(死地)였다. 수만 년을 거꾸로 뒤채이는 그 물살을 내려다보면서, 우수영 언덕에서 나는 생사와 존망의 흐름을 거꾸로 뒤집을 만한 한 줄기 역류가 내 몸속의 먼 곳에서 다가오고 있음을 느꼈다."

13척의 배로 열배가 넘는 왜군을 맞아야 했던 이순신 장군의 고뇌와 상념(想念)을 엿볼 수 있는 대목이다. 하지만 이순신 장군은 상념에 머문 것이 아니라, 절체절명의 순간에도 뛰어난 상상력(想像力)을 발휘했다. 울돌목의 지리적 특성을 완벽히 파악했고, 수만 년을 뒤채이는 그 물살을 내려다보면서 생사와 존망의 흐름을 거꾸로 뒤집을 만한 한 줄기 역류를 몸속 깊이 느꼈던 것이었다.

결국 이순신은 자신이 생생하게 상상했던대로 울둘목에서 적의 대군을 맞이했고, 대승을 이루어냈다. 이순신 장군이 자유자재로 구사했던 학익진(鶴翼陣)과 어린진(魚鱗陳)은 해상전투에서 벌어질 수 있는 다양한 상황을 사전에 치밀하게 상상하고, 실제 전투에서 상상을 현실화한 결과였다.

그리고 거북선은 왜군의 안택선(安宅船)과의 근접전(近接戰)에서의 우위를 점하기 위한 비밀병기였고, 그의 함포(艦砲)는 수적 불리함을 극복하고 원거리에서 초전박살함으로써 근접전 자체를 불필요하게 만들었다.

2002년 FIFA 한일 월드컵에서 히딩크 감독이 이끄는 대한민국 축구 대표팀은 사상 최초의 4강 신화를 썼다. 한국 대표팀이 이 대회 4강에 오르리라 생각한 축구전문가는 아무도 없었을 것이다. 실제로 한국대표팀의 현실적인 목표는 16강이었고, 4강의 목표는 너무 비현실적인 것이었다. 현실과 비현실의 격차가 너무 클 때에 필요한 것이 바로 상상력이다. 베트남 축구대표팀 감독을 맡아 성공 스토리를 써낸 박항서 감독은 언론 인터뷰에서 당시 히딩크 감독에 대해 다음과 같이 회고했다.

"16강이 목표였는데 히딩크 감독은 무슨 생각에서였는지 '세상을 깜짝 놀라게 할 것이다'고 했어요. 무슨 소리인가 했는데 16강, 8강, 4강까지 올라가니 아! 하는 생각이 들었습니다."

아무도 상상하지 못했지만 히딩크 감독은 16강을 넘어 8강, 4강을 이미 상상하고 있었던 것이다.

스포츠 경기에서의 상상력은 승리의 필수적인 전력 요소다. 축구뿐만 아니라 개인종목인 골프, 테니스, 양궁, 체조, 피겨스케이팅 등 거의 전 종목에서 상상속에서의 시뮬레이션은 실전에 맞먹는 훈련 효과를 발휘한다.

골프는 티샷에서 홀아웃 퍼팅에 이르기까지 18홀 전체를 상상속에서 연습이 가능하다. 피겨스케이팅의 경우에도 첫 번째 점프에서 마지막 스핀 연습에 이르는 일련의 기술과 연기의 수행과정을 모두 상상으로 가능하다. 상상속에서도 근육의 쓰임은 동일하게 작동하고, 점프로 공중을 가르고, 밸런스를 유지하며 착지에 성공한다. 마지막 연기를 숨가쁘게 수행한 후 관중들의 함성과 박수를 느끼며 링크장에서 퇴장한다.

대부분의 세계 최정상급 선수들이 스포츠 경기에서 자신이 수행해야 하는 기술적, 체력적 과제들을 머릿속의 상상을 통해 순서대로 반복하고 또 반복한다.

'흐릿한' 잡생각과 '선명한' 상상의 차이

《신념의 마력》을 쓴 클라우드 M. 브리스톨은 "창조적인 힘은 원숙한 사고, 즉 우리가 원하는 것에 대한 분명한 그림을 마음속에 그릴 수 있을 때에만 발휘된다. 그러므로 상상력을 이용하여 당신의 꿈을 실현한 모습을 영상화하고 욕구를 마음속에 그려 보아야 한다. 그러면 내면에서 신념이 왕성하게 활동할 것이다."고 썼다.

창조적인 힘의 원천이 상상력이고, 상상력을 통해 꿈을 실현한 모습을 영상화할 수 있을 때 신념이 작동한다는 것이다. 브리스톨의 말에 따르면 '상상력은 마음속에 분명한 그림(이미지와 영상)을 그리는 능력이다. 그렇다면 단순한 생각과 상상력은 어떻게 다를까?

우리는 하루에도 수 백 가지의 생각을 한다. 사실 수도 없이 많은 생각의 단편이 우리 머릿속을 스쳐 지나가는 것조차 인식하지 못하는 경우가 더 많다. 아침에 일어나 무엇을 해야 하나 생각하고, 무엇을 먹을까 생각한다. 어제 있었던 일이 갑자기 생각나고, TV뉴스에서 들리는 소리가 또 다른 생각을 하게한다. 출근길 정체를 걱정하며 오늘 만나야 하는 사람에 대해 생각한다. 휴대폰 문자 메시지가 도착하면 휴대폰을 열어 문자를 확인하고, SNS에 잠시 접속했다가 이런 저런 사람들과의 관계망 속에서 잠시 길을 잃는다.

소위 '잡생각'은 잠깐 떠올랐다 아지랑이처럼 사라지는 휘발성이 강한 두뇌 작용이다. 그래서 잡다한 생각은 힘이 없다. 하지만 생각을 집중해서 구체적인 그림을 그리면, 즉 상상의 단계로 넘어가면 이때부터는 힘이 생긴다. 상상력(想像力)이 작동하기 때문이다. 온 사방에 퍼져있는 빛은 따뜻하지만, 이 빛이 돋보기를 통해 한 점에 모이게 되면 종이를 태울 수 있을 정도로 뜨거워지는 이치와 같다.

상상(想像)의 사전적인 뜻은 '실제로 경험하지 않은 현상이나 사물에 대하여 마음속으로 그려보는 것'이다. 영어로는 imagination인데 이미지(image)가 만들어지는 것을 의미한다. 사람에 따라서는 생각과 상상을 같은 의미로 해석하기도 한다.

나는 생각을 집중하여 하나의 생생하고 선명한 그림(이미지)과 영상을 만들어 내는 것을 상상이라고 부르고 싶다. 뭉게뭉게 떠오르다 사라지는 생각에는 초점이 없다. 휴대폰으로 사진을 찍다보면 초점이 잡히지 않은 흐릿한 사진이 찍힐 때가 있는 반면, 선명하게 초점이 잡힌 멋진 사진을 찍어 낼 때가 있다. 흐릿한 사진은 삭제하여 버리고, 초점이 잘 잡힌 사진은 저장한다. 흐릿한 생각에는 힘이 없지만, 선명한 이미지에는 힘이 있다.

'겨자씨 한 알' 만큼의 믿음

나는 포털 사이트에서 찾아보기 전까지 겨자씨 한 알이 어떻게 생겼는지, 그리고 그 크기가 얼마만한지 알지 못했다. 내가 굳이 겨자씨가 어떻게 생겼는지 확인하고자 한 것은 성경의 한 구절 때문이었다. 나는 교회에 나가지는 않지만 틈틈이 성경을 읽고 그 의미가 무엇인지 곰곰 생각해보는 것을 좋아한다. 마태복음 17장 20절에는 예수가 제자들에게 아래와 같이 가르치는 대목이 있다.

"너희에게 믿음이 겨자씨 한 알 만큼만 있어도 이 산을 명하여 저기로 옮겨지라 하면 옮겨 질 것이요 또 너희가 못할 것이 없을 것이다."

나는 예수의 이 말이 믿음의 크고 작음보다 '믿음의 선명성'이 더 중요하다는 의미로 받아들인다. 양적으로 많은 생각과 기도가 중요한 것이 아니라, 겨자 씨 한 알 만큼 작더라도 그 생각(기도)의 선명도가 매우 높아서 하나의 생생한 그림으로 이미지화 할 수 있을 때 기적이 일어날 수 있다고 생각한다.

나는 이와 같이 '이미지화 할 수 있는 생각의 힘'이 상상력이라고 생각한다. 이런 의미에서 뛰어난 상상력은 믿음과 확신의 원동력이다. 믿음과 확신은 어느 날 갑자기 예기치 않은 곳에서 떨어지는 행운 같은 것이 아니다. 하고 싶고, 되고 싶고, 갖고 싶은 것이 있을 때 구체적으로 하고 싶고, 되고 싶고, 갖고 싶은 것에 대한 명확한 이미지를 만들고, 그 이미지를 내 마음속에 선명하게 새겨 넣을 수 있을 때 확신과 믿음은 점점 강화되고, 강화된 확신은 우리가 원하는 바를 현실로 만들어 주는 길로 인도한다.

단순한 생각만으로 마음속에 이미지를 만들기는 어렵다. 상상력이 발휘될 때 생각은 선명한 이미지로 전환되고, 이 선명한 이미지를 끈질기게 붙들고 늘어질 때 믿음과 확신이 생긴다.

네빌 고다드의 '상상의 힘'

《상상의 힘》을 쓴 네빌 고다드(Neville Goddard)는 "상상이 현실을 창조한다."고 이야기 했다. 그는 나아가 현실자체를 내면의식이 상상한 결과로 보았다. 그가 말하는 상상력은 사뭇 종교적인데 책의 시작부터 끝까지 성경구절을 인용하고, 그 인용된 구절을 모두 상상력의 의미로 풀어내고 있다. 기독교를 믿지 않는 사람이나 다른 종교를 믿는 사람에겐 상당히 불편하게 느껴질 수 있겠지만, 종교적인 측면에서 해석하는 상상력이 아니라 보편적이고 일반적인 의미에서 받아들일 수 있는 부분도 상당히 많다. 그리고 네빌 고다드의 상상력과 론다 번이 《시크릿》에서 말하는 '끌어당김의 법칙' 사이에는 미묘한 차이가 존재한다.

끌어당김의 법칙은 끌어당겨야 하는 대상이 지금 나에게 없다는 것을 전제로 한다. 즉 나에 대한 결핍을 전제로 하기 때문에 오히려 결핍을 강화할 수 있는 반면, 고다드는 내가 원하는 모든 것은 이미 현실에 존재하고 있기에 끌어당길 필요가 없고, 다만 이미 현실로 존재하고 있다는 것을 인식하고 받아들이는 것만이 필요하다는 것이다. 즉 '상상=현실'의 등식 관계를 강조하고 있는 것이다.

네빌 고다드가 말하는 상상의 힘을 가장 잘 나타내주는 성경 구절은 마가복음 11장 24절이다. "무엇이든지 기도로서 구하는 것은 이미 받은 것으로 믿으라, 그러면 그것은 너희의 것이 되리라."

이천 년 전 예수가 말한 기도의 원칙, 즉 "이미 받은 것으로 믿으라"는 네빌 고다드 식으로 표현하면 "상상하는 것은 이미 존재하고 있다"로 치환할 수 있다.

부(富)에 대한 상상

《생각하라 그리고 부자가 되어라》의 저자 나폴레온 힐(Napoleon Hill)은 상상력이 부의 원천이라고 강조한다. 그는 이 책에서 "상상력은 계획을 만드는 작업실이다. 뭔가 하고자 하는 충동, 그 열망은 상상력의 도움을 받아 그 형태가 갖추어지고 행동으로 나타난다. 상상할 수 있다는 말은 뭔가를 만들어 낼 수 있다는 말이다"라고 썼다. 그리고 그는 "상상력이란 문자 그대로 인간이 창출해 내는 모든 '착상'을 구체화하는 공장이다. 착상이나 소망은 상상력의 도움을 받아 비로소 모양, 무게, 그림자를 가진 현실의 모습으로 드러난다.

인간이 상상하는 것은 무엇이든지 실현될 수 있다. 인간은 상상력을 작용하여 하늘을 나는 꿈을 실현시켰고, 몇백만 킬로미터나 떨어진 태양을 분석하여 그 중량을 계산하고 구성요소를 측정해냈다. 또 인간의 상상력으로 소리보다 빠른 속도로 이동해지는 일이 가능해졌다. 인간에게 단 하나의 한계는 오로지 이 상상력을 어디까지 계발하여 활용할 수 있는가 하는 것이다"라고 썼다.

나폴레온 힐 보다 23년 앞에 태어난 월러스 워틀즈(Wallace D. Wattles)는 그의 책 《부자가 되는 과학적 방법 The Science of Getting Rich》에서 '부자가 되는 과학적 방법의 첫 원칙'을 아래와 같이 말하고 있다.

"생각은 무형의 근원물질에서 유형의 부를 생산해낼 수 있는 유일한 힘이다. 모든 물질이 만들어지는 근원물질은 '생각하는 물질'이어서 이 근원물질이 생각하는 대로 형상이 만들어 지는 것이다. 근원물질은 생각대로 움직인다. 자연에서 관찰되는 모든 형상과 과정은 근원물질의 생각이 구체적으로 표현된 것이다."

월러스 워틀즈는 현대 성공철학의 맏형으로서 이후에 나폴레온 힐, 네빌 고다드 그리고 최근의 론다 번에 이르기까지 부의 창조에 관한 베스트 셀러 작가들에게 가장 큰 영향을 미친 인물이다. 워틀즈는 '우주에 생각하는 근원물질이 있으며, 이 생각하는 근원물질에 부자가 되고자 하는 자신의 생각을 작용시키면, 부의 물질화가 가능하다'고 주장했다. 언뜻 이해하기에 쉽지는 않다.

네빌 고다드는 상상력을 신의 창조활동 그 자체로 볼 만큼 상상력을 신격화시킨 반면 나폴레온 힐은 상상력이 의지와 신념과 결합될 때 소망을 이룰 수 있다고 보았다.

이에 반해 워틀즈는 우주에 '생각하는 근원물질'이 존재한다는 것을 전제로 논리를 전개한다. 이 생각하는 근원물질은 동양철학적 관점에서 보면 기(氣)와 에너지와 같은 존재로 인식할 수 있는데, 이 물질은 지적(知的)인 것으로 사람의 생각(상상)에 따라 움직인다는 것이다. 마치 알라딘의 요술램프처럼 사람의 생각에 따라 움직이는 지적인 물질로 이 우주가 가득차 있다는 것이다.

스포츠 마케터의 상상력

선수 에이전트는 스포츠 마케팅의 꽃이다. 스타 선수의 에이전트는 스타와 같이 대접받고 스타와 같이 평가받는다. 선수 에이전트는 연봉계약이나 후원 계약 등 상업적인 계약 업무만 대리할 수도 있고, 계약관리를 포함해서 일정관리, 이동, 숙박, 방송출연, 이벤트 기획, 세무, 투자 등 포괄적인 업무를 대행할 수도 있다. 스타 선수의 에이전트는 스포츠 마케터의 꿈이지만 이 꿈을 이루어주는 것은 그의 상상력이다.

선수 에이전트는 그의 상상력과 창의력 그리고 노트북 PC와 휴대전화 한 대로 사업을 시작할 수 있다는 점에서 매우 매력적인 직업이다. 카페나 편의점을 오픈하는 데는 적게는 몇 천만 원 많게는 억대의 자금이 필요하다. 온라인 쇼핑몰을 운영하는 것도 마찬가지고, 플랫폼 사업을 하는 데는 더 많은 자금과 인력이 필요하다. 한마디로 선수 에이전트는 투자금이 거의 필요없는 서비스 사업이고, 아이디어 사업이다.

선수 에이전트가 사업을 시작함에 있어서 첫 번째로 상상력을 발휘해야 하는 부분은 어떤 종목의, 어떤 선수를 대리할 것이냐 하는 것이다. 에이전트 계약을 체결하고 '나의 선수'로 등록할 대상을 찾는 작업이다.

이제 대학을 갓 졸업한 에이전트 초년생이라면 비인기 종목에 관심을 가져야 한다. 축구, 야구와 같은 메이저 종목에는 이미 거물 에이전트가 자리잡고 있기 때문에 틈새를 파고들기가 쉽지 않다. 김연아, 손연재, 박태환 같은 스타 선수가 출현하기 전에 한국의 피겨스케이팅, 리듬체조, 수영 같은 종목에서 아시안게임이나 올림픽에서 금메달을 획득한다는 것은 환상에 가까웠다. 하지만 세상은 변하고 있다. 그리고 이 변화에 따라 환상이 현실이 되곤 한다. 미래 스포츠 에이전트가 관심을 가져야 하는 종목은 테니스와 육상 같은 종목이다.

지금으로부터 7년 전인 2016년 8월, 나는 EBS의 '청소년을 위한

2016년 8월 EBS '청소년을 위한 유망직업 토크쇼'에 스포츠 마케터로 출연한 저자.

유망직업 토크쇼'에 스포츠 마케터로서 출연한 적이 있다. 당시 프로그램의 진행자는 유튜버로 최고의 인기를 누리고 있었던 '대도서관'이었는데, 그는 앞으로 선수 에이전트 사업으로 유망한 스포츠 종목이 무어냐고 물었다. 이 질문에 대해 나는 '테니스'와 '육상'이 될 것이라고 답변했다.

　이 방송 출연 후 2년이 되는 시점이었던 2018년 호주오픈 테니스대회에서 정현은 혜성같이 나타나 세계 최고의 남자 테니스 선수 중에 한명이었던 노박 조코비치를 물리치고 기적과도 같은 4강에 진출했다.

　그리고 정현의 호주오픈 4강 이후 3년이 지나는 시점인 2021년 8월 도쿄 올림픽에서 높이뛰기 종목의 우상혁은 육상의 불모지에서 올림픽 4위에 오르는 감동을 연출해냈다. 테니스와 육상은 한국인의 체형으로 도전하기에 매우 어려운 종목이다. 하지만 어려운 만큼 좋은 성적이 나왔을 때 스타 선수로서의 상품성은 극대화 된다.

지금 현재의 시점에서도 누가 나에게 어떤 스포츠 종목이 향후 선수 에이전트 사업으로 유망하냐고 묻는다면 역시나 테니스와 육상 종목을 꼽고 싶다. 육상과 테니스는 시장이 크다는 장점이 있다. 상금 규모도 크고, 종목의 배후 산업의 시장규모가 크다. 육상은 대회에서의 우승상금보다 나이키, 아디다스, 푸마, 뉴발란스, 언더아머 등 스포츠웨어 브랜드로부터 후원받을 수 있는 기회가 크게 열려있다.

한국에서 외모와 실력을 겸비한 여자 테니스 선수가 등장한다면 피겨의 김연아에 버금가는 인기와 수입을 창출할 가능성이 높다. 그리고 육상에서도 마라톤이나 높이뛰기 종목 이외의 단거리 종목에서도 두각을 나타내는 선수들이 나타날 것이며, 언론과 팬들의 많은 관심과 사랑을 받게 될 것이다.

남자 테니스 종목에서는 이미 정현 이라는 유망주가 세상에 모습을 드러냈고, 그의 후배들이 정현의 눈부신 활약에 고무되어 무섭게 성장하고 있다.

사실 육상은 동양인들이 체형적으로 미국이나 유럽 선수들 그리고 아프리카 흑인 선수들을 능가하기가 쉽지 않은 종목이다. 하지만 나는 육상의 트랙 단거리 종목에서도 올림픽 메달을 획득할 수 있는 선수들이 머지않아 나타날 것으로 상상하고 있다.

아직 한국육상의 단거리 종목의 현실은 올림픽 출전권 확보자체가 어려운 상황이다. 하지만 나는 머지않아 100미터, 200미터, 또는 400미터 계주와 같은 종목에서 올림픽 출전권을 확보하는 한국 선수들이 탄생할 것으로 예상하고 있다.

코로나 19로 인해 2021년에 열린 2020 도쿄 올림픽에서 중국의 쑤빙텐(蘇炳添)은 남자 육상 100미터 결승에 진출하여 6위를 차지하며 중국대륙을 열광의 도가니로 만들었다. 그리고 그는 100미터 준결승에서 9초 83을 기록하며 자신이 가지고 있던 아시아 신기록을 갈아치웠다.

한국 육상 100미터는 아직 10초대에 머물러 있다. 만약 어떤 선수가 9초대의 기록에 진입한다면 그는 올림픽 메달과 상관없이 한국 육상의 영웅이 될 것임에 틀림없다. 스포츠 에이전트는 그런 선수를 발굴하는데 상상력을 발휘해야 한다.

그리고 스포츠 비즈니스의 세계에도 '유행의 주기'라는 것이 있다. 패션에서도 복고풍의 시대가 가끔씩 도래하듯이, 스포츠 마케팅 업계에서도 이전에 전성기를 누리다 지금은 침체되어 있는 종목이 다시 인기를 누리는 타이밍이 올 것이다.

나는 그 종목으로 복싱, 씨름, 탁구 등을 꼽는다. 2021년과 2022년에 느닷없이 '골프 열풍'이 불었고, 이어서 '테니스 열풍'이 나타났다. 머지않은 시기에 투기종목인 복싱과 씨름 종목에서 떠오르는 젊은 스타와 함께 시청률이 크게 높아지면서 관중이 몰리는 일이 발생할 수 있고, 테니스가 그랬던 것처럼 탁구 역시 이전의 인기를 다시 재현할 가능성이 높아 보인다. 상상력을 발휘하면 미래에 일어날 일을 미리 그려볼 수가 있고 이에 대비할 수 있는 여유가 생긴다.

상상력의 연료, 책읽기

상상력은 에너지와 같아서 지속적으로 연료를 보충해줘야 힘을 발휘할 수 있다. 석유, 수소, 전기가 자동차의 동력원이 되듯이 창의적인 상상력을 발휘하기 위해서는 상상력의 연료가 필요하다. 상상력을 키우기 위해서는 다양하고 새로운 경험을 하고, 자신을 낯선 환경에 지속적으로 노출시키는 것이 필요하다. 그리고 이런 경험을 간접적으로 그리고 가장 효율적으로(시간적으로나 경제적으로) 할 수 있는 것이 바로 책읽기다.

책을 읽는다는 것은 즐거운 과정이어야 한다. 물론 스포츠 마케터가 되기 위한 과정으로서 지식을 쌓아야 한다는 의무감을 떨쳐버릴 수는 없다. 하지만 의무감으로 오래 지탱할 수 있는 것은 많지 않다. 개인적으로 독서를 통해 필립 코틀러, 세스 고딘, 말콤 글래드웰, 마이클 레빈, 왕중추, 잭 트라우트, 앨 리스, 존 스폴스트라, 마티 뉴마이어, 피터 드러커, 김위찬, 홍성태, 문영미와 같은 세계적인 석학을 만날 수 있다는 것은 큰 행복이었다.

그들이 없었다면, 그들의 책이 없었다면 아마도 나는 암흑 속에서 갈 길을 찾지 못하고 많은 시간을 방황했을 것이다. 그리고 지금 우리가 살고 있는 이 시대는 책을 통해서 지식을 쌓고 인생을 변화시키기에 역사상 가장 좋은 시절이다.

유튜브를 비롯해 인터넷 공간에서 내가 원하는 거의 모든 정보와 지식을 공짜로 얻을 수 있다. 그리고 대한민국 곳곳에 있는 시, 군, 구, 읍, 면 동의 도서관에서 내가 의지만 있으면 공짜로 거의 모든 책들을 무료로 대여해서 읽을 수 있다. 하고자 하는 의지만 있다면 전 세계 어느 명문대학에서 배우는 것보다 더 많은 것을 공짜로 배울 수 있는 세상이 되었다.

하지만 예나 지금이나 독서를 한다는 것은 생각보다 쉬운 일은 아니다. 특히 스마트폰의 간섭과 유혹이 치명적이다. 거의 습관적으로 언제 어디서나 스마트폰을 열고 연결된 네트워크에서 보내오는 메시지를 확인해야 하기 때문이다. 초단위로 동영상이나 이미지 콘텐츠를 확인하는 시대에 200~300 페이지에 달하는 종이로된 텍스트를 읽어내기에는 '독서근력'이 너무 부족한 것이 현실이다.

'독서근력'의 배양은 습관적으로 그리고 꾸준하게 책읽는 즐거움을 누리기 위해 필수적으로 요구된다. 운동선수가 운동을 잘하기 위해 필요한 근육이 있듯이, 독서에도 독서근육이 필요하다. 하지만 하고 싶지 않은 운동을 억지로 하면 부상을 당할 수 있듯이 독서 역시 억지로 할 수는 없고, 가볍고 즐거운 마음으로 시작해야 한다.

책을 읽다보면 술술 잘 읽히는 책이 있다. 반대로 아무리 읽어내려고 해도 머리에 들어오지 않는 책도 있다. 우리 각자가 좋아하고 재미있어 하는 스포츠가 따로 있듯이, 책읽기 역시 쉽고 흥미로운 것에서부터 시작해야 한다고 생각한다.

사람마다 편차는 있지만 나는 위에서 언급한 작가들의 책들을 읽을 때 매우 쉽고 재미있게 그리고 매우 감동적으로 읽었다. 어떤 책은 반나절 동안 가뿐히 읽었고, 어떤 책은 1주일만에 다 읽은 책도 있다. 독서를 하다보면 "이거 딱 내 스타일인데!" 하는 책이 있다. 그런 책에서부터 시작하면 된다.

언제 읽을 것인가?

독서에 관해 대화를 나누다보면 "바빠서 읽을 시간이 없다"고 말하는 사람들이 많다. 읽을 시간을 내야 한다는 것 자체가 독서 의무감에서 나오는 발상이라는 생각이 든다.

언제 읽어야 할까? 아침에 한 시간 일찍 일어나서? 퇴근 후? 자기 전에? 주말에?

나는 '자투리 시간'이 독서하기에 가장 좋은 시간이라고 생각한다. 내가 생각하는 대표적인 자투리 시간은 '이동하는 시간'(주로 출퇴근 전철 안)과 '기다리는 시간'이다. 매일 출근 시간 30분과 퇴근시간 30분간 책을 읽으면 1주일에 5시간을 독서에 할애할 수 있다. 1주일에 5시간이면 200페이지 내외 분량의 책1권을 읽을 수 있는 시간이다.

그리고 '기다리는 시간'은 정말로 무료하게 보내기 쉽다. 미팅 장소에 일찍 도착해서 기다리는 시간, 역이나 공항에서 기다리는 시간 그리고 은행, 병원, 관공서 등에서 기다리는 5분, 10분은 독서하기에 가장 좋은 타이밍이다. 5분 동안 책을 읽어서 얼마나 읽을까 하고 그 실제 효능에 대해 의심하는 사람이 많을 것이다. 5분간 독서의 효능은 읽는 양에 있는 것이 아니라 독서 습관을 만들어 주는데 있다.

5분이나 10분 동안의 자투리 시간에 책을 읽기 위해 가방에서 책을 꺼내는 습관을 들일 수만 있다면 독서근육은 저절로 형성된다. 자투리 시간에 책읽는 습관을 들일 수 있다면, 주말에 집에서 쉬는 시간엔 무조건 책을 들게 되어 있다.

그리고 잠자기전 30분독서도 독서 근육을 키우는데 매우 유용하다. 대부분의 사람들은 잠자기전 30분 동안 스마트폰을 확인하고, 잠자리에 들 것이다. 이것은 불면증의 가장 큰 원인중에 하나이다. 휴대폰 액정에서 나오는 강한 빛이 수면을 방해하기 때문이다.

그래서 잠들기전 30분독서는 마음의 자양분을 흡수함과 동시에 불면증 치료에도 탁월한 효능을 발휘할 수 있다.

어떤 책을 읽을 것인가?

책읽기가 행복한 시간이 되기 위해서는 재미있는 책부터 읽어야 한다. 재미있는 책이란 소설처럼 스토리가 흥미진진한 것일 수도 있고, 위에서 말한 "딱 내 스타일이야!"라고 느끼는 책이 될 수도 있다. 마케팅 관련 책을 소설처럼 흥미진진해서 밤을 새워 읽기는 쉽지 않다. 하지만 '내 스타일의 책'은 나로 하여금 책에 집중하게 하는 힘이 있다. 이로 인해서 쉽게 읽혀진다.

내가 30대 초반에 스포츠 마케팅을 잘하기 위해서는 마케팅에 대해 잘 알아야 한다고 생각했을 때, 책을 통해 처음 만난 석학들이 필립 코틀러, 세스 고딘, 말콤 글래드웰, 잭 트라우트, 앨 리스, 짐 콜린스 등이었다. 나는 필립 코틀러의 책을 읽으면서 마케팅에 대한 기본 개념을 깨우치기 시작했다. 그의 책을 읽는 과정에서 자연스럽게 브랜드에 관한 책들이 눈에 들어왔다. 이 같은 독서의 흐름은 나를 잭 트라우트의 포지셔닝으로 인도했고, 포지셔닝을 읽다보면 자연스럽게 티핑 포인트로 이어졌다.

티핑 포인트는 다시 '작은 것의 소중함'을 일깨우고, 작은 것의 소중함은 중용 23장으로 이어지고, 이것은 다시 피터 드러커가 이야기하는 '혁신'으로 이어졌다. 드러커는 '혁신은 작은 것에서부터 시작한다. 혁신은 거창하지 않다'고 했다.

이와 같은 독서의 흐름을 나는 '독서의 그물망'이라고 부른다. 하나의 흥미있는 책을 읽다보면 그와 연관된 또 다른 흥미있는 책들이 마치 그물망에 연결되어 있는 것처럼 끌려오고, 끌려온 책은 또 다른 책을 그물로 끌고온다.

'독서의 그물망'에 걸려있는 책들을 끌어올리는 작업은 노동도 아니고 고역도 아니다. 그것은 지적인 쾌락이고 내 영혼을 살찌우는 닭고기 수프와 같다. 나의 이 같은 행복한 경험이 나만의 특수한 상황이 아니라, 이제 스포츠 마케팅을 시작하려는 초심자들에게도 동일하게 적용되는 행복한 경험이면 좋겠다.

내가 마케팅 책에서 배운 것

　필립 코틀러의 책을 읽으면서 나는 마케팅에서 새로운 희망을 봤다. 코틀러는 『마켓 3.0』에서 "3.0 시장은 소비자를 단순한 상품 구매의 대상이 아니라 완전한 인간 존재로 믿으며, 그들의 드러난 요구뿐 아니라 감춰진 바람까지 염두에 두어야 한다. 3.0 시장은 감성을 넘어서, 영혼을 감동시키는 마케팅을 요구한다"고 썼다. 그리고 그는 3.0 시장에서의 마케팅은 제품의 판매와 고객 만족을 넘어서 '더 나은 세상 만들기'를 목표로 해야 한다고 했다.
　세계적인 경영사상가 피터 드러커는 "일을 올바르게 하는 것보다, 옳은 일을 하는 것이 더 중요하다"고 했다. 기업의 사명이 이윤의 극대화에 있는 것이 아니라, 옳은 일을 하는 것이고, 우리 사회의 발전에 기여해야 한다는 것이다. 그리고 "위대함의 열쇠는 사람들의 잠재력을 찾고 그것을 개발하는데 시간을 투여하는 것이다"고 했는데, 그는 항상 사람의 단점보다는 장점에 집중하고, 위기 요소보다는 기회 요소를 더 중요하게 보았다.
　이들 마케팅 경영의 석학들은 이윤보다는 인간을 중심에 놓고 시장을 바라보았으며, 마케팅 목표가 인간성을 고양하고, 세상을 보다 더 살만한 곳으로 만드는 것이어야 한다고 믿었다. 물론 기업의 존재 이유 중에 가장 중요한 것은 이윤의 창출이다. 이윤의 창출은 기업활동의 가장 중요한 부분이지만, 최근 ESG 경영이 화두가 되고 있다는 것은 올바름을 지향하는 기업만이 경영의 지속가능성을 확보할 수 있다는 것을 잘 말해준다.

'마케팅'을 배우면 결혼도 취업도 쉬워진다

마케팅을 공부하면 뭐가 좋을까? 우리가 마케팅을 배우면 얻을 수 있는 이점은 무엇일까? 마케팅은 매우 실용적인 학문이다. 마케팅을 잘 배우면 인생을 살아가는데 매우 큰 힘이 된다. 왜냐하면 마케팅은 고객(인간)을 중심에 놓고 고객에게 가치를 제안하고, 설득하고, 교환하는 과정이기 때문이다.

이성 친구를 얻고, 배우자를 얻는 것을 마케팅 과정에 비교하면 너무 과도한 비약일 것이다. 하지만 남자친구나 여자친구를 사귀거나 배우자를 만나는 것은 상대방(마케팅으로 치면 고객)에게 나 자신(마케팅에서의 상품)의 가치(value)를 잘 포장하고, 알리고, 설득하는 과정이므로 이는 마케팅 활동과 그 속성이 거의 유사하다.

따라서 마케팅 지식과 능력이 뛰어난 사람은 이성친구를 사귀는데 있어서도 탁월한 능력을 발휘할 수 있다. 마음에 드는 이성(異性)이 있고, 그를 나의 연인으로 만들기 위해서는 전략이 필요하다. 먼저 나의 상황을 분석하고, 상대방의 숨겨진 니즈가 무엇인지 분석해야 한다. 나의 강점과 약점, 상대방의 니즈가 파악되면, 자기 자신을 상대방이 원하는 방향으로 갈고닦고 포장하고, 잘 홍보한 후 그 앞에 당당하게 나타나면 된다.

물론 한 번에 상대방을 설득하는 것이 쉽지 않을 수도 있다. 하지만 마케팅에도 용기가 필요하듯, 남녀 관계에서도 용기는 절대적으로 필요하다. 비록 몇 번의 실패를 하더라도 계속해서 상대방의 욕구와 니즈를 찾아내고, 자기 자신을 상대방이 만족할만한 수준으로 끌어올린다면 결국에는 설득에 성공하여 행복한 커플이 될 수 있다.

마케팅은 연인을 사귀는데도 유용하지만 직업을 구하는데도 강력한 효력을 발휘할 수 있다. 취업에 성공한다는 것은 자신의 노동력(상품)을 기업의 급여와 교환하는 과정이다. 자기 자신의 가치를 잘 가다듬고 포장해서, 취업을 희망하는 기업의 면접에서 면접관을 설득하는 것은 마케팅 과정과 크게 다르지 않다.

취업을 위한 면접에서 성공하기 위해서는 먼저 고객(취업하고자 하는 기업)에 대한 분석이 중요하다. 그 기업의 홈페이지에 접속해서 그 기업이 추구하는 사명(mission)이 무엇인지, 그리고 그 기업이 추구하는 핵심가치가 무엇인지부터 파악해야 한다. 또한 그 기업의 최근 실적, 시장 점유율, 브랜드 컨셉을 파악해야 하고, 그 기업의 인재상이 어떠한지도 잘 파악해야 한다.

이렇게 기업분석이 끝나면 이제 면접에서의 예상 질문을 뽑아보고, 예상 답변을 작성해본다. 그리고 자신을 하나의 상품으로서 객관적으로 바라보고, 어떻게 하면 고객(기업)이 만족할 수 있는 인재가 될 수 있을 것인지에 대해 고민해야 한다.

적어도 마케팅의 기본개념(상품-고객-고객니즈-가치-만족-광고-설득-교환 등)만 이해하고 있어도 다른 면접자에 비해 훨씬 비교우위에 있게 되는 것이다.

마케팅은 비단 이성 친구를 사귀는 것이나 취업에만 위력을 발휘하는 것은 아니다. 마케팅은 기본적으로 인간에 대한 이해를 바탕으로 하는 것이고, 다양한 인간들의 복잡한 니즈를 파악하고, 그 니즈를 채워줄 수 있는 가치를 개발하는 것이므로, 이런 과정에서의 노하우는 부모자식 관계나 직장에서의 상사부하 관계에서도 위력을 발휘할 수 있다.

그리고 마케팅은 창업을 하는데 있어서도 매우 유용한 솔루션을 제공할 수 있다. 피자집을 하든, 치킨집을 하든, 모든 자영업에는 자신이 팔고자 하는 상품이 있고, 그것을 팔 대상인 고객이 존재한다. 치킨집 이름을 정할 때에도 브랜딩에 대한 지식이 있으면 매우 유용하다. 자신의 치킨집이 지향하는 가치가 맛인지, 저렴한 가격인지, 배달의 신속함인지, 매장 인테리어의 고급스러움인지에 따라 브랜드 네임이 다르게 결정되어야 한다.

그리고 아파트 밀집 지역인지, 오피스 타운인지에 따라 치킨집을 홍보하고 광고하는 매체나 수단이 달라져야 할 것이다. 경쟁 치킨집에 대한 맛과 가격 경쟁력이 분석되어야 하고, 치킨의 대체재인 피자집이나 삼겹살집 등의 외식업 현황도 분석해야 한다. 그리고 상권내에 있는 고객에 대한 분석은 더욱 중요하다. 고객의 소득수준, 남녀성비, 연령분포도 등도 잘 참고해야 한다.

이와 같이 동네장사라 하더라도 마케팅에 대한 기본기를 가지고 창업을 하는 것과 아무런 지식없이 창업을 하는 것은 시작부터 큰 차이를 만들 수 있다.

탁월한 마케팅은 때로 나라를 구한다

코틀러는 그의 저서 『필립 코틀러 마케팅을 말하다』에서 마케팅은 태초의 인류와 함께 시작했다고 이야기한다. 구약성서 창세기에 나오는 이브(Eve)를 '인류 최초의 마케터'로 지목했다. 이브가 아담(Adam)으로 하여금 선악과(善惡果)를 따먹게 한 행위를 설득 마케팅으로 해석한 것이었다.

그리고 마케터의 카테고리를 인류가 아니라 동물계로 확장하면 인류 역사상 최초의 마케터는 뱀이 된다. 뱀이 먼저 이브를 설득하여 선악과를 따먹도록 유혹하는데 성공했기 때문이다. 성서적 해석에 의하면 인류 최초의 이 두 '악성' 마케터로 인해 인류는 원죄(原罪)의 업보를 지게 되었고, 불사(不死)의 존재에서 필사(必死)의 존재로 타락하고 말았다.

마케팅을 설득의 과정으로 보고 뱀과 이브가 인류 최초의 마케터였다고 주장하는 필립 코틀러의 신선한 논리전개는 나에게 '그렇다면 반만년 우리 역사상 가장 위대한 마케터는 누구일까?'라는 자문을 하게 했다.

사람마다 보든 관점에 따라 이 질문에 대한 대답은 각기 다르겠지만 나는 상대방의 숨어있는 니즈를 파악하고, 상대를 설득할 수 있는 가치를 제안하는데 성공했다는 측면에서 고려시대의 무인이며 외교관이었던 서희 장군을 우리 역사에서 가장 탁월한 마케터 중에 한명으로 꼽고 싶다.

서기 993년 고려 성종 때 거란의 장수 소손녕은 80만 대군을 이끌고 고려 침략에 나섰다. 이른바 거란의 1차 고려 침략. 절체절명의 위기에 서희는 한반도를 둘러싼 국제정세를 냉철하게 분석했다. 우선 거란의 침략의도 파악에 골몰했고, 거란의 병력과 고려의 병력을 분석했다.

서희는 거란의 병력이 80만에 훨씬 못 미친다는 것과 거란이 고려와 전면전을 하기는 쉽지 않은 것이라는 사실을 알아냈다. 그리고 거란은 고려를 공격하기 보다는 거란 남쪽의 송나라를 제압하는 것이 더 큰 국가적 관심사라는 것도 알아냈다. 거란은 송나라와 전쟁을 할 경우 친송정책을 펴고있는 고려가 송나라와 연합하는 것을 우려하고 있었다. 고려를 둘러싼 주변정세에 대한 냉철한 파악(마케팅 개념으로는 시장분석)을 끝내고 숨겨져 있는 거란의 니즈(고객의 욕구)를 정확히 캐치한 서희는 소손녕에게 대담한 거래(마케팅의 본질적 행위)를 제안했다.

먼저 서희는 거란의 심기를 불편하게 했던 고려의 친송정책에 대해 해명했다. 고려의 골칫거리 중에 하나였던 여진족이 압록강 동쪽을 막고 있어서 거란과 직접 교류하고 싶어도 할 수 없었다는 점을 부각했다. 따라서 거란이 압록강 동쪽 국경을 열어준다면 거란과 수교하고 송나라와 단절하겠다고 약속했다. 나아가 거란이 송

고려와 거란이 서로 교환한 내용과 행위는 마케팅 활동과 본질적으로 맥을 같이한다.

나라와 전쟁을 할 경우 송나라 편을 들지 않겠다고 했다. 서희의 담판은 거란의 니즈를 충족시키기에 충분했다. 거란은 고려와 직접 교류를 위해 압록강 동쪽의 영토(강동6주)를 고려에게 주었다. 그리고 낙타 10두, 말 100필, 양 1,000마리, 비단 500필의 예물도 함께 주었다.

상대방의 니즈를 정확하게 파악하고 만족할만한 제안을 함으로써 서희는 평화와 함께 강동 6주의 영토와 풍성한 예물을 덤으로 받았다. 훌륭한 마케터는 때로 나라를 구하기도 하는 것이다.

스포츠 스타의 '티핑 포인트'

말콤 글래드웰은 "작은 아이디어는 어떻게 빅 트렌드가 되는가?"라는 문제 제기로부터 티핑 포인트(Tipping Point)의 개념을 도출해냈다. 그는 티핑 포인트를 '말이나, 행동, 아이디어나 제품이 폭발적으로 유행하는 마법의 순간'이라고 했다. 운동선수에게도 이런 티핑 포인트가 있다.

격투기 선수 추성훈에게 티핑 포인트는 우연히 찾아왔다. 추성훈은 2008년 3월 5일 밤에 방영된 MBC의 예능 프로그램〈황금어장〉의 '무릎팍도사' 코너 출연이 그의 티핑 포인트가 될 줄은 꿈에도 몰랐을 것이다. 하지만 이 방송 출연을 계기로 '추성훈'이라는 바이러스는 삽시간에 대한민국 전체로 퍼져나갔다. 그가 프로그램 출연 중에 불렀던 노래 '하나의 사랑'(박상민 노래, 김지환 작곡, 조은희 작사)은 대한민국 여심(女心)을 흔들었고, 그가 부른 노래의 동영상은 수 십 만 명이 공유하는 인기 콘텐츠가 되었다.

이 티핑 포인트는 추성훈에게 대중적인 인기와 높은 인지도를 가져다 주었다. 그리고 그는 광고계의 뜨거운 러브콜을 받게 되는데, 맥주, 제과, 정수기, 김치냉장고, 안마의자, 이동통신, 리조트, 라면 등의 CF에 출연하며 광고모델계의 블루칩으로 떠올랐다.

2010년 광저우 아시안게임 리듬체조 종목에서 메달 기대주는 신수지 였다. 하지만 예상을 뒤엎고 그의 세종고 후배인 손연재가 한국 선수 최초로 동메달을 획득했다. 손연재는 아시안게임 금메달이 아니고 동메달을 획득했지만, 그 메달은 한국 리듬체조 선수가 아시안게임에서 획득한 최초의 메달이었다.

아시안 게임 동메달을 획득하고 환호하는 앳된 얼굴의 손연재는 대한민국의 남심(男心)을 흔들었다. 아시안게임에서의 동메달 획득이 손연재의 티핑 포인트가 될 줄은 아무도 예측하지 못했다. 나는 당시 손연재의 매니지먼트 업무를 맡고 있었는데, 베이징 아시안게임에서 손연재가 귀국하기도 전에 CF 문의 전화가 폭주했다. 손연

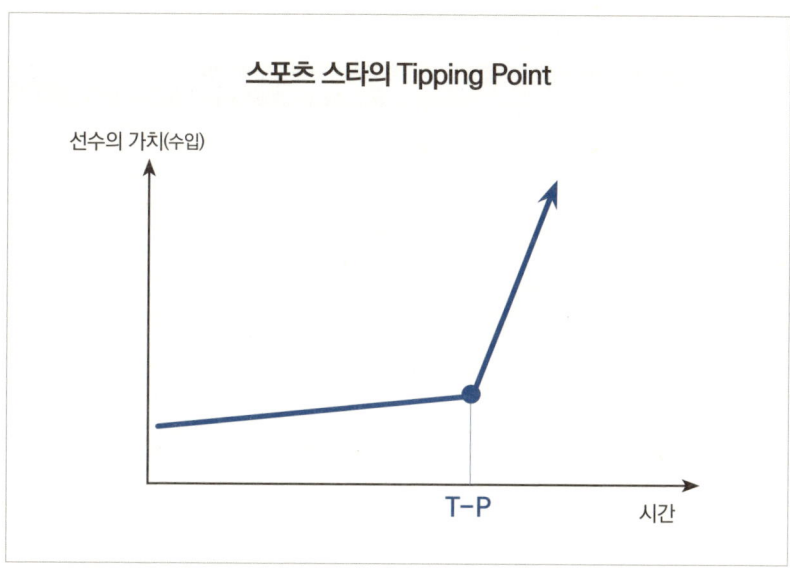

운동선수에게도 '티핑 포인트'가 있다. 유망 선수에서 슈퍼 스타로 극적 변신이 일어나는 타이밍이다.

재에게 티핑 포인트가 찾아 온 것이었다.

이를 계기로 손연재는 음료, 전자, 리조트, 스포츠의류, 우유, 건설, 주얼리, 생활용품, 은행, 피자, 건강식품 등의 광고모델로 출연하며 단숨에 스타덤에 올랐다. 선수도 예상하지 못했고, 매니지먼트사도 예상하지 못했던 놀라운 티핑 포인트가 도래한 것이었다.

손연재의 티핑 포인트는 홍성태, 조수용의 책《나음보다 다름》이 제시하는 차별화 전략의 유력한 방향성인 최초(The First), 유일(The Only), 최고(The Best)가 위력을 발휘한 것으로 분석할 수 있다. 한국 리듬체조 사상 '최초'의 아시안게임 동메달이었고, 당시로는 '유일'했고, 또 '최고'의 기록이었다. 올림픽에서 금메달을 획득한 선수는 많지만, 그 종목에서의 첫 번째 메달은 영원히 기억된다. 손

[선수별 Tipping Point]

선수	티핑 포인트	티핑 포인트 이벤트	비고
박태환	2007.3	2007 멜버른 수영 세계선수권대회 400미터 금메달	한국 수영 사상 최초
김연아	2008.3	2008 예테보리 피겨 세계선수권 대회 동메달	부상 투혼 역전 동메달
추성훈	2008.3	MBC 황금어장 '무릎팍 도사' 출연	진솔한 이야기와 노래 (하나의 사랑)
손연재	2010.11	2010 광저우 아시안게임 동메달	한국 리듬체조 사상 최초
양학선	2012.8	2012 런던 올림픽 금메달	한국 체조 사상 최초
정현	2018.3	ATP 호주 오픈 4강	한국 테니스 사상 최고 기록
우상혁	2021.8	2020 도쿄 올림픽 높이뛰기 4위	역대 한국 선수 최고 기록
신유빈	2023.9	2022 항저우 아시안 게임 여자복식 금메달	21년만의 아시안게임 금메달

연재가 올림픽에서 금메달을 획득한 것은 아니지만 카테고리를 세분화하여 아시안게임으로 좁히면, 한국 선수로서 리듬체조 부문에서 획득한 아시안 게임 최초의 메달이라는 차별성을 확보할 수 있었던 것이다.

좁은 문으로 가라

마티 뉴마이어의 《브랜드 반란을 꿈꾸다》의 원제는 ZAG다. 정확히는 ZAG: THE #1 STRATEGY OF HIGH-PERFORMANCE

BRANDS이다. 재그(ZAG)는 지그재그(ZIGZAG)라는 단어에서 따온 것으로, 급격한 방향전환의 뜻이다. 즉 경쟁기업이 가지 않는 길과 새로운 영역에서 브랜드를 차별화할 때 효율적인 브랜드 마케팅이 가능하다는 의미다.

이는 김위찬, 르네 마보안 교수의 《블루오션전략》이 제시하는 전략적인 방향성과 일치한다. 즉 "경쟁사를 이기는데 초점을 맞추기 보다는 경쟁이 없는 새로운 시장(Blue Ocean)을 창출하라"는 것이다. 기술개발이나 기능향상을 통해 신제품이 개발된다고 해도 머지않아 추격을 당하게 되고, 신제품은 곧 평범한 제품으로 전락하게 되므로 '나음보다는 다름'을 선택하는 것이 더 현명하다는 뜻이기도 하다.

마케팅은 많은 부분에서 인문학과 맞닿아 있다. 인간에 대한 이해를 기본으로 한다는 점. 인간의 욕망을 찾아내고, 새로운 가치를 제공함으로써 욕망을 충족시킨다는 점에서 그렇다. 그리고 인문학에서 조금 더 나아가면 마케팅은 종교와도 접점을 찾을 수 있다.

성경에는 "좁은 문으로 들어가라. 멸망으로 인도하는 문은 크고 그 길이 넓어 그리로 들어가는 자가 많다. 그러나 생명으로 인도하는 문은 좁고 길이 협착하여 찾는 이가 적다"고 설파하는 구절이 있다. '멸망의 길'과 '생명의 길'을 마케팅에 적용하기는 무리가 있지만 이천년 전에도 레드 오션에서는 경쟁이 치열했던 반면, 블루 오션에서는 새로운 기회가 있었음을 말해주는 것이다.

작은 시작, 작은 변화의 중요성

내가 《깨진 유리창의 법칙》과 《디테일의 힘》을 통해 배운 것은 '작은 변화'의 중요성이다. 모든 혁명적인 변화와 거대한 트렌드는 사소하고 작은 변화에서부터 비롯된다. 태평양에서 휘몰아치는 허리케인의 원인은 대서양에서의 한 마리 나비의 날갯짓에서 비롯된다는 '나비효과'는 사소함의 중요성에 관한 극단적 사례이다.

'깨진 유리창의 법칙'은 때로 나 자신을 너무 예민한 신경증적 반응으로 내몰기도 하지만, 예민하게 반응함으로써 얻는 것은 잃는 것보다 훨씬 많다. 그리고 나는 그 예민함은 불편함으로 해석하기보다는 배려로 해석한다.

얼마나 많은 인간관계가 사소한 말 한마디로 인해 결딴이 나는가? 미안하다는 말 한마디를 못해 평생 원수가 되기도 한다. 사랑한다는 말 한마디를 못해 다시 만날 수 없는 이별을 맞이하기도 한다. 고맙다는 말 한마디만 했어도 그렇게 오랫동안 서운함을 가지고 서먹서먹한 사이가 되지 않았을 수도 있다.

거대한 댐이 붕괴되는 것도 주먹만한 작은 틈새에서 비롯된다는 점을 생각하면, 사무실에 나뒹구는 휴지조각 하나도 그냥 지나치지 못한다.

선수 매니지먼트 일을 함에 있어서는 특히 선수들의 말과 행동 하나 하나에 주의해야 한다. 어제까지만 해도 항상 밝은 모습으로 인사하며 허심탄회하게 대화를 나누던 선수가 오늘 갑자기 퉁명하고 싸늘하게 나온다면 충격적인 관계 변화의 신호탄으로 봐야 한다. 머지않아 이러저런 사유를 대며 매니지먼트 계약을 해지하자고 할지도 모른다.

따라서 이런 변화가 감지되면 무엇이 잘못되고 있는지 재빨리 돌아보아야 한다. 선수에게 서운하게 말하고 행동한 적은 없었는지. 선수에게 제공하는 매니지먼트 서비스에 소홀함은 없었는지. 선수가 기대하는 만큼 마케팅 수입을 창출하지 못하고 있는 것은 아닌지. 경쟁 에이전트 회사에서 선수에게 접촉하여 더 좋은 조건으로 계약을 하자고 제안한 것은 아닌지 점검해봐야 한다. 그렇지 않으면 파국을 막을 수는 없다. 무심하게 넋 놓고 있다가는 선수 측의 새로운 변호사로부터 '계약해지통보 내용증명'을 받을 수도 있다.

거대한 규모의 마케팅 계약도 시작은 미미했다. 1962년에 미국 CBS 방송국은 NFL과 연간 465만불(현재 환율로 약 60억원 내외)에 TV 중계권 계약을 체결했다. 그리고 50년 후인 2011년에 CBS가 NFL에 지급한 중계권료는 7천억 원에 달했다. 지난 50년간 100배가 폭등한 금액이다. 그리고 2020년대에 와서 CBS, NBC, FOX, ESPN, 아마존 등이 NFL에 지급하는 연간 중계권료의 합계는 약 13조원에 달한다. 무형의 지적 재산권인 중계권리가 60년 전에 몇 십억 원에서 조 단위의 천문학적인 금액으로 폭등한 것이다.

미국 프로스포츠의 이야기라 한국 스포츠산업 현장에서는 실감이 나지 않겠지만 이 이야기를 꺼낸 이유는 현재의 거대한 규모의 비즈니스도 처음의 시작은 작은 것에서 출발했다는 것을 말하기 위함이다.

현대 경영의 구루로 칭해지는 피터 드러커(Peter Drucker)는 "효과적인 혁신은 작은 것에서부터 시작한다. 그것은 거창하지 않다"고 했다.

'작은 변화의 중요성'을 강조한 현자는 피터 드러커에 그치지 않는다. 말콤 글래드웰은 그의 책 《티핑 포인트》에서 작은 아이디어 하나가 어떻게 세상을 송두리째 바꿀 수 있는지 그 비법에 대해 이야기하고 있다.

《티핑 포인트》는 《중용》 23장의 '기차치곡(其次致曲) 곡능유성(曲能有誠)'의 의미와 맞닿아 있다. 작은 일도 무시하지 않고 최선을 다하면 정성스럽게 되고, 정성을 다하면 결국엔 세상을 감동시킬 수 있고, 궁극적으로 변혁에 이르게 된다는 것이다.

스포츠 마케터는 상상력과 창의적인 아이디어로 승부하는 사람이다. 현실의 장벽이 크고 강고할수록, 그리고 스포츠 마케터가 해야 할 일이 산더미처럼 많이 쌓여 있을수록 지금 현재에 할 수 있는 작은 일 하나를 정성스럽게 하는 것이 중요하다.

그 작은 일 하나가 실마리가 되어 또 다른 일 하나가 성공적으로 진행이 된다. 그리하여 어느 순간에 티핑 포인트에 도달하고, 삽시간에 들불처럼 번지는 혁신을 맞이할 수 있다. 지금은 그 어느 때보다 스포츠 산업 현장에 혁신이 필요한 시기이다. 혁신은 작게 시작한다는 피터 드러커의 조언과, 작은 것이 쌓여 커다란 변혁에 도달한다는 말콤 글래드웰의 '티핑 포인트'는 스포츠 마케터에게 힘과 용기를 준다.

다름의 가치

마케팅 석학 홍성태 교수와 카카오 공동대표이사를 역임한 조수용이 공저한 《나음보다 다름》에 이런 내용이 있다.

"누군가 '마케팅 전략'이 한마디로 뭐냐고 묻는다면, '경쟁자와의 차별적 우위점을 어떻게 고객에게 인정받을 것인가에 대한 게임'이라고 말하고 싶다"

마케팅 전략의 핵심이 '경쟁자와의 차별적 우위점을 고객에게 인정받는 것'이라는 말이다. 더 짧게 한 마디로 말하면 '차별화'다. 그래서 그들은 책의 슬로건을 "Better is not enough. Be different."로 했다.

홍성태 교수와 조수용 대표는 제품을 기능과 품질로 차별화 하는 데는 한계가 있다고 보았다. 대신 진정한 차별화는 사람들의 머릿속에서, '인식'을 통해 이루어진다고 했다. 그리고 인식상의 차별화의 핵심은 남들이 갖지 못한 독특함을 갖는 것인데, 그 구체적인 방법으로 '최초(First)'이거나 '유일(Only)'하거나 '최고(Best)'로 포지셔닝 하는 방안을 제시하고 있다.

나는 이 세 가지 독특함의 영문 앞자리를 따서 '스포츠 마케팅의 FOB'라고 부르고 있다. 그리고 이 '스포츠 마케팅의 FOB'가 한국 스포츠 산업이 가야할 방향성이라고 생각한다.

하버드 경영대학원의 문영미 교수는 그의 책 《디퍼런트》에서 "모두들 발전을 위해 열심히 달려가지만, 마지막에 도달하는 곳은 공동 파멸뿐이다"고 썼다. 진화의 역설을 이야기하는 것인데, 많은 기업들이 경쟁사보다 더 차별화된 신제품을 개발하려고 애쓰지만, 시간이 조금만 지나면 신제품을 모방한 제품이 쏟아져 나오고 차별화의 강점은 곧 사라진다는 말이다.

문 교수는 이에 대한 대책으로 "진화의 역설에 빠지지 않으려면 기업은 구태의연한 시장조사를 기반으로 상품을 개발할 것이 아니라, 불확실하더라도 창조적인 방식으로 브랜드를 만들어야 한다. 집을 약간 수리하는 정도가 아니라 아예 허물고 새로 지어야 한다"고 주장했다. 이렇게 완전히 새로 만든 브랜드를 그는 '아이디어 브랜드(Idea Brand)'로 불렀다.

지금의 한국 스포츠는 경쟁 상대가 너무 강하고 많다. 스포츠 산업이 글로벌화 되면서 MLB, NBA, PGA, LPGA, UFC 등의 콘텐츠가 한국 시청자들의 시선을 사로잡고 있고, 박지성이 2005년부터 2012년까지 EPL의 맨체스터 유나이티드 구단에서 활약한 이후 잉글리시 프리미어 리그 축구는 한국 스포츠팬이 가장 선호하는 스포츠 콘텐츠가 되었다. 그리고 2015년부터는 손흥민이 배턴을 이어받아 박지성보다 더 큰 축구팬들의 관심을 끌어모으고 있다.

한국 스포츠 콘텐츠의 경쟁 대상은 스포츠 내부의 다른 종목만 있는 것이 아니다. 드라마, 영화, 음악 등의 콘텐츠와 타임 쉐어(time share) 경쟁을 해야하며, 넷플릭스와 같은 OTT 서비스 채널은 방대하고 흥미진진한 콘텐츠로 무장하고 스포츠팬을 유혹하고 있다.

게다가 지상파 3사를 포함해서 주요 TV 채널을 시청하는 시청 시간이 크게 줄고, 유튜브 채널 시청 시간이 대폭 늘어나고 있는 추세다. 이에 따라 TV를 통해 스포츠 중계를 시청하는 시청자 수 역시 크게 감소함에 따라 한국의 주요 스포츠 종목의 TV시청률은 크게 하락하고 있다.

이런 위기에 직면한 한국의 스포츠 콘텐츠가 추구해야 할 방향성은 《나음보다 다름》 그리고 《디퍼런트》가 제시하고 있는 '차별화'와 '아이디어 브랜드'다.

홍성태, 조수용 저자가 제시하고 있는 '최초', '유일', '최고'에로의 지향(指向)은 스포츠 콘텐츠의 유력한 생존법이 될 것이다. 한국의 모든 프로리그, 프로구단 그리고 아마추어 경기단체는 자신들이 '스포츠 마케팅의 FOB' 중에 어떤 자산을 가지고 있는지 면밀히 검토해야 한다. 만약 '최고'에 해당하는 자산을 가질 수 없다면, '최초'와 '유일'에 해당하는 자산을 만들기 위해 노력해야 한다.

한국의 프로야구가 MLB를 능가하여 최고의 존재로 자리매김하기는 쉽지 않다. 그리고 한국의 프로축구가 EPL의 수준을 넘어 최고로 올라서는 것도 쉽지 않을 것이다. 하지만 '최초'와 '유일'의 스토리는 아이디어와 의지만 있으면 얼마든지 만들 수 있다.

'최초'의 자격을 획득하기 위해서는 지금까지 전 세계에서 아무 구단이나 어떤 리그에서도 하지 않았던 행위를 하면 된다.(물론 상당한 용기가 필요한 일일 것이다.) '유일'의 자격도 마찬가지다. 다른 어떤 구단이나 리그도 갖고 있지 않은 자신만의 독특함을 만들어 가면 된다.

'최초'와 '유일'의 가치를 지향함으로써 독특한 브랜드 포지셔닝을 구축하고 있는 대표적인 프로스포츠 단체는 PBA(프로당구협회)다. 글로벌 프로당구 투어인 PBA투어는 4년 전에 한국에서 첫 출범의 깃발을 든 신생 프로스포츠 단체다.

40년 전에 출범한 프로야구가 한국 프로 스포츠 시장을 주도하고 있는 현실에서 PBA는 처음부터 프로야구, 프로축구, 프로농구와는 다른 길을 가기로 작정했다. 그리고 기존에 당구라는 종목을 관장하던 UMB(국제 스리쿠션당구 단체)와 KBF(대한당구연맹, 한국내 아마추어 당구 관장 조직)와도 전혀 다른 길을 선택했다.

PBA는 전 세계에서 '최초'로 개인종목인 당구를 '팀스포츠'로 진화발전 시켰다. 물론 개인 투어도 성공적으로 진행하면서 말이다. 그리고 당구 종목에서는 주변인에 불과했던 여성 선수들을 주류 무대로 끌어올렸다. 그 결과 불과 4년만에 LPBA투어는 전세계에서 '유일한' 여자 프로당구 투어로 성장했다.

그리고 PBA는 출범 원년부터 아마추어 경기룰을 흥행을 위해 전면적으로 바꾸었다. 경기룰 뿐만 아니라 선수들의 경기복과 경기장의 이미지 그리고 경기운영 방식, TV 중계방식에 이르기까지 완전히 새로운 투어로 출발했다.

아직은 프로야구와 프로축구에 견줄 바는 아니지만, 대한민국에서 출범시킨 '최초의' 프로당구리그이고 그리고 '유일한' 글로벌 투어라는 점에서 PBA의 발전 가능성은 무궁무진하다. 스포츠 마케팅의 FOB 중에서 F와 O를 확보한 PBA가 나머지 하나 B를 확보할 날도 얼마 남지 않은 것으로 보인다.

한국의 프로스포츠와 아마추어 경기단체는 PBA를 벤치마킹 할 필요가 있다. 스포츠계에서 '나아짐'을 지향하는 것은 중요한 일이기는 하지만 '다르게 보이는 것'만 못하다. 모든 스포츠 종목의 연맹과 협회 그리고 팀은 깊이 고민해야 한다. 우리 팀은, 우리 종목은, 우리 협회와 우리 연맹은 다른 경쟁단체와 무엇이 다른가? 그리고 우리만이 가지고 있는 유일함은 무엇이고, 우리가 세상에서 최고로 내세울 수 있는 것은 무엇인가에 대한 고민을.

스포츠 마케터에게 필요한 용기(勇氣)

용기는 전쟁에 나가는 장수(將帥)에게만 필요한 것은 아니다. 전쟁에 나가는 장수는 목숨을 걸어야 하는 용기가 필요하지만, 비즈니스의 전장(戰場)에 나서는 스포츠 마케터에겐 마케팅 예산과 자신의 체면 그리고 자신의 신용을 걸어야 한다.

경영학의 대가 피터 드러커는 "마케팅의 목적은 세일즈를 불필요하게 만드는 것이다(The aim of marketing is to make selling superfluous)"는 명언을 남겼다. 즉, 마케팅이 완벽하게 계획되고, 실행된다면 힘겹게 세일즈를 하지 않아도 된다는 의미이다. 아니 완벽하지는 않더라도 마케팅이 적절하게 계획되고, 효율적으로 실행된다면 세일즈에 큰 도움을 줄 수 있다는 것이다.

마케팅의 구루 필립 코틀러는 그의 책《필립 코틀러 마케팅을 말하다》에서 마케팅의 기본적이고 핵심적인 개념에 대해 명쾌하게 설명하고 있다. 그는 이 책에서 ▲시장과 마케팅 ▲마케팅 전략 ▲마케팅 도구 ▲마케팅 계획 ▲마케팅 조직 ▲마케팅 관리 및 응용 등에 대해 자신의 견해를 이야기하면서, 마케팅의 관리적 측면에서 마케팅 ROI의 중요성을 언급하고 있다.

마케팅 ROI는 효율적인 자원배분이라는 측면에서 매우 중요한 의미가 있다. 그리고 피드백과 평가 프로세스를 통해 보다 과학적이고 예측가능한 마케팅을 기획하고 실행하는데 도움을 준다. 하지만 이것은 마케팅 활동의 결과에 대한 책임의 문제이기도 한만큼 마케터로 하여금 의사결정을 방해하고 마케팅 활동을 위축시킬 소지가 있다. 그래서 마케터에게는 용기가 필요한 것이다.

미국 프로 스포츠계에서 잔뼈가 굵은 현장 스포츠 마케팅의 대가인 존 스폴스트라(Jon Spoelstra)는 《상식을 뒤엎는 마케팅이 성공한다》(원제: Marketing Outrageously)에서 마케팅에는 '용기'가 필요하다고 강조했다.

그는 그의 책 제1장에서 "당신은 용기가 있는가?"라는 질문을 던지며 시작한다. 그리고 그는 "마케팅을 하는데 있어서 어느 정도 위험을 기꺼이 감내하기 싫으면 차라리 경리부서로 자리를 옮기라"고 권고한다. 마케팅 업무에는 어느 정도 리스크가 따르고, 그 리스크를 부담할 수 있는 배짱이 필요하다는 말이다.

존 스폴스트라는 미국의 스포츠 마케팅 전문가로서 한국 독자들에게는 많이 알려져 있지 않은 인물이다. 그는 1970년대 후반부터 1990년대 초반에 걸쳐 미국 NBA 포틀랜드 트레일 블레이저스, 뉴저지 네츠 구단 등의 경영을 맡아 경이적인 매출 신장을 기록했다. 놀라운 것은 구단에 특별하고 대단한 스타도 없이 기발한 마케팅을 통해 그런 성취를 이뤄냈다는 점이다.

그는 '상식을 뒤엎는 마케팅'을 하기 위해서는 우선 용기가 있어야 한다고 말한다. 안전한 마케팅은 상품을 출시하고, 광고회사를 시켜 그 상품의 광고, 마케팅 계획을 세우고, 예산 범위 내에서 집행하게 하는 것이다. 하지만 안전한 마케팅은 세상의 주목을 끌지 못하기에 '상식을 뒤엎는 마케팅'이 필요하며, 상식을 뒤엎기 위해서는 주변의 조롱이나 비난을 감수할 수 있는 용기가 필요하다는 것이다.

용기는 비단 전쟁이나 비즈니스에만 필요한 것은 아니다. 용기는 치열한 경쟁사회에서 살아가고 있는 우리 모두에게 필요한 덕목이다. 일상 생활에서 필요한 용기는 전쟁터에 나가는 장수처럼 목숨을 걸어야 하는 대단한 용기는 아니다. 그냥 작고 사소한 용기만 있으면 되는 것이다. 서점에서 마음에 드는 책을 한권 발견했을 때 과감하게 살 수 있는 용기는 당신의 운명을 바꿀 수도 있다. 책에 나오는 인상 깊은 단 한 구절이 우리 삶의 방향타가 될 수도 있다. 강연이나 세미나에 참석을 했는데, 강연자의 말이 내 영혼을 흔든다면 그에게 다가가서 말을 건넬 수 있는 용기가 있어야 한다. 그가 당신의 평생 멘토가 될 수도 있기 때문이다.

같은 학교, 같은 회사에 다니는 이성 중에 당신의 가슴을 두근거리게 하는 사람이 있다면 그의 눈을 바라보면서 "커피한잔 사도 되냐고" 물어볼 수 있는 용기가 있어야 한다. 말 한마디를 꺼내는 용기 덕분으로 그가 당신의 평생 반려자가 될 수도 있다.

주변의 소중한 사람한테 본의 아니게 마음의 상처를 주었다면, 가능한 빠른 시간안에 "미안하다"고 사과할 수 있는 용기가 필요하다. 그 작은 용기를 발휘하지 못해 영원히 이별하거나 평생 원수 관계를 유지해야 할 수도 있다.

　직장을 찾거나 직업을 갖는 데에도 작은 용기가 필요하다. 평소 입사하고픈 회사에 채용공고가 뜨기를 기다리고만 있을 것이 아니라, 한 번 찾아가서 인사담당자와 대화를 나누어보는 것도 좋고, 자기소개서와 이력서를 보내서 자신이 얼마나 그 일에 큰 열정을 가지고 있고 잘 할 수 있는지 적극성을 보인다면 기대하지 않았던 좋은 소식이 날아들 수도 있다.

　우리에게 필요한 용기는 생명을 거는 대단한 것이 아니라 나의 마음을 상대방에게 알리는 용기, 손으로 자료를 만드는 수고로움을 감내할 수 있는 용기, 내가 원하는 것을 발로 찾아나서는 용기 그리고 '한번 도전해 볼까'하고 마음을 내는 '작은 용기'면 충분하다.

작은 용기가 당신의 운명을 바꾼다.

제 7 장

스포츠 마케터에게
필요한
10가지 자질

"인간의 상상력, 즉 마음의 눈으로 보는 능력은 잠재의식으로 하여금
자석처럼 끌어당기는 힘을 일으키게 하는 원동력이다.
그러므로 마음속에 선명하고 구체적인 그림을 그려라."

– 클라우드 M. 브리스톨, 《신념의 마력》

스포츠 얼마나 좋아하세요?

- ☐ 밥 먹는 것도 잊은 채 친구들과 하루 종일 축구나 야구 농구 등의 스포츠를 해 본 적이 있나요?
- ☐ 야구 경기나 골프 또는 다른 스포츠 모임에 참석하기 위해 이른 새벽에도 '즐거운 마음으로' 일어나 가방을 챙겨 집을 나선 적이 있나요?
- ☐ 비가 부슬부슬 내리는 날에도 아랑곳하지 않고 마라톤이나, 등산, 축구, 배드민턴 같은 운동을 해본 적이 있나요?
- ☐ 야구장, 축구장에서 또는 농구장 등의 경기장에서 자신이 좋아하는 팀을 위해 목숨 걸고 응원해 본 적이 있나요?
- ☐ TV로 중계되는 빅게임을 친한 사람들과 함께 보면서 맥주 파티를 해 본 적이 있나요?
- ☐ 아침에 일어나 제일 먼저 확인하는 것이 스포츠 뉴스 인가요?
- ☐ 당신이 좋아하는 팀을 낯선 사람이 응원할 때 그 사람에게서 친밀감을 느끼나요?

☐ 경기장에서 선수들 가까이서 일하는 아르바이트생을 부러워 한 적이 있나요?

☐ 옷이나 신발을 고를 때 편안하고 액티브한 스포츠웨어를 선호하는 편인가요?

☐ 평생 스포츠와 관련된 일을 하면서 살아가면 인생이 얼마나 행복할까 하고 생각해본 적이 있나요?

만약 위의 체크리스트 10가지 질문에 대해 대부분 "예"라고 대답하는 사람이라면 그는 스포츠를 진정으로 사랑하는 사람임에 틀림없다. 그렇다면 그는 스포츠 마케터가 될 자격이 있다. 반대로 대부분의 질문에 대해 "아니오"라고 대답했다면 이 책을 다 읽어내기가 쉽지 않을 것이다. 그리고 스포츠나 스포츠 마케팅이 그의 길이 아닐 가능성이 높다. 스포츠에 대한 사랑과 열정이 없이는 스포츠 마케팅을 하면서 밥먹고 살기 어렵다.

그러면 스포츠를 진정으로 좋아한다는 것만으로 훌륭한 스포츠 마케터가 될 수 있을까? 당연히 아니다. 스포츠 마케터는 스포츠를 좋아하고 즐기는 것을 넘어 마케팅을 하는 사람이기에 스포츠를 정말 좋아한다고 해서 반드시 훌륭한 스포츠 마케터가 될 수 있는 것은 아니다. 다만 스포츠에 대한 사랑과 열정은 밑바탕에 깔고 가야 하는 중요하고도 기본적인 자질이다.

중요한 건 SPORTS보다 MARKETING

　스포츠 마케팅을 하고 싶다고 찾아오는 어린 학생들이나, 채용 면접에 들어오는 지원자들에게 내가 항상 처음 던지는 질문은 "마케팅이 뭐라고 생각하세요?"이다. 이 질문에 열에 아홉은 당황해하며 머리를 긁적인다. "마케팅에 대한 정의가 무엇인지 나한테 설명해 줄 수 있나요?"라고 다시 한 번 물어봐도, 이에 대해 속 시원한 대답을 하는 지원자는 거의 없다.

　'마케팅'이라는 용어만큼 흔히 접하는 말도 없지만, 그 흔한 용어에 대해 정확하게 이해하고 정의를 내릴 수 있는 사람은 많지 않다. 스포츠 마케팅은 스포츠와 마케팅이 결합된 단어인데 마케팅을 모르고 스포츠 마케팅을 잘 할 수는 없다.

　대부분의 스포츠 마케팅 지망생들은 마케팅을 홍보, 광고, 세일즈, 영업 등의 용어와 비슷한 그 무엇이라고 애매하게 이야기한다. 스포츠 마케팅 역시 마케팅의 한 영역이다. 광고 마케팅, 컬러 마케팅, 문화 마케팅, 감성 마케팅, 노이즈 마케팅, 게릴라 마케팅 등 많은 마케팅 기법들이 거론되고 있지만 정작 마케팅의 본질이 무엇인지 정확히 이해하지 못하고 있는 경우가 많다.

스포츠 마케터에게 있어서 더 중요한 것은 스포츠에 대한 지식보다는 마케팅에 대한 지식이다. 따라서 스포츠 마케터가 되기 위해서는 마케팅에 대한 기본 개념에 대한 이해, 그리고 응용 사례 등에 대한 폭넓은 지식이 필요하다.

그러면 스포츠 마케터에 필요한 마케팅적인 기본 지식은 어떻게 쌓아야 할까?

나는 마케팅 전공자가 아닌 경우엔 마케팅과 관련된 '책읽기'를 통해 필요한 지식을 습득할 수 있다고 생각한다. 그리고 나를 찾아오는 미래의 스포츠 마케터들에게 내가 개인적으로 읽고 도움이 된 책들을 적극적으로 소개도 해주고 선물도 많이 했다.

나는 2000년대 초중반에 집중적인 마케팅 관련 책읽기를 통해 마케팅에 대한 기본기를 다졌다. 내가 처음 마케팅을 공부할 때 도움이 되었던 기본적인 도서에 대해서는 이 책 중간 중간에 인용되고 있는 것을 참고하기 바란다.

이외에도 시중에 마케팅, 경영 관련한 훌륭한 책들이 많으므로 개인적 독서를 통해 마케팅에 대한 전문적인 지식을 쌓으면 굳이 마케팅 관련 대학이나 대학원에 진학하지 않아도 된다고 생각한다.

스포츠 마케터에게 필요한 10가지 자질

　스포츠 마케팅을 하겠다고 나를 찾아오는 젊은 친구들의 눈동자는 반짝 반짝 빛이 난다. 단 5분만 대화를 해봐도 그들이 얼마나 스포츠를 좋아하는지 알 수 있다. 특정 프로축구팀의 서포터즈로 활약하는 사람도 있고, 프로 야구 팀의 선수 팬클럽 회원으로 활동하는 사람도 있다. 좋아하는 팀과 선수들의 중요한 프로필과 기록, 승패의 역사 등을 훤히 꿰뚫고 있을 정도로 스포츠를 많이 알고 좋아한다.

　스포츠 마케팅을 직업으로 하려는 사람이 스포츠를 사랑하고 이에 대한 많은 지식이 있다는 것은 매우 큰 강점이다. 어떤 일이든 좋아하는 일을 해야 성공 가능성이 높기 때문이다. 어려서부터 그림그리기를 좋아해서 미대에 진학하면 화가가 되거나 미술과 관련된 일을 할 가능성이 높다. 그리고 음악을 좋아해서 음대에 진학하였다면 연주가가 되거나 음악과 관련된 일을 하기가 쉽다.

　또한 스포츠를 좋아하고 잘해서 체육 관련 대학을 졸업하면 스포츠 마케팅 관련 직업을 갖는데 많은 도움이 된다. 하지만 결정적인 관건은 아니다. 약 30년간 이 업계에 종사하면서 많은 회사의 대표와 임원 그리고 스포츠 마케팅에 종사하는 사람들을 만났지만 그 중에 체대를 졸업한 사람은 많지 않았던 것 같다. 그것은 스포츠 마케팅이라는 직종이 최근에 떠오르는 분야이고, 아직 이 업계가 대학에서부터 체계적인 교육을 받은 인재들을 양산해내지 못하고 있다는 반증으로 볼 수 있다.

하지만 최근에 각 대학별로 학과의 특성이 전문화되면서 스포츠산업, 스포츠 마케팅, 스포츠 경영, 스포츠 매니지먼트 학과가 개설되었다. 이전과 다르게 이런 전문학과에서 학생들을 좀 더 체계적으로 가르친다면 이들 학과 출신들이 스포츠 마케팅 업계에서 더 큰 활약을 할 것으로 기대된다.

그렇다면 실제 스포츠 마케팅의 현장에서는 구체적으로 어떤 자질을 갖춘 인재를 선호할까? 오랜 동안 스포츠 마케팅 업계에 종사한 사람의 관점에서 볼 때 스포츠 마케팅 업무를 잘해내기 위해서는 아래 10가지 자질이 갖추는 것이 필요하다고 생각한다.

① 상상력과 창의력

마케터는 다르게 보고 다르게 행동하는 사람이어야 한다. 모두에게 보이는 것은 누구나 볼 수 있지만, 창의적인 마케터가 되려면 남들이 보지 못하는 것을 볼 줄 아는 안목이 있어야 한다. 그리고 보이지 않는 것을 보기 위해서는 상상력이 필요하다. 마케팅에 상상력이 필요한 이유이다.

일반인들은 스타벅스 매장에서 커피를 보지만, 마케터는 새로운 공간과 고객의 마음을 본다. 언제 어디서나 편리하게 지불할 수 있는 수단에 대한 상상력이 신용카드를 탄생시켰고, 할부구매 시스템은 미래의 구매력을 현재로 끌어옴으로써 새로운 구매력을 창출했다. 대부분의 검색 엔진이 기능을 추가하면서 경쟁력을 높이려고 할 때 구글은 오히려 기능을 극단적으로 단순화하는 반대의 길을 가면서 세계 최고가 되었다.

상상력의 결핍이 기업에 초래하는 불행은 의외로 치명적이다. 《마케팅 상상력》의 저자이며, 하버드대학교 경영대학원 교수였던 시어도어 레빗(Theodore H. Levitt)은 '마케팅 상상력'에 대해 아래와 같이 썼다.

"마케팅 상상력은 마케팅 성공의 출발점이다. 이는 고객의 요구, 문제점, 관심사, 관행을 이해하기 위한 독특한 통찰력이라는 점에서 다른 종류의 상상력과 구별된다."

레빗이 이야기하는 마케팅 상상력은 '고객의 요구'를 중심으로 펼쳐지는 상상력이었다. 책에서 레빗은 '고객의 요구'가 무엇인지 창의적으로 상상해야만 지속적으로 고객을 창출하고, 사업이 성장할 수 있다고 보았다. 반면에 아무리 유망하고 수익성이 좋은 사업이라고 하더라도 '고객의 요구'로부터 시선을 돌리고, 제품과 제조 자체에만 몰두하는 순간 경쟁에서 뒤쳐지고, 그 사업은 설자리가 없어진다는 것이다.

스포츠 마케팅도 마찬가지다. 《나이키의 상대는 닌텐도다》의 저자 정재윤은 나이키의 가장 강력한 경쟁자를 닌텐도로 보았다. 게임이 청소년들 사이에 큰 인기를 끌면서, 운동화 상품의 주요 고객인 청소년들이 게임에 몰두하느라 운동시간이 크게 줄어들자, 자연히 나이키의 운동화 매출도 줄어들 수밖에 없었다.

나이키의 입장에서는 아디다스나 휠라 같은 스포츠 용품사와의 마켓 쉐어(Market Share) 경쟁은 익숙한 일이었을 것이다. 하지만 게임사와의 타임 쉐어(Time Share) 경쟁에서 패배한다면, 근본적으로 스포츠용품 시장 자체가 사라져버릴 수도 있기에, 더 큰 위기의식을 느낄 수밖에 없었을 것이다.

따라서 스포츠 마케터에게 있어서 남들과 다르게 보고 다르게 생각하는 통찰력, 즉 마케팅적 상상력은 급변하는 마케팅 환경에 필수적으로 요구되는 자질이다.

② 고객의 니즈를 알아채는 능력

스포츠 마케터는 자신의 고객이 누구이고, 고객이 어디에 있는지 명확하게 인지하고 있어야 한다. 그리고 스포츠 마케터는 항상 고객의 숨겨진 니즈와 욕구가 무엇인지 민감하게 캐치할 수 있어야 한다. 마케팅의 중심에 고객을 두고, 고객의 니즈를 충족시킬 수 있는 가치 있는 제품과 서비스를 제공할 수 있을 때 고객과 시장을 창출할 수 있다.

스포츠 마케팅에 있어서 고객은 누구일까? 그것은 시장에서 제품과 서비스를 무엇으로 규정하느냐에 따라 달라진다. 예를 들어 '경기입장권'이라는 상품을 놓고 생각하면, 상품의 공급자는 구단이나 연맹, 협회 등 이벤트 주최 측이 될 것이고, 상품을 구매하는 고객은 스포츠팬이나 기업이 될 것이다. 그리고 'TV중계권'이라는 지적 재산권에 속하는 상품의 구매 고객은 주로 방송사나 미디어가 된다. 그리고 방송사와 미디어는 무형의 중계권을 구매한 후 방송으로 제작하여 시청자라는 고객에게 '프로그램'이라는 형태의 상품을 판매하게 된다.

연맹이나 협회, 또는 구단이나 선수의 스폰서십 권리의 구매 고객은 주로 기업이 된다. 기업은 스폰서십 시장에서 가장 큰 고객이기에 연맹이나 협회, 구단, 선수는 항상 고객인 기업의 니즈와 욕구가 무엇인지 잘 파악하고, 그 욕구와 니즈를 충족시켜 줄 수 있는 효율적인 방법을 찾아야 한다.

마케팅의 석학 필립 코틀러(Philip Kotler)는 이미 10년 전에 《마켓 3.0》을 통해 시장의 중심이 제품에서 고객으로 이동했으며, 고객의 눈높이는 상품과 서비스에 대한 만족을 넘어 더 나은 가치를 지향하고 있다고 말했다. 즉 《마켓 3.0》 이후부터는 단순한 고객만족을 넘어 기업이 '더 나은 세상만들기'에 동참함으로써 고객의 영성(靈性)에 울림을 줄 수 있어야 한다는 것이다.

스포츠 마케터는 스포츠 시장에서 고객이 누구인지, 그들의 욕구와 니즈가 무엇인지 면밀하게 파악할 수 있어야 한다. 그리고 고객 감동을 넘어 고객의 영혼을 흔들 수 있는 방법을 찾아내는 전문가여야 한다.

③ 세일즈 능력

스포츠 시장에서 상품이란 그것을 판매하는 주체에 따라 다르다. 선수는 초상권과 후원권이라는 상품을 기업에 판매하고, 연맹이나 협회는 중계권, 광고권, 후원권을 방송사나 기업에 판매한다. 그리고 경기단체와 이벤트 주최측은 입장권을 스포츠팬들에게 판매한다.

세계적인 경영사상가 피터 드러커(Peter Drucker)는 마케팅의 목적을 아래와 같이 정의했다.

"마케팅의 목적은 세일즈를 불필요하게 만드는 것이다."
"The aim of marketing is to make selling superfluous (unnecessary)."

피터 드러커에 의하면 마케팅 프로세스가 잘 작동하면 세일즈는 불필요하다. 왜냐하면 마케팅은 세일즈를 포함해서 시장조사, 제품 컨셉 설정, 디자인, 생산, 포장, 배송, 유통, 홍보, 광고 등을 포괄하는 개념이고, 그런 전체적인 프로세스가 잘 운영된다면 마케팅은 자동적으로 성공적인 세일즈를 보장해줄 것이기 때문이다.

그러나 한국적인 스포츠 현실에서는 주요 대기업이나 나이키나 아디다스와 같은 글로벌 기업을 제외하고, 연맹이나 협회, 구단, 선수, 방송미디어 등의 시장 참여자들이 마케팅을 잘 할 수 있는 전문인력이나 조직을 갖추고 있는 경우는 드물다. 바로 이러한 이유 때문에 오히려 우리 현실에서는 세일즈 능력이 더욱 필요해지는 것이다.

한국 스포츠 시장 참여자들(특히 연맹, 협회, 구단)이 통합적이고 효율적인 마케팅을 수행하지 못하고 있다는 지적은 스포츠계를 무시해서가 아니다. 지금까지 한국 스포츠 시장에서의 상품 공급은 대부분 '관행에 따라' 공급자 입장에서 해왔을 뿐이지 진정으로 고객의 입장을 고려한 것은 아니었다는 점을 말하고 싶은 것이다.

한국 스포츠 시장에서 주요 상품 공급자 중에 하나인 스포츠 연맹이나 협회는 스포츠 경기라는 상품을 '마케팅 프로세스'를 통해 공급하지 않아왔다. 지난 시즌의 경기 일정이 올 시즌에도 계속되고, 올 시즌의 경기일정은 큰 이변이 없는 한 다음 시즌에도 계속될 것이다.

바로 이러한 한계 때문에 스포츠 경기상품의 고객인 스포츠팬이나 방송, 미디어, 기업의 욕구나 니즈가 반영되기 어려운 구조가 고착되었다. 이러다 보니 마케팅이 원활하게 진행되기 어려웠고, 결과적으로 스포츠 마케터의 세일즈 능력이 더 중요한 자질로 요구되었다.

중장기적으로는 한국의 연맹이나 협회 그리고 구단은 고객을 중심에 두고, 고객에게 어떤 가치를 제공할 것인가 하는 문제(즉 마케팅의 핵심 문제)에 더 많은 고민과 투자를 해야 한다. 하지만 단기적으로 그리고 현실적으로 한국에서 유능한 스포츠 마케터로 인정받기 위해서는 세일즈 능력을 갖추는 것이 매우 중요하다.

④ 친화력 있는 성격

스포츠 비즈니스는 관계(關係)의 비즈니스다. 특히 사람과 사람의 관계에서 벌어지는 매우 유동적이고 예측 불가능한 비즈니스가 많다. 달리 말하면 '사람에 따라' 비즈니스가 성사가 될 수도 있고 안 될 수도 있다는 얘기다. 이 말은 얼핏 들으면 스포츠 시장의 불합리성을 드러내는 것 같기도 하지만, 그만큼 스포츠 시장은 사람에 대한 신뢰를 기반으로 돌아간다는 것을 의미한다.

그리고 그 관계는 하루아침에 이루어지지 않는다. 오랫동안 이 업계에 종사하면서 신뢰를 쌓은 사람만이 이 업계에서 뭔가 이룰 수 있다는 것은, 반대로 아무리 유능한 새로운 얼굴이 합류하더라도 비즈니스를 만들어내기 쉽지 않다는 것을 의미한다. 한편으로는 폐쇄적이고 한편으로는 의리에 따라 좌우되는 면도 많은 것이 현실이다.

사람과의 관계가 중심이 되는 시장에서는 사람과의 관계를 원만하게 형성하고 유지해 나갈 수 있는 친화력 있는 성격이 좋다. 처음 만난 사이라도 왠지 얄미운 사람이 있고, 이유없이 정(情)이 가는 사람이 있다. 그리고 처음엔 데면데면하다가도 이내 곧 친해지는 사람이 있다. 성격이 모나지 않고, 이해심이 많은 성격이라야 좋다.

선수, 선수 부모, 후원사, 스포츠연맹과 협회, 구단, 미디어 등 다양하고 강한 성격의 소유자들과 원만하게 커뮤니케이션하고 좋은 관계를 유지해나가기 위해서는 사람을 만나고, 사귀는 것을 즐겁게 할 수 있는 성격이라야 한다. 사람을 만나는 것이 두렵거나 불편한 성격의 소유자는 스포츠 마케팅을 성공적으로 해나가기 어렵다.

⑤ 인내심

한국의 스포츠 마케팅 현실은 녹녹치 않다. 연봉이 높은 것도 아니고 일이 쉬운 것도 아니다. 스포츠에 대한 사랑과 열정으로 이 업계에 발을 내딛었지만 열정으로 버티는 것에는 한계가 있다. 그래서 이 업계에서 4~5년간 일하다보면 일을 그만두는 사람들이 많다. 그만큼 힘들기 때문이다.

현대 스포츠 마케팅의 창시자로 평가받고 있는 IMG의 창업주 마크 맥코맥(Mark McCormack)은 그의 책 《하버드 MBA에서도 가르쳐주지 않는 것들》에서 "우리가 거둔 성공의 90%는 어떤 방식으로든 인내심에서 비롯되었고, 실패의 90%는 부분적으로 인내심의 부족이 그 원인이었다"고 했다.

스폰서십 마케팅을 예를 들어 보자. 유망선수와 앞으로 뜰 것으로 예상되는 스포츠 종목의 스폰서십 프로그램을 만든 후 나름 이미지와 컨셉이 어울린다고 생각하는 대기업 마케팅팀에 제안을 한다고 해서 당장 계약이 성사되는 경우는 거의 없다. 최소 3년 정도는 공을 들여야 한다. 첫 해에 제안을 하면 "검토해 볼게요"라는 답을 받고, 그 다음 해에 검토해봤냐고 확인하면 "예산이 없다"거나 "우리 회사의 정책과 맞지 않는 것 같아요"라는 회신을 받기 일쑤다.

그렇다고 여기서 멈추면 아무것도 기대할 수 없다. 세 번째 해에 또 제안을 해야 한다. 그동안 클라이언트 회사의 정책이 바뀔 수도 있고, 담당 팀장이 교체되었거나 제안한 선수나 종목을 좋아하는 새로운 임원이 부임해 올수도 있다. 3년에서 5년 이상 지속적으로 제안하고 좋은 인간관계를 형성해나가기 위해서는 인내심이 필요하다.

내가 관심 있는 선수와 매니지먼트 계약을 체결하는데도 인내심이 필요하다. 눈 여겨 보고 있던 선수에 대해 평소에 관심과 애정을 표현할 필요가 있다. 설령 그가 다른 매니지먼트 회사와 계약이 되어 있더라도, 그 계약에는 기간이 있고, 계약기간이 종료되고 연락을 해올 수도 있다. 인내심을 가지고 기다리면 좋은 기회는 언제든지 올 수 있다.

⑥ 강한 체력

스포츠 마케터는 강한 체력을 갖고 있어야 한다. 스포츠에 대한 열정을 바탕으로 인내심을 가지고 업무에 임하고 싶어도 건강이 허락하지 않으면 어려움에 봉착한다. 주말 휴일을 모두 반납하고(스포츠 대회가 주로 주말에 열리기 때문에), 야간근무를 마다하지 않아야 하는 직종의 특성상 강한 체력은 마케팅에 대한 지식이나 세일즈 능력보다 더 중요할 수도 있다.

간혹 업무 성과도 좋고, 스포츠 마케팅이 적성에도 맞아 매우 전도유망한 직원이 체력이 약해 중도하차 하는 경우가 있다. 매우 안타까운 일이다.

어떻게 보면 우리네 인생사가 모두 체력전(體力戰)이다. 누가 끝까지 버티고 견디느냐의 싸움인 것이다. 결국 견디다보면 승리할 수 있고 목표점에 다다를 수 있지만, 체력이 흔들리면 사상누각이 될 수밖에 없다.

그래서 스포츠 마케팅 쪽에서 일을 잘 하려면 스스로 건강관리를 잘 해야 한다. 틈틈이 런닝머신 위에서 달려야 하고 웨이트 트레이닝이나 수영, 걷기 등 자신의 체력을 유지해줄 수 있는 체력운동을 취미생활로 삼아야 한다.

⑦ 외국어 능력

스포츠 마케팅은 글로벌 비즈니스다. 손흥민, 김연경, 박인비, 추신수 등 최고의 스타들은 해외 리그의 진출이 필수적이다. 그만큼 해외 시장이 크기 때문이다. 외국 용병 선수들도 한국 프로 리그에 진출하고 있다. 글로벌 비즈니스를 잘하기 위해서는 필수적으로 요구되는 것이 외국어 능력이다.

해외 업무를 담당하는 직원들을 살펴보면, 그들이 처음부터 영어를 아주 잘 했던 경우는 드물다. 해외 업무를 맡다보니 영어 실력이 크게 늘었고, 그리하여 업무를 더 잘 수행하는 경우가 많았다. 틀리더라도 두려움 없이 그리고 적극적으로 외국인들과 커뮤니케이션 하려는 직원들은 영어실력이 빨리 늘었다. 글로벌 시대에 외국어 능력은 중요한 무기일 수밖에 없다. 다른 모든 업무에서 뛰어나지만 영어 구사능력이 부족해서 결정적인 업무에서 배제되는 경우를 많이 보아왔다.

영어공부를 해내야 하는 고통스러운 학습으로 생각하지 말고, 글로벌 시대에 우리 인생을 좀 더 풍요롭게 하는 수단으로 인식할 필요가 있다. 꼭 업무가 아니더라도 영어로 잘 소통할 수 있다면 해외 여행이 더 풍요로워 질 수도 있고, 문화적으로도 더 깊이 있는 삶을 영위할 수 있다.

⑧ 기획서(문서) 작성 능력

스포츠 마케터는 기획서와 제안서로 말한다. 기획서와 제안서는 스포츠 마케터의 강력한 무기다. 때로는 10페이지 이내의 컨셉으로, 그리고 때로는 100페이지 이상의 매뉴얼로 고객과 소통한다. 스포츠 마케터가 기획서와 제안서를 창의적으로 작성하지 못하면 스포츠 마케팅 업무의 시작을 할 수 없다.

앞서 한국의 스포츠 마케터에겐 스폰서십(상품) 세일즈(영업) 능력이 중요하다고 말한 바 있다. 그러나 스폰서십 세일즈를 하기 위해서는 먼저 문서로 된 제안서가 있어야 한다. 이 제안서를 만들기 위해서는 문서와 계획서를 작성하는 능력이 필요하다. 스포츠 마케팅 회사의 대부분의 사업계획서나 제안서는 파워포인트 형식으로 작성한다.

똑 같은 내용이라 하더라도 제안설명을 듣는 고객입장에서 이해하기 쉽고, 간결하게 그리고 품격있게 만든다면 세일즈 하려고 하는 상품 판매가 용이해진다. 그런데 대학을 졸업하고 스포츠 마케팅 회사에 입사를 하였는데, 파워포인트나 엑셀 문서 작성에 전혀 문외한이라면 문제가 될 수 있다. 스포츠 마케팅 회사에 입사를 희망하는 사람이라면 파워포인트, 엑셀 문서 작성에 필요한 기본 이상의 능력을 갖추고 있어야 한다.

기획서와 제안서를 잘 작성하기 위해서는 기업의 마케팅 트렌드를 항상 캐치하고 있어야 한다. 그리고 해외 스포츠 선진국의 스포츠 마케팅 기법이나 프로그램 등에 대해서도 해박한 지식을 갖추고 있어야 한다. 한국 프로야구팀에 제안을 하기 위해서는 MLB의 마케팅 기법이나 프로그램을 꿰뚫고 있어야 하며, 국내 프로골프 대회 기획서나 제안서를 만들기 위해서는 PGA와 LPGA가 어떻게 마케팅하고 있는지 잘 알고 있어야 한다.

그리고 오늘날 효율적인 마케팅 기법은 IT기술과의 결합이 필수적이다. 휴대폰이나 IT 기기를 활용하여 간단한 고객 데이터 정보를 수집한다든지, 유튜브, 페이스북, 인스타그램, 블로그 등 SNS 마케팅을 스마트폰과 결합해서 활용할 수 있는 능력을 키운다면 상사로부터 좋은 평가를 받을 수 있다.

⑨ 인문학적 소양

스포츠 비즈니스는 앞서도 얘기했지만 사람과의 관계 비즈니스다. 스포츠 마케터는 현장에서 각계각층의 다양한 사람들을 만나게 된다. 연맹, 협회 관계자, 스포츠용품 브랜드 마케터, 선수와 선수 부모, 방송국 인사들, 방송제작진, 기업의 마케팅 담당자, 심판 및 경기원, 이벤트 기획자, 이벤트 제작물업체, 언론사 기자 등 일상에서 만나는 모든 사람들과 부딪히게 되어 있다. 참으로 다양한 성격의 소유자들이 많다.

따라서 유능한 스포츠 마케터가 되기 위해서는 다양한 사람들에 대한 이해력과 소통능력을 필요로 하는데, 이를 위해 가장 좋은 것 중에 하나가 폭넓은 독서를 통해 인문학적인 소양을 기르는 것이라고 생각한다. 독서는 마케팅적 지식을 습득하기 위해서도 필요하지만, 우리의 삶과 우리 주변에서 만나는 사람들을 이해하는 데에도 큰 도움을 준다.

특히 스포츠 비즈니스가 글로벌 비즈니스로 확산하고 있는 점을 감안하면 동양과 서양의 고전을 읽는 다는 것은 사람과의 관계의 폭을 넓히는데 큰 도움이 된다. 아울러 스포츠 영역 이외의 음악, 미술, 패션, 음식, IT 등 우리의 삶을 더욱 풍성하게 하는 분야에도 어느 정도의 깊이 있는 지식을 쌓으면, 세련되고 지적인 스포츠 마케터로 평가받을 수 있다.

⑩ 도전(挑戰)하는 용기(勇氣)

"찾으라! 그러면 찾아낼 것이다.
두드리라! 그러면 열릴 것이다"

성경에 나오는 구절이다. 스포츠 마케팅 관련 직업을 갖기 위해 마음에 새겨야 할 명언이고, 유능한 스포츠 마케터가 되기 위해 실천해야 할 덕목이다. 내가 원하는 것을 찾기 위해서는 먼저 찾아 나서야 한다. 그리고 그것을 얻기 위해서는 적극적으로 문을 두드려야 한다.

'도전하는 용기'는 비단 스포츠 마케팅 업계에서만 요구하는 자질은 아니다. 문을 두드릴 용기가 없는 사람은 아무것도 이룰 수 없다. "하늘은 스스로 돕는 자를 돕는다"는 말도 같은 맥락에서 이해해야 한다. 내가 스스로 찾아 나서지 않는데 누가 나를 도와줄 것인가? 내가 스스로 도전할 용기가 없는데 무슨 일이 일어날까? 아무도 도와주지 않고, 아무 일도 일어나지 않는다.

스포츠 마케터가 되기 위해서는 우선 스포츠 마케터를 채용하려는 계획이 있는 회사를 찾아내야 한다. 지금 당장 채용 계획이 없는 회사라고 해도, 그 회사가 자신이 취업하기를 원하는 직장이면 적극적으로 노크하는 것이 좋다. 이력서와 자기소개서를 작성해서 그 회사에 우편으로 보내거나 이메일로 보내서 그 회사에서 일하고 싶다고 제안해보라.

당장 인력이 필요하지 않아 회신이 없을 수도 있지만, 어느 날 그 회사로부터 면접에 참석하라는 전화 통화를 받을 수도 있다. 이것은 나의 실제 경험을 이야기하는 것이다.

용기와 도전은 스포츠 마케터의 직업을 갖고 나서 더 중요해지는 마음자세이고 태도이다. 마케팅 자체가 도전과 용기를 내포하고 있다. 왜냐하면 마케팅은 남과 다른 가치를 제안하는 것이고, 남과 다름을 추구하기 위해서는 용기가 필요하기 때문이다.

도전하는 용기를 발휘할때 스포츠 마케터의 길이 활짝 열릴 것이다. 🌱